中学思政课学习行为的研究与实践

孟祥萍◎主编

苏百泉　褚丽芳◎副主编

华东师范大学出版社

·上海·

图书在版编目(CIP)数据

中学思政课学习行为的研究与实践/孟祥萍主编. —上海:华东师范大学出版社,2022
ISBN 978 - 7 - 5760 - 3015 - 0

Ⅰ.①中… Ⅱ.①孟… Ⅲ.①政治课—教学研究—初中 Ⅳ.①G633.202

中国版本图书馆 CIP 数据核字(2022)第 119622 号

中学思政课学习行为的研究与实践

主　　编　孟祥萍
副 主 编　苏百泉　褚丽芳
责任编辑　王　焰(策划组稿)
　　　　　王国红(项目统筹)
特约审读　陈锦文
责任校对　杨　丽
装帧设计　卢晓红
封面图片　钟雨哲

出版发行　华东师范大学出版社
社　　址　上海市中山北路 3663 号　邮编 200062
网　　址　www.ecnupress.com.cn
电　　话　021 - 60821666　行政传真 021 - 62572105
客服电话　021 - 62865537　门市(邮购)电话 021 - 62869887
地　　址　上海市中山北路 3663 号华东师范大学校内先锋路口
网　　店　http://hdsdcbs.tmall.com

印 刷 者　上海龙腾印务有限公司
开　　本　787×1092　16 开
印　　张　18
字　　数　277 千字
版　　次　2022 年 9 月第 1 版
印　　次　2022 年 9 月第 1 次
书　　号　ISBN 978 - 7 - 5760 - 3015 - 0
定　　价　58.00 元

出 版 人　王　焰

内容介绍

　　本书作为课题《基于活动型课程建构的中学政治课学习行为研究》的主要研究成果,总的写作思路是,在梳理研究中学政治学科典型学习行为的基础上,针对教学中存在的问题,重点解决学生学科学习行为重建和教师教学行为改进问题。

　　课题团队成员结合自身的教学实践,运用归纳法,梳理出了很多中学政治课常见的学习行为。在此基础上,我们又综合参考了《中国高考评价体系》中的关键能力、《普通高中思想政治课程标准解读》中学业质量水平的行为目标、《上海市高中思想政治学科教学基本要求》中的学科学业水平,以及最新的上海针对"双新"提出来的合格考与等级考的各六个学科任务,同时对上海市部分思想政治(道德与法治)课教师进行了问卷调查,又邀请华东师范大学等高校以及中小学思政课专家进行指导和研讨,最终以《普通高中思想政治课程标准》(2017 年版 2020 年修订)中的四个学科任务为主要依据,确定对描述事物、分类归类、比较异同、分析综合、归纳演绎、概念定义、图文转化、解释原因、建构逻辑、问题预测、设计方案、比较优劣、评价观点、辩护批判、理论论证、事实论证共 16 项典型的学习行为开展研究与写作。

　　每一位作者都结合中学政治学科的教学实践,采用理论联系实际的做法,既从理论角度对典型学习行为进行阐述,更从实践的角度,通过教学事例帮助读者理解各个学习行为。本书在研究中学政治学科典型学习行为的基础上,将重点放在学习行为和教学行为的重建和改进上,希望能为一线师生提供一些参考。

序　言

感谢孟祥萍老师邀请我为《中学思政课学习行为的研究与实践》一书作序,给了我学习的机会。

孟老师是上海市特级教师、正高级教师,华东师大二附中的教学副校长。作为学者型、专家型教师,她以其深厚的学术底蕴和人格魅力,感召和影响了一大批思政课教师投身于教学改革实践。这些年来,我看到很多教师开设了各种级别的公开课,也受邀参加了孟老师名师基地的研讨会,亲身感受到这些思政课教师在孟老师的影响下,在教育教学上的成长。这本书是孟老师和名师基地学员、华东师大二附中政治教研组及华东师大基础教育集团部分学校老师的研究成果,其专业性和学术性相信每一位读者都能感受到。初读这本书,三个鲜明的特点让我印象深刻。

第一,这本书通过学习行为这个抓手对思政课教学进行研究,是抓住了教学改革的牛鼻子。这些年我们都在关注"核心素养",其实,无论是讲素质教育,还是讲核心素养,其本质都是培养什么样的人。但是,我们怎么知道培养目标是否达成呢? 在评价方面,长期以来,我们都侧重于纸笔测试、结果评价。在教学过程中,我们怎么通过纸笔测试之外的教学观察来评价学生呢? 关注学习行为毫无疑问是个重要切入点。

学习行为是学生思想观念、知识经验的外在表现,通过学生的学习行为表现,可以将他们内在的素养外化、显性化,让我们明了教育目标是否真的达成了,还存在哪些问题。关注学生的学习行为,才是真正做到立德树人,才是在教书育人中真正把育人放在核心位置,做到"目中有人",才是真正做到以学生为中心。

通过研究学习行为,不仅使教学评价有了更为丰富的载体,更重要的是让教师的教学有了依归。当教师清楚了什么样的学习行为是有价值的时,教师才可能反观自己的教学行为,提高教学的科学性和有效性,凸显"教学行为改善→学习行为改善→教育教学目标达成"的作用。在这样一种以学习行为为关注点的教学改革中,教师才可能打破定式和惯性,实现转变和成长,最终达到"教学相长"。

第二,这本书提供了一种适切的学习行为研究路径,对学习行为研究走向深入起到了很好的推动作用。最近几年,在新的教育改革背景下,学习活动、学科任务、学习行为等获得了更广泛的关注。在这一领域的研究中,本书体现了对于教改新理念和一线教师实践智慧的充分尊重,建构了两者的有机联系。

一方面,孟老师和她的基地学员进行了充分的教学调查,了解一线教师的实际情况,并结合自身实践,运用归纳法,提炼、总结思政课的典型学习行为。另一方面,又自觉接受最新的重要文件如《中国高考评价体系》《普通高中思想政治课程标准》的指导,最终确定了描述事物、分类归类、比较异同、分析综合、归纳演绎、概念定义、图文转化、解释原因、建构逻辑、问题预测、设计方案、比较优劣、评价观点、辩护批判、理论论证、事实论证共 16 项典型的学习行为,并按照"是什么——描述与分类""为什么——解释与论证""可以怎么做——预测与选择""应该怎么做——辨析与评价"的内在逻辑对 16 种学习行为进行分类、排序。这一做法使各类学习行为的内在关系更为明显,为提升教学整体性提供了重要参考。我希望读者能从本书获得启发与思考,成为推动学习行为研究的同路人。

第三,这本书做到了理论与实践的很好结合,为一线教师提供了参考、模仿的实操方案和路径。当前中国教育改革的难点在于实践困境,改革的关键不在于某种理论、理念的提出,而在于师生教—学行为的实质性变化。不过,不少一线教师每天深陷忙碌的教学任务当中,很难抽身去学习理论,更没有足够的时间精力促成理论到实践的"飞跃"。教育变革需要一大批既懂理论、又能实践的"摆渡人",

帮助一线教师顺利实现从此岸到彼岸的跨越。

令人欣慰的是,通过学习本书,我发现孟老师和她的基地学员就是非常优秀的"摆渡人",这本书就是他们为一线政治教师打造的渡船。他们对自己的教学实践,从理论的高度进行审视,通过大量案例,分析和总结思政课教学中的学习行为改进问题,既体现了思政学科的特殊性,给广大思政学科的教学和研究者以直接的帮助,也体现了教学的普遍性,给其他学科教师以启发。

李志聪

2022 年 2 月 16 日

目录

导论

如何改善

中学政治课的学习行为

第一节　学习行为的概念及理论

开展中学政治课学习行为的研究，首先就要弄清楚我们的研究对象——学习行为的概念、特征，以及与相关概念的关系。

我们对于学习行为概念的分析，按照定义的一般规则——属加种差的方式，先分析学习行为所在的"属概念"，然后再分析学习行为的特殊性，即"种差"，进而弄清楚我们所说的"学习行为"是什么。

一、行为的概念及其类型

学习行为的属概念为"行为"。什么是行为呢？对于"行为"这一司空见惯的现象，要想给予科学界定，需要经过从现象到本质的过程。

关于行为的界定很多，我们选择其中几个有代表性的。比如，有人认为，"所谓**行为**，泛指完整的有机体外显的活动，包括动作、运动、反应或行动。"[①]米尔腾伯格（Miltenberger R.G.）认为行为是可以被观察、描述和记录的，但是行为可以是公开的，也可以是隐蔽的，人们可以通过改变引发行为的环境事件来改变行为。[②] 还有人认为，**行为**是有机体在与环境的相互作用中所表现出来的与生理、心理活动紧密相连的运动、动作、反应和活动。而有机体既可能是动物，也有可能是人类。[③] 行为主义者眼中的行为通常是指外显的反应；泰勒所认可的行为则不仅指外显反应，还包括思维、问题解决和态度；邓波则认为行为是情感、知觉、信念和

---

① 陈桂生.关于试行"课堂学习行为设计"的建议[J].现代中小学教育，2004(5)：18.
② 姚纯贞，米建荣，王红成.国内外"学习行为"研究综述[J].教学与管理，2009(10)：48.
③ 向葵花.中小学学生学习行为研究[D].武汉：华中师范大学，2014：19.

意图等使一个人不同于另一个人的种种内部行为。①

通过这几种界定,我们可以看出,行为必须满足这样几个特征:首先,其主体包括了所有有机体,既包括动物,也包括人类。不过,本书仅仅探究人类的行为。其次,行为的客体是环境因素,行为是主体对环境因素刺激做出的反应。再次,行为必须具有可观察、可测量性。观察或测量可以通过人的感官,也可以借助于各种物质工具。

行为的种类很多。按照不同的标准,**人类行为**可以划分为不同的类型:从遗传和发育的角度可分为本能行为(也叫先天定型行为)和学习行为(也叫后天习得行为),按行为的起源可分为生物行为和社会行为,按行为与社会环境的协调性可分为适应性行为和适应不良行为,等等。

与动物的行为相比,人类行为虽然也有基于本能的,但绝大部分是后天习得的,而且其目的不是要获得生物意义上的生存,而是要获取社会意义上的生存,即谋求更加舒适的生活状态和更加优越的发展平台。② 在人的行为的影响因素中,教育作为一种后天环境因素,主要影响的也是人的后天习得行为,也就是学习行为。因此,我们聚焦人的学习行为开展探究。

二、 学习行为的概念和特征

学习行为是行为这一"属"概念的"种"概念。学习行为与行为的"种差"是什么呢?我们不妨先来了解一些对于学习的界定。

什么是学习?有人认为,学习,从心理学角度来看,是指有机体在后天生活中获得个体经验的过程。③ 也有人认为,学习通常被定义为经验导致的个体的改变。④ 还有人认为,学习是指学习者因经验或练习而产生的行为或行为潜能的较为持久的变化,认为学习行为是学习者在主客观因素的影响下在学习过程中表现

① 施良方.学习论[M].北京:人民教育出版社,2001:8.
② 向葵花.中小学学生学习行为研究[D].武汉:华中师范大学,2014:20.
③ 杨莉娟.活动理论与建构主义学习观[J].教育科学研究,2000(4):59.
④ [美]罗伯特·斯莱文.教育心理学:第10版[M].吕红梅,姚梅林等,译.北京:人民邮电出版社,2016:110—111.

出来的运动、动作和反应的总和,是学习者的思想、情感、情绪、态度、动机、能力等内在心理素质的外在表现。从构成要素上看,学习行为具体由行为的主体、对象、目的、过程、方式、手段、策略和结果等构成。①

有人将"学习"与"发展"两个概念进行对比,认为发展是人的一生中的成长、适应和变化过程,是一个先天因素和后天因素共同作用的过程。但是,学习仅仅是一个后天因素作用的过程,学习是发展的一个方面。因此,发展引起的改变(如长高)不是学习,个体生来就有的特性(如对饥饿或疼痛的反射和反应)也不是学习。学习走路主要是一个发展的过程,但也取决于爬行或其他活动的经验。青春期的性冲动不是习得的,但是学习也塑造着个体对理想伴侣的选择。②

通过上述对于学习行为的界定,我们可以总结梳理出学习行为的基本特征:

1. 学习行为都具有可观测性。学习行为有明显的动作表现,必须是外在的、可观察、可测量的,是学习活动的行为、状态及其结果。比如,听说读写是行为,思考则不是。只有思考的成果表现出来,比如表达出来、完成书面作品等,才算是学习行为。学习者进行思考或反省等内部思维学习活动,也会有可以观察和测量到的外在表现,只不过其动作出现的时间(即时或延时)、形式、幅度和强度不同而已。学习是以行为变化为指标的,学习结果必须总是能够被转换成可观察的行为,这种行为变化不必在学习经验之后立即发生。学习可能会导致行为潜能发生变化,这种潜能可以在后来的时间才转变成行为。③ 大多数学习理论家都认为,学习过程不能被直接研究,其本质只能从行为变化中推论出来;学习是引起行为的中介过程,学习作为某种经验的结果而发生,进而导致后继的行为发生变化。④

2. 学习行为都有其内、外原因。首先,从影响学习行为的内部因素来说,外显动作并不孤立存在,它与学习者的生理、心理活动密切相关。真正具有发展意义的学习行为,并不是简单的身体器官动作,也不是单纯的机械肢体活动。有意义

---

① 向葵花.中小学学生学习行为研究[D].武汉:华中师范大学,2014:21.
② [美]罗伯特·斯莱文.教育心理学:第10版[M].吕红梅,姚梅林等,译.北京:人民邮电出版社,2016:110—111.
③ [美]B.R.赫根汉,马修·H.奥尔森.学习理论导论[M].郭本禹等,译.上海:上海教育出版社,2011:2.
④ 向葵花.中小学学生学习行为研究[D].武汉:华中师范大学,2014:21.

的学习活动必然要求学习者身心整个参与,做到手脑并用。有学者指出,学习是内外协调发生的,学习者的内部心理结构变化涵盖认知变化和情意变化,是基础和根本,而外部行为表现则是学习者通过躯体和肌肉的协调运动来展示所学到的东西,是形式和承载体,两者表现出一种"以内养外、以外表内,内外协调、表里贯通"的关系。① 由此可见,学习者的经验、观念、心理活动、生理状况并不是学习行为本身,而是影响学习行为的内在因素。

其次,在外部因素当中,学习任务、环境、条件的难易、复杂程度会影响学生学习行为的具体表现。比如,同样是学生发言,在"小组讨论"和"教师讲授"两种不一样的学习活动中,学生的"发言"行为就不完全一样,我们的评价要求也不同。再比如,学生在阅读教材课文和课外拓展材料、阅读连续文本和非连续文本等不同的学习任务中,其阅读这一学习行为也不完全一样。

3. 学习行为是指向学习目标的行为。学习行为与学习效果之间具有直接的因果关系。我们判断一种行为是否是学习行为,首先要看它与学习结果之间是否存在引起与被引起的关系。比如,阅读的过程中对阅读材料的重要信息进行标注,有助于理解阅读材料,因此"标注"就是学习行为。在学习过程中,存在一些伴随行为,比如上课睡觉、说闲话、吃东西,这些行为虽然出现在课堂学习的过程中,但是,它们与学习效果之间并无因果关系,其实只是"填充"学习行为之间空档的休息、休闲行为,都不是学习行为。

三、 相关概念辨析

(一) 学习行为和学习活动

学习活动有广义和狭义之分。狭义的学习活动就是学习行为。广义的学习活动是指学习者围绕某个具体的学习任务呈现出来的一系列学习行为。比如,小组讨论解决问题就是一个学习活动。在小组讨论中,倾听、发言、汇总小组意见就属于学习行为。有研究结合单元教学,将学生的单元学习活动主要分为四种类

---

① 盛群力.论有效教学的十个要义——教学设计的视角[J].课程·教材·教法,2012(4):16.

型：了解学习任务的活动、构建知识关系的活动、运用掌握知识的活动、社会实践探究的活动。①

本书所说的学习活动是指广义上的学习活动。基于这样的理解，本书不仅仅研究单一的学习行为如何改进，更加关注学习活动中的一组学习行为如何进行合理的整合，从而更好地完成学习任务。

受制于课堂教学的时空限制因素，有些学习活动只能安排在课下，比如社会实践活动。本书关注的学习行为，不仅包括学生在课堂上表现出的行为，也包括在课下的行为。

(二) 学习行为和学习方式

学习方式即"学习行为的方式"，是指学习者为实现某种学习目标而作用于某种学习对象所采取的具体路径，主要涉及学习者参与学习活动的方式和在头脑中对信息进行加工的方式。学习方式反映了学习者在完成学习任务时基本的行为和认知取向，是学习者连续一贯表现出来的学习策略和学习倾向的总和。

学习行为可以表现为一个个的动作与活动，而学习方式则是这些动作和活动的组合。两者是部分与整体的关系。同一种学习方式可以由不同的学习行为按照某种结构组成。学习行为以何种结构组合成学习方式，与学习者的价值观念、学习习惯有着直接关系，同时也受制于教育者的教育理念和具体的教学条件。可以说学习方式不仅仅是学习行为的整合，更是将中性的学习行为赋予某种积极色彩。

相比于学习方式，学习行为更具实体性，更为具体和多样。而学习方式则侧重于刻画学习行为在具体展开路径方面的特征，显得较为抽象和概括，只有在实践中以具体的行为和操作策略展现出来才具有真正的实践意义。②

学习行为和学习方式都有好坏优劣之分，都可以进行评价。比如，学习行为有低效和高效之分，学习方式有主动和被动之别，等等。评价是重建和改进的前提。通过反思学习行为和学习方式的好坏优劣，才能找到改进的方向。

---

① 周寰.中学思想品德和思想政治单元教学设计指南[M].北京：人民教育出版社,2018：11.
② 向葵花.中小学学生学习行为研究[D].武汉：华中师范大学,2014：23.

(三) 学习行为与教学行为

教学行为可以从广义和狭义上来理解。从广义上讲，教学行为包括教师的教导行为、学生的学习行为和师生的互动行为。所以，广义上的教学行为与学习行为是包含与被包含的关系。从狭义上讲，教学行为主要是指教师在课堂生活中展现出来的行为，即教师的教导行为。本书中所说的教学行为是指狭义上的教学行为。

教学行为和学习行为之间是一种相互影响、相互制约的关系，正所谓"教学相长"。

首先，教学行为是引起、促进学习行为产生和有效推进的条件。[①] 学习行为是内外因共同作用的结果，教学行为是学习行为的外因。教学行为虽然并不一定必然导致所期望的学习行为发生，但它的确是学生学习行为产生的一个重要因素。教师拥有引导和规划学生学习行为的学识、能力和权利，同时也负有引导和规划学生学习行为的使命、责任和义务。有效学习行为的产生，离不开教师合理教导行为的引导，这在低年级学生身上表现尤为明显。

其次，学习行为也影响着教师对学生学习动机和知识水平的认知与判断，进而影响教师教导行为的选择。具体说来，教师对学生学习行为的引导和规划是基于并受制于学生现有的行为表现、知识储备和能力发展水平的。教师对自身教导行为的选择并不是随心所欲的，必须参考并依据学生的现实发展水平，尤其是可以看得见的学生学习行为表现。[②]

四、与学习行为分类相关的理论

(一) 泰勒的行为目标

泰勒因强调以行为方式来陈述目标而被称为"行为目标之父"。泰勒在《课程与教学的基本原理》(1949 年)一书中指出，在课程目标确定后，要用一种最有助于学习内容和指导教学过程的方式来陈述目标，即既指出要使学生养成的那种行为，又言明这种行为能在其中运用的生活领域或内容。[③] 在泰勒看来，陈述目标的

---

① 陈佑清.论有效教学的分析模型[J].课程·教材·教法,2012(11)：4.
② [美]T.L.古德,J.E.布罗菲.透视课堂[M].陶志琼,译.北京：中国轻工业出版社,2009：46.
③ 施良方.课程理论：课程的基础、原理与问题[M].北京：教育科学出版社,1996：84—85.

最有用的形式是按照"行为"和"内容"两个维度陈述,前者是指通过教学要求学生所表现出来的行为,后者则是指这种行为所适用的领域。行为目标的提出,开启了用行为来观察、测量和评估教学效果的先河,凸显了学习行为研究的必要性和可能性,并对学习行为的多维分类具有一定的指导意义,即可考虑从行为适用领域出发对学习行为的类型作出划分。

(二) 布鲁姆的教育目标分类

布鲁姆早期专注于考试、测量和评价方面的研究,20 世纪 50 年代后才开始从事学校学习理论的研究。基于早期的研究背景,布鲁姆认为制定目标是为了便于客观的评价,而不是表述理想的愿望。布鲁姆的教育目标分类学具有四个特征:一是用学生外显的行为来陈述目标,二是目标是有层次结构的,三是教育目标分类学是超越学科内容的,四是教育目标分类学是教师进行教学和科研的工具。就是说,布鲁姆的教育目标分类学致力于对教学过程和学生在教学过程中的行为变化作出假设,进而为教师评价教学结果提供测量的手段。

布鲁姆提出的认知领域教育目标分类学说,经由安德森等人修订如下:(1)记忆,即从长时记忆系统中提取有关信息,包括再认和回忆。(2)理解,即从口头、书面和图画传播的教学信息中建构意义,包括解释、举例、分类、概要、推论、比较与说明。(3)运用,即在给定的情境中执行或使用某程序,包括执行和实施。(4)分析,即把材料分解为不同的组成部分,并确定各部分之间的关系及其与总体结构的关系,包括区分、组织和归属。(5)评价,即依据标准作出判断,包括核查和评判。(6)创造,即将不同的要素或部分加以重组,以形成一个新的模式或结构,包括生成、计划和产生。[①]

布鲁姆的教育目标分类学说虽然没有明确地对学生的学习行为进行分类,但它指出了一个关涉学生学习行为的目标序列,并在安德森等人的努力下对每一级目标给出了评估样例和具体评估形式。这有助于增进我们对学生学习行为的认识和理解,也有助于我们对学生学习行为的具体操作方式进行考量和评估。

[①] [美]L. W. 安德森等. 学习、教学和评估的分类学 [M]. 皮连生等,译. 上海:华东师范大学出版社,2008:61—77.

(三) 加涅的学习结果分类

加涅认为,学习的出现是指学习者被置于"学习情境"中的前后行为发生了某种可以观察到的变化,就行为表现来看,这些变化可能是能力的提高,也可能是态度、兴趣或价值的倾向变化。[①] 他指出,人类在生活中、在教育情境中主要存在五种学习结果(即习得性能)[②]:(1)言语信息,是描述某些事实的知识,其表征形式有图式、线性排列、命题及命题网络等,旨在帮助学生解决"是什么"的问题。(2)智慧技能,是一种对外办事的能力,其表征形式是产生式或产生式系统,由辨别、概念、规则和高级规则构成,旨在解决"怎么做"的问题。(3)认知策略,是一种对内调控的能力,支配着学习者在应对环境时的内部思维过程。(4)动作技能,是身体与肌肉协调的能力。经由练习可以不断提高动作的质量,如动作的流畅性、精确性、定时性等。(5)态度,是影响个人行动的内部信念,不能被直接观察,只能从推论中得知。

在该学习结果分类理论中,加涅特别强调,习得的结果类型不同,学习的条件也不同,因此有必要区分学习结果(或习得性能)的类型,而这些性能必须作为人类的行为表现被观察到,为此需要寻找具有共同特征的人类行为表现,从这些表现中作出使这些行为成为可能的习得的性能的推论。[③] 在加涅看来,习得的性能是一种内潜的心理状态或心理品质,其存在是根据学习者外在的行为表现推测出来的。也就是说,五种习得性能实际上是对学习者的学习行为进行推导和归纳的结果,它在一定程度上反映了学习行为的种类。

(四) 梅里尔的成分显示论

梅里尔及其合作者在借鉴加涅等人理论的基础上,通过大量有关概念学习的实证研究,于20世纪70年代提出了成分显示论,从行为水平和内容类型两个维度对认知领域内的学习结果进行分类。其中,行为维度是指学生学业行为的表现,包括记忆、应用和发现三种水平。内容维度是指教学具体材料所涉及的项目,包

---

① [美]R.M.加涅.学习的条件和教学论[M].皮连生等,译.上海:华东师范大学出版社,1999:2.
② [美]戴尔·H.申克.学习理论:教育的视角[M].韦小满,译.南京:江苏教育出版社,2003:389—390.
③ [美]加涅.学习的条件和教学论[M].皮连生等,译.上海:华东师范大学出版社,1999:47.

括事实、概念、程序和原理四种类型。① 行为水平和内容类型两者结合原本可以组合出 12 种教学活动,但鉴于事实知识一般只要求记忆,所以删去了"应用事实"和"发现事实"这两种成分,最后剩下了 10 种不同类型的教学活动成分。

(华东师范大学第二附属中学　苏百泉)

---

① 盛群力等.21 世纪教育目标新分类[M].杭州:浙江教育出版社,2008:179—180.

第二节　学习行为与活动型学科课程

在第一节中,我们对"学习行为"这一概念作了辨析。本节主要回答的问题是,在"双新"(新课标、新教材)背景下,当思想政治课的课程性质第一次被确定为"综合性、活动型学科课程"的时候,为什么活动型学科课程的建设需要聚焦学习行为的研究。

如果说学科核心素养是 2017 年版高中各学科课程标准修订的共同追求,那么建构活动型学科课程则是思想政治课这一学科的个性化要求,是思想政治课课程性质特殊性的重要体现。

但是,何为活动型学科课程? 活动型学科课程有哪些特征? 为何高中诸课程中只有思想政治被视为活动型学科课程? 学习行为研究能在思想政治课活动型学科课程建设中发挥什么样的作用? 这些是本节需要分别回应的问题。

一、 何谓"活动型学科课程"?

这一表述是在界定某种课程类型。课程类型有很多种划分方式,比较常见的分类有学科课程和活动课程。

学科课程,又叫作分科课程、文化课程,是一种主张以学科为中心来编定的课程。学科课程是一种传统的课程类型,它主张课程要分科设置,分别从相应科学领域中选取知识,根据教育教学需要分科编排课程,进行教学。这种课程类型强调将系统性、逻辑性与完整性的学科知识传授给学生。如我们常见的物理学、化学、政治学、社会学等课程。

活动课程的思想可以溯源到柏拉图。柏拉图认为,应该注重儿童的早期教育。儿童3岁就应当进入附设于神庙的儿童游戏场接受教育,教育的方式主要是讲故事、做游戏、唱歌。柏拉图主张要重视游戏在儿童教育中的作用,尤其是幼儿教育中的作用,他要求不强迫儿童学习,主张"寓学习于游戏"中。法国自然主义教育家思想家卢梭的"自然教育思想"认为,教育要适应学生的自然发展规律,回归人的自然状态,将学生放归大自然,通过锻炼、劳动、观察事物来发现学习。19世纪末20世纪初,美国教育家杜威和克伯屈发扬了这一思想,杜威提出了"教育即生活""学校即社会""教育即生长",强调"从做中学",即通过丰富多彩的活动学习知识。

综上所述,活动课程是与学科课程相对的一种课程类型。活动课程又叫活动中心课程、经验课程或者学生中心课程,是一门以学生为主体,以满足学生兴趣和需求为目标,通过组织学生参与一系列活动,在活动中获取直接经验的课程。

因为学校教育的目的性、计划性,以及对效率的追求和受时空限制等原因,学科课程一直是学校课程体系中的主流,活动课程一直居于次要地位。

"活动型学科课程"的提出,首先源于教育教学实践的现实问题。我国的中小学教育提倡学生主体、学生合作探究已经多年,但是效果并不理想。课堂上教师一言堂、满堂灌的情况仍然普遍。尽管倡导开展学科活动已经很多年,但是,在实际的教学中,学科活动更多体现为课外的社会实践活动,课堂教学生态并没有发生太大变化。即便我们看到了各种各样"动感十足"的公开课,但是家常课仍旧保持了传统学科课程的惯性。最终使得教育教学出现"学科教学"与"学科活动"两张皮。针对这些问题,"活动型学科课程"应运而生,从课程性质的高度"直白"地宣示"活动"与"学科"必须在教学中达成融合与统一。

"活动型学科课程"作为课程类型上的创新,力求打破传统课程论对于学科课程和活动课程的划分方式,从根本上促进学科与活动的高度融合。

一方面,从其表述方式上看,"活动型"是用来修饰"学科课程"的。从总体上来说,"活动型学科课程"属于一种特殊的学科课程,具有学科课程的所有特征。就思想政治课来说,它的核心内容来自哲学、经济学、政治学、法学等学科,它的基础是学科逻辑和理论知识,这使得思想政治课程的科学性得到保证。

另一方面,活动型学科课程又不是传统意义上的学科课程,它力图克服传统学科课程的弊病,克服的方式就是借助活动课程的优势,做到优势互补、强强联合。课程既可以静态地表现为教材,也可以动态地表现为教学活动的过程。"活动型学科课程"就是实施过程和方式高度活动化的学科课程。无论是课堂教学,还是学科课外实践活动,它都要求其实施过程符合实践逻辑,与学生生活经验相结合,学科内容采取思维活动和社会实践活动等方式呈现,即通过一系列活动及其结构化设计,实现"课程内容活动化""活动内容课程化"。

二、 活动型学科课程的"活动"及其特征

在第一节,我们已经对学习行为和学习活动的关系进行了分析。本节所说的活动仍旧从广义上理解,即一组行为的序列化呈现。只不过,当我们探讨活动型课程时所说的活动,既包括教师的教导活动,也包括学生的学习活动。为了方便起见,我们在这里,将两者合称为教学活动。

说到活动型学科课程,人们一般很容易按照传统习惯,认为这里的"活动"是指课外的参观、社会考察、模拟政协等社会实践活动。其实,它除了包括社会实践活动,更包括讲授、观摩、讨论、操作等课堂教学活动。活动型学科课程能否打造成功,关键并不在于课外社会实践活动开展得如何,而在于如何实现课堂内的"课程内容活动化""活动内容课程化"。

如前文所述,教学活动的种类很丰富,但是,并非所有教学活动都能成为活动型学科课程的"活动"。能否成为活动型学科课程的"活动",并不在于其发生在课内还是课外,而在于其是否符合一些特定的要求。只有满足特定要求,具备一定特征的教学活动,才能用于实施活动型学科课程。课程类型往往是某种教育价值观与一般教学行为(包括教师的教导行为和学生的学习行为,以及师生互动行为)的结合,是在某种教育价值观指导下的一系列教学活动的整合。因为教育思想和理念不同,选用的具体教学活动不同、主导的具体教学活动不同、具体教学活动组合方式不同,进而形成不同的教学方法、教学策略或课型。

活动型学科课程要想兼具学科课程和活动课程的优点,同时又避免两者的缺点,其教学活动应该具有如下特征:

第一，学生中心，而非教师中心、教材中心、学科知识中心。从内容上来说，教师经验、学科知识和学生经验处于平等的地位，甚至学生经验应被置于中心地位。从教学活动的组织、设计、评价等全过程来说，学生应具有与教师同等的参与资格和机会，从而使教学过程真正变成师生、生生平等互动交往的过程。比如，同样是"问答"这一教学活动，如果仅仅是教师提问，学生作答，则是教师中心。如果学生可以提问、质疑，学生之间可以讨论，教师能针对学生作答时生成的观点做进一步回应，等等，就是学生中心。

第二，着眼学生生活经验，而非学科理论。这么说并非贬低学科理论的价值，而是基于教育目的的实现。真正有效的教育在于教育者的内化，内化的过程必然是外在的教育要求，如某种知识、能力、态度与受教育者已有经验和认知结构相融合的过程。与学生生活经验联系越直接的东西越是容易被学生理解和接受。但是，学校课堂教学活动从时空上将学生与其真实的社会生活隔离开来。打破障碍的最好方式，就是重新打通学校与社会、课堂与生活的通道，将学生生活经验引入课堂，或者将课堂拓展到学生的真实生活中去。比如，引导学生回忆和表达曾经的生活经验，在课堂上创设或模拟某种生活场景，在生活经验的基础上理解学科理论。

第三，注重学习过程，而非结果。"活动"必然表现为一系列的行为"过程"，"过程"与"活动"具有内在一致性。传统的课程，侧重于评价结果，评价学生掌握了哪些知识，具备了哪些能力，形成了什么样的观念。活动型学科课程既关注结果，更强调达成结果的过程，强调教师和学生做了什么，强调结果是怎么达成的。所以，它强调教学活动的丰富性和多样性，强调教学活动的程序和环节，强调教师教的活动与学生学的活动的呼应配合，尤其是凸显学生学的活动过程，强调学生的合作、探究、实践等活动方式。

三、 思想政治课与活动型学科课程

在这次普通高中课程标准修订中，为何只有思想政治课被界定为活动型学科课程，而其他课程没有？根本原因在于思想政治课的学科属性。

事物的属性表现在多个方面,但是决定其规定性的本质属性往往只有少数的几个方面。思想政治课的根本任务是进行思想政治教育,其本质属性主要表现在两个方面。

第一,思想政治课是意识形态教育课。我党我国的思想政治教育课程从产生之初,就以意识形态教育为其根本目的和核心功能。为了系统地进行意识形态教育,我国设立了大中小学一以贯之的思政课程。意识形态教育并非以某种系统的社会科学理论作为它的主要教育目的,而是以学生树立正确的价值观、确立正确的政治方向为根本追求。正是这样的课程性质决定了思想政治课既要有传统学科课程的学科理论,又不能受制于学科理论的逻辑与框架,而实现这一突破的最好办法就是结合活动课程的优势,形成"活动型学科课程"。

第二,思想政治课是实践课程。意识形态教育的好坏,不仅体现在学生知道什么,更重要的体现在学生相信什么、怎么行动。思想政治课作为德育课程,强调的是知情意行的统一,最关键的是落实在"行"上。"行为"与"活动"具有一致性,只有"活动"才能使"行为"得以展示。所以,思想政治课要想从"重认知"转向"重实践",真正实现知行合一,凸显课程的实践性和参与性,就必须紧抓"活动",形成"活动型学科课程"。

思想政治课活动型学科课程的定性,既是我国当今教育教学实践的需要,更是思想政治课性质、价值与功能的内在要求。目前初中的《道德与法治》全国统一的新课标还没有公布,相信按照课程发展的趋势,未来《道德与法治》课程按照活动型学科课程来重新界定学科性质的可能性是很大的。

四、 学习行为研究对于活动型学科课程建设的价值

我们完全可以说,学习行为研究是教育教学研究中最深层次、最有价值的研究之一。

首先,从教师的角度看,学习行为研究是中学政治课活动型课程建设成功与否的关键。当思想政治课的学科性质被界定为活动型学科课程之后,很多人对这一新的课程性质的理解主要是多开展学科活动,教师少讲学生多动。这样的理解

有一定道理,但是停留于表面。

我们可以认真思考一下:为什么学科活动主要见于公开课,而家常课上开展的较少?其实不难理解。主要原因就在于学科活动往往费时费力、效果又不见得好。为了开展好学科活动,往往需要师生做更多准备,投入更多时间。比如,中学政治课上最常见的学科活动"情境材料的阅读与讨论",需要教师提前筛选典型的情境材料,并通过恰当的方式提前发放给学生,有时候还需要学生利用课前时间阅读,课堂上需要学生进行阅读、小组讨论、发言分享,然后教师要进行引导和总结。这样的过程,学生的确"动"了起来,但是,教师经常觉得这样的学科活动往往只是为了用情境材料阐释一个并不复杂的学科原理,还不如直接自己通过举例的方式讲述学科原理来得方便、有效。为什么教师会这么想?因为他们并没有认识到学科活动的真正价值,他们的关注点仍然是学科知识,尤其是学生对学科知识的理解和记忆。

那么,学习行为对于中学政治课活动型课程建设的价值到底是什么呢?简单地说,它的价值就在于,让教师真正认识到"活动"的意义。教学活动是由教师的教学行为和学生的学习行为组成的。我们经常说"授之以鱼"不如"授之以渔",按照现在的语境,这里的"鱼"就是学科知识,"渔"就是学科素养。我们可以进行一下类比,学科活动就像是组织学生去体验一下捕鱼(或钓鱼),但是如果我们的教学目标是让学生掌握捕鱼(或钓鱼)的技能的话,关注点就不能只是捕鱼(或钓鱼)这个活动,而是成功捕鱼(或钓鱼)的一系列行为。比如,捕鱼应该在何处撒网,怎么撒网才能让网充分散开,如何收网才不会让鱼逃脱,如何把挂网的鱼取掉,等等。当教师明白关注点应该在每一个学习行为的训练与提升时,活动就变得灵活多样,教学活动就会紧紧围绕学习行为设计,教学就会从各种费时费力的形式主义的、盆景式的假活动中摆脱出来,找到教学的本质。

其次,从学生的角度看,学习行为研究是帮助学生提升素养的关键。当前,不少学生深陷琐碎的知识点、没完没了的题海之中。我们都知道,学生学的这些知识迟早都还是要还给老师的。那么,怎么从记背知识点、题海战术的"内卷"中解放出来?最重要的就是获得真正有价值的东西。什么是最有价值的东西?那就是学习行为的改进。比如,对于数学中的证明题,每道题用到的原理并不相同,这方面是学无止境的。但是,证明的基本规则都是一样的,都需要从已知的条件和公理(定理)出发,按照基本的推理和证明规则,形成一个完整的因果链条,最终推导出未知的需要证明的结论。这套证明规则的运用过程就是学习行为。对于中学政治课来说,也是如此。比如,学生在学习过程中,经常需要解释概念或原理、列举、比较、预测趋势、分析原因、说明理由、评价、论述。这些都是学习行为。无论是日常的教学活动,还是作业测验,其本质就是考察学生能否在学科领域内完成这些学习行为。而且,这些学习行为是不因课程内容的调整变化而变化的。学生一旦形成了良好的学习行为,就不会受具体学科内容影响,成为可以沉淀下来、受用终身的素养。学习行为的研究有助于学生认识到学习行为的价值,在学习过程中,自觉关注和改进自身的学习行为,形成持之以恒的学习动力。

(华东师范大学第二附属中学　苏百泉)

第三节　研究思路和依据

本书作为课题《基于活动型课程建构的中学政治课学习行为研究》的主要研究成果，经历了课题团队成员围绕研究对象，不断调整研究思路、聚焦研究重点、改进研究方案、确定研究框架、分工开展细致研究的过程。

一、研究思路的形成过程

本研究坚持问题导向，在研究之初并不预设具体的研究成果，而是采用归纳法，从师生在教学过程中遇到的真实问题中进行梳理，并在相关理论指导下，逐步归纳出研究框架，形成研究结论。

（一）研究的总设想

第一，研究分"实然"和"应然"两个层面。"实然"是指现状，也就是要了解学生学习行为的现状和存在的问题。"应然"是指目标，也就是学生学习行为应该达到的理想状态。从"实然"走向"应然"的过程，就是学生学习行为的重建和改进过程。

第二，对学习行为的研究沿着"从一般到特殊"的路径进行。基本研究思路是：从"普遍意义上的、不分学科的学习行为研究"到"中学政治课的学习行为研究"，再到"中学政治课活动型课程建构过程中的学习行为研究"。重点关注当前中学政治课程建设中的特殊和现实问题。

第三，既研究学习行为，也关注教学行为。教师的教学行为是学生学习行为重建中的关键因素。所以，本研究中我们也时刻关注为了学习行为重建和改进，教师需要什么样的教学行为以及教师的教学行为需要做哪些调整和重建。

(二) 关注课型、学习活动和学习行为之间的关系

在研究之初，为了引导团队成员从系统论的视角审视学习行为，我们希望大家关注课型、学习活动、学习行为三者之间的关系。一方面，可以按照从系统到要素的顺序，先梳理中学政治课的课型种类，然后再对每种课型中的典型学习活动进行分类，进而再对每种学习活动中的学习行为进行分类，最后探究这些学习行为的现状、问题、重组目标等，并且研究与学习行为相关的教师教学行为的改进。另一方面，也可以采用从要素到系统的顺序，先列出中学政治课中常见的学习行为类型，然后整合为不同的学习活动类型，然后对于整合的方法、策略、结构进行分析，最后研究与这些学习行为相关的教师教学行为的改进。

课型，一般可以从两个层次理解：一是从课的外在特征的角度，课型指课的类型，它是按某种分类基准（或方法）对各种课进行分类的基础上产生的；二是从课的内在要素与结构的角度，课型是指课的模型，它是在对各种类型的课在教学观、教学策略、教材、教法等方面的共同特征进行抽象、概括的基础上形成的模型、模式。

在研究过程中，我们引导团队成员首先关注课型的一般类型。比如：（1）根据教学任务多寡和性质可以分为单一课和综合课。其中，单一课在一节课内主要完成教学过程某一特定阶段的教学任务。单一课通常有：新授课、练习课、复习课、实验课、检测课、考试讲评课等。综合课在一节课内完成两个以上或全部教学阶段任务，通常用于小学中低年级。（2）根据课的教学组织形式和教学方法可以分为讲授课、讨论课、自学辅导课、练习课、实践或实习课、参观或见习课等。

我们还引导团队成员关注中学政治课比较常见的几种课型划分方式。比如：（1）概念原理学习课、政策价值引导课、社会规范导行课；[①]（2）思维活动为主的课、社会实践活动为主的课；（3）议题式教学课、模拟类活动课、实践类活动课；（4）议题类课、辨析类课、情景类课、实践类课；（5）原理理论学习课、原理理论复习课、社会时政分析课、社会实践活动课。等等。

在学习活动的类型上，我们引导团队成员关注中学政治课上比较常见的学习

---

① 苏百泉.基于课堂观测与评价的中学政治课课型划分[J].思想政治课研究,2012(3)：16.

活动类型。一方面,在课堂教学中,比较常见的学习活动有：小组讨论交流(角色扮演)、经典阅读、撰写读后感、格言分享(凡人金句)、撰写小论文、课堂辩论、图说、完成论证提纲、设计方案、演讲(讲故事、时政演讲、经典诵读)、制作小报(展板、板报等)、制作微视频、戏剧表演(情景剧、课本剧)、观看经典电影、文献综述(整理档案、口述史)、设计公益广告(标语)、数据分析(建模)、体验类游戏、学科小实验,等等。另一方面,在学科社会实践活动中,比较常见的学习活动包括：场馆参观、祭扫烈士陵园、现场教学、志愿者讲解员讲解、模拟活动(模拟法庭、模拟政协、走进人大、模拟人才招聘会、模拟创业、模拟金融投资、模拟联合国)、摄制纪录片、访谈、开展社科课题研究、组建学科有关社团(研究会、辩论社、演讲社、创业社等)、知识竞赛、组建公众号并持续运营维护、走进社区民主参与、体验类活动、研学之旅、海外走访、图书推介会,等等。

二、 学习行为的分类与筛选依据

遵循上述研究思路,团队成员结合自身的教学实践,梳理出很多中学政治课常见的学习行为,如,叙述事实、数据分析、解释概念原理、比较与辨析概念、建构逻辑关系、列举、运用原理说明社会现象、归纳实质、判断、预测或推测、论证、评价、价值判断、设计方案等。

面对如此众多的学习行为,哪些应该成为我们研究的重点? 按照什么标准对这些学习行为进行筛选? 它们之间又是什么关系? 必须找到合适的依据。

我们找到的依据主要有以下几个：

(一)《中国高考评价体系》中的关键能力

第一个依据是教育部考试中心 2019 年制定的《中国高考评价体系》。高考评价体系由"一核""四层""四翼"组成,如下图所示(见图 0 - 3 - 1)。

其中,"一核"是高考的核心功能,即"立德树人、服务选才、引导教学",回答"为什么考"的问题;"四层"为高考的考查内容,即"核心价值、学科素养、关键能力、必备知识",回答"考什么"的问题;"四翼"为高考的考查要求,即"基础性、综合性、应用性、创新性",回答"怎么考"的问题。

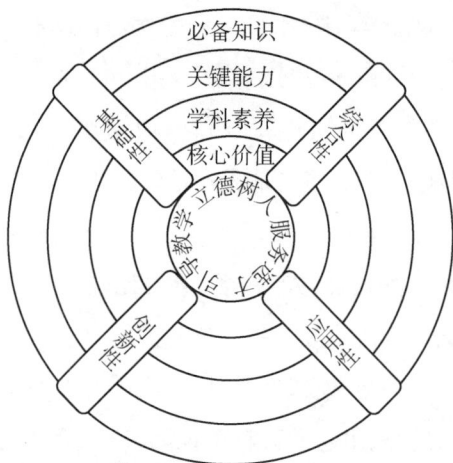

图 0-3-1　中国高考评价体系

　　我们主要参考的是其中的"关键能力"。根据《中国高考评价体系》的界定，"关键能力"是指即将进入高等学校的学习者在面对与学科相关的生活实践或学习探索问题情境时，高质量地认识问题、分析问题、解决问题所必须具备的能力。高考评价体系确立了三个方面的关键能力群，即以认识世界为核心的知识获取能力群、以解决实际问题为核心的实践操作能力群、涵盖了各种关键思维能力的思维认知能力群。[①] 每个关键能力群主要包括的能力如下表所示：

表 0-3-1　关键能力群及其包括的主要能力

关键能力群	包括的主要能力
知识获取能力群	语言解码能力、符号理解能力、阅读理解能力、信息搜索能力、信息整理能力等
实践操作能力群	实验设计能力、数据处理能力、信息转化能力、动手操作能力、应用写作能力、语言表达能力等
思维认知能力群	形象思维能力、抽象思维能力、归纳概括能力、演绎推理能力、批判性思维能力、辩证思维能力等

　　教育部考试中心的胡传勇和巫阳朔以此为基础，依据认知科学和教育目标分类学的理论成果，结合思想政治学科特点，在充分总结多年高考命题经验的基础

---

① 教育部考试中心.中国高考评价体系[M].北京：人民教育出版社,2019：23.

上,归纳出了包括辨识与判断、分析与综合、推理与论证、探究与建构、反思与评价维度的能力目标框架。[①] 具体如下表所示:

表 0-3-2 思想政治学科能力目标框架

关键能力	具体要求
辨识与判断	辨识政治、经济、文化等社会现象,判断其性质,概括其特点,并与学科的理论和观点相印证
分析与综合	运用科学的思维方法,从不同角度分析社会现象和问题,正确理解党的路线方针政策,综合形成整体性认识
推理与论证	遵循逻辑思维的要求,运用各种推理方法得出正确结论,避免推理错误;运用所学的基本原理和恰当的论据,对观点、论断进行有说服力的论证和阐释
探究与建构	灵活运用学科知识、能力、方法研究问题,提炼和形成具有新意的观点,提出解决问题的合理可行的思路、对策和方法,具有把学到的知识应用于新的情境、解决实际问题的能力
反思与评价	以建设性批判的态度,对社会现象、社会问题等进行独立思考,批驳错误观点,作出正确价值判断和评价

关键能力与学习行为是什么关系?我们认为学习行为是关键能力的载体,学习行为中不仅可以体现出关键能力,还能体现出"核心价值、学科素养、关键能力、必备知识"所有内容。但是,在这四层当中,唯有关键能力与学习行为最为接近,所以,我们参考关键行为的表述,去梳理出中学政治课的典型学习行为。

(二)《普通高中思想政治课程标准》中的学科任务

第二个依据是《普通高中思想政治课程标准(2017 年版 2020 年修订)》(以下简称新课标)。在新课标中,提出了"制定学科任务导向型的学业水平考试命题框架"要求。根据这一要求,新课标认为,思想政治学业水平考试命题框架,要"以学科任务导向为标志,由关键行为表现、学科任务、评价情境和学科内容四个基本维度构成"[②]。这四个关键要素之间的关系是:学科核心素养要素是评价的起点和

[①] 胡传勇,巫阳朔.基于高考评价体系的思想政治科考试内容改革实施路径[J].中国考试,2019(12):74—75.

[②] 中华人民共和国教育部.普通高中思想政治课程标准(2017 年版 2020 年修订)[M].北京:人民教育出版社,2020:50.

依归,学科内容是验证学科核心素养水平的工具,评价情境是展现核心素养水平的"舞台",学科任务是将内在的核心素养水平外显为可观测行为表现特征的"桥梁"。①

其中,学科核心素养只能通过可观测的行为表现特征群(组)加以推断。这里的行为表现就是我们所说的学习行为。新课标指出,要"筛选与每个学科核心素养要素有关、可纸笔测试的关键行为表现构成指标体系,以此作为推断学科核心素养发展水平的基础"。但是,新课标并未给出"关键行为表现构成指标体系"的具体内容。这给我们的研究提供了广阔的空间。

因为学科任务是寻找关键行为表现的向导和指针,所以,我们在研究过程中,也以新课标中提出的描述与分类、解释与论证、预测与选择、辨析与评价这四个基本的学科任务类别,对思想政治课的学习行为进行归纳。我们结合新课标解读中的解释,将四种学科任务的具体要求梳理成下表:

表 0-3-3 思想政治课学科任务及其具体要求

学科任务	具 体 要 求
描述与分类	能够按照某个维度对真实社会生活情境中事物或问题的性质、特征、表现进行描述、比较和分类("是什么")
解释与论证	能够对真实社会生活情境中的事物或问题,运用学科技能与方法分析原因,探究不同变量之间的关系;运用理论和实证材料对探究结论进行合乎逻辑与科学要求的论证和检验("为什么")
预测与选择	能够结合具体的社会生活情境,运用科学的方法和原理对行为、问题的结果或影响进行分析与预测;根据约束条件和决策目标设计出合理可行的方案;比较不同方案的优劣利弊并进行合理选择("怎样做")
辨析与评价	能够结合具体的社会生活情境,根据某个维度对事物的作用、价值和功能进行分析和评价,辨识事物之间的关系;合理运用相关理论和方法,对不同观点和立场、不同利益诉求进行辨析、辩护和辩驳("应该怎样做")

(三)《普通高中思想政治课程标准解读》中学业质量水平的行为目标

《普通高中思想政治课程标准》在表述学业质量水平的时候,有意识地采用

---

① 韩震,朱明光.普通高中思想政治课程标准(2017 年版 2020 年修订)解读[M].北京:高等教育出版社,2020:176.

"行为目标的陈述方式",即每个条目的基本句式都包含行为动词、行为任务、预期表现三个元素,共同显示行为目标,从而使行为目标的达成成为运用学科内容的结果,使学科内容的运用成为验证行为目标的任务。简言之,就是在什么条件下(情境),做了什么事(任务),有了什么表现(素养)。新课标解读提出,"用行为目标的陈述方式呈现学业质量水平,关键在于采用不同的行为动词,以表明行为条件的差异。"为此,新课标解读专门列出了如下表格[①]:

表 0-3-4　学业质量水平陈述的要求、意义及其行为动词

要求	意义	行为动词
指认事物	特性、归属、来源	认识、知道、找出、观察、了解、熟知、区分、选用、指出
再现事实	内容、过程、表现、形式、状态	描述、列举、概述、综述、讲述、分述、列出、展现、简述、描绘、综合、综观、引述、引用、叙述、回顾、展示、表明、总结
澄清概念	成因、实质、性质、理由	说明、比较、归纳、解释、分析、解析、辨识、理解、思考
审视价值	真假、优劣、利弊、好坏、取舍	评析、评估、评述
支持某种论断	采纳一个见解,为某一立场辩护	明确、探寻、体会、关注、确信、重视、领会、表达、坚信、把握
采取某种行动	经历其过程、演示其方法	感悟、考察、探究、探讨、感受、运用

(四)《上海市高中思想政治学科教学基本要求》中的学科学业水平

在确定学习行为的过程中,我们也非常注意参考本土资源。上海的思想政治课教师更为熟悉的是《上海市高中思想政治学科教学基本要求》中关于"学科学业水平界定"的表格,这是过去很多年指导上海思想政治课教学和评价的重要依据。具体内容见下表(见表 0-3-5)。[②] 在这个表格中,列出了思想政治课三个水平15项具体的学科学习行为,对于本研究确定典型学习行为具有重要参考价值。

① 韩震,朱明光.普通高中思想政治课程标准(2017年版2020年修订)解读[M].北京:高等教育出版社,2020:46.
② 上海市教育委员会教学研究室.上海市高中思想政治学科教学基本要求[M].上海:华东师范大学出版社,2017:202.

表 0-3-5 学科学习水平界定

水平等级	基本要求	用词范例	行为描述示例
A 识记与辨识	了解本课程的基本概念或道理,能在不同情景中予以再认和再现;对课程领域所涉及的一些社会现象能予以正确辨认;能列举课程领域所涉及的社会现象,用相关知识加以描述或简述。	再认、再现、说明、例举、辨认……	A1.再认或再现国内外重大时事的时间、地点、人物、事件名称、基本内容等 A2.在与教材相似的情景中再认或再现经济、哲学、政治的基本概念、原理 A3.列举反映经济、哲学、政治的基本概念、原理的社会现象,并说明两者的一致性 A4.运用经济、哲学、政治的基本概念、原理说明或辨认社会现象
B 理解与阐释	理解、领悟本课程知识的内涵及其实质,知道知识之间内在的逻辑联系;能够在相关的社会现象中,归纳、比较、阐述相关知识;能收集和整理有关信息,用相关知识进行说明,作出正确的解释。	解释、比较、阐述、概括、推断、图文信息转换、选用经济公式计算、解释原因、预测……	B1.解释经济、哲学、政治的基本概念、原理 B2.比较经济、哲学、政治有关知识之间的异同 *B3.阐述经济、哲学、政治有关知识之间的内在逻辑 B4.根据规定的内容领域,以图文信息转换的方式描述社会现象,并作出概括、推断 B5.根据特定情景,选用经济学有关公式进行运算 B6.运用经济、哲学、政治的基本概念、原理解释社会现象产生的原因、预测社会现象的发展趋势或可能结果
C 综合与评价	能够综合应用所学的知识,对社会现象进行具体的分析,提出解决实际问题的方案和思路;应用本课程的知识,正确分析、评价社会生活中的实际问题,并指导自己的行为实践;能够对不同的社会现象进行辨别分析,揭示不同社会现象的不同本质,采取正确的价值判断和态度。	运用分析—揭示实质 设计方案—说明理由 综合知识—论证观点 运用知识—评论材料 评析现象—判断选择	C1.运用经济、哲学、政治的基本概念、原理分析社会现象,并揭示其实质 C2.运用经济、哲学、政治的基本原理和方法,提出解决经济、政治、文化等社会实际问题的方案和思路,并说明理由 *C3.综合运用经济、哲学、政治的基本概念、原理和方法,论证相关观点 *C4.运用经济、政治、哲学的基本概念、原理评价有关材料论述的逻辑性,以及表达的准确性 C5.运用经济、哲学、政治的基本原理评析社会现象,作出正确的价值判断和行为选择,在社会实践活动中提升道路自信、理论自信、制度自信、文化自信

备注:*内容为等级考试水平要求

随着 2019 年全国统编教材在上海的使用,上海又借势对原有的学科学业水平界定进行了大幅度的修改和完善,采用了"学科任务"的概念,将思想政治的学科任务归为"分析问题"和"解决问题"两大类,并把具体的学习行为要求从原来的15 项合并和调整为 6 项,具体见下表。

表 0 - 3 - 6　上海市思想政治学科合格性考试学科任务

学科任务	
	1.1.1 综合运用所学内容,辨别问题情境中的信息、推断相关结论、归纳问题实质并说明理由
	1.1.2 综合运用所学内容,说明情境中问题的成因
1.1 分析问题	1.1.3 综合运用所学内容,预测问题情境所反映社会现象的发展趋势、可能结果并说明理由
	1.1.4 综合运用所学内容,评析问题情境所反映的社会现象,作出正确价值判断和行为选择
1.2 解决问题	1.2.1 综合运用所学内容,根据问题情境提出所要解决的具体问题并说明理由
	1.2.2 综合运用所学内容,提出解决问题的思路、建议、方案并说明理由,评价解决问题的思路、建议、方案的有效性

在对上述资料进行细致讨论的基础上,我们设计了针对教师的问卷,在团队内外的思想政治(道德与法治)课教师中开展调查,并且邀请华东师范大学等高校以及中小学思政课的专家进行指导和研讨,最终确定了 16 项典型的学习行为开展研究。具体内容如下表所示:

表 0 - 3 - 7　中学政治课典型学习行为类型

归属	典型学习行为类型
1. 是什么	1.1 描述事物状态或特征
	1.2 对事物进行分类与归类
	1.3 比较事物的异同
	1.4 分析与综合
	1.5 归纳与演绎
	1.6 下定义
	1.7 图文信息转换

归属	典型学习行为类型
2. 为什么	2.1 解释原因
	2.2 建构因果链条(逻辑线索)
3. 怎样做、怎么样	3.1 预测或推测趋势、结果或影响
	3.2 设计解决问题的方案
	3.3 比较方案或措施的优劣
4. 应该怎样做、应该怎么样	4.1 辨析、评价观点或做法
	4.2 批判或辩护
	4.3 理论论证
	4.4 事实论证(举例、数据分析)

(华东师范大学第二附属中学　苏百泉)

第一章

描述与分类：到底是什么

第一节　描述事物

　　"描述事物的状态和特征"是基于活动型课程建构的中学政治课学习行为中最基本的一种学习行为，是其他学习行为的基础，却常常在教学中被忽略。本节内容从对"描述事物的状态和特征"的一般性研究入手，对"描述"的概念进行了清晰的界定；围绕新中考命题依据——《上海市初中道德与法治课程终结性评价指南》，对描述在学习行为中的价值以及学生在图文信息描述过程中存在的具体问题进行学习现状分析；从"明确描述对象""传授描述方法""规范描述语言""建立'事实—知识'、'知识—知识'的联系"四个方面进行教学策略的改进研究。

一、"描述事物的状态和特征"的相关概念界定

（一）什么是描述

1. 描述及其特点

　　描述指形象地叙述；描写叙述。① 描述旨在通过运用简洁朴实的语言对人物的活动经历或事件的发展变化做准确的介绍、交代、说明，让他人对事物有准确清楚的认识。描述注重描写叙述的真实性、准确性。比如，商家对产品的描述中会提供一系列准确的专业数据和参数以突出其在同类产品中的优势。公安机关在调查取证过程中要求目击者对犯罪嫌疑人的身高、年龄、衣着款式和颜色、体型，

---

① 中国社会科学院语言研究所词典编辑室.现代汉语词典（第六版）[M].北京：商务印书馆，2014：901.

甚至走路姿态等外在特征进行描述，以便在最短时间内抓到犯罪嫌疑人，描述越具体越好。初中化学实验中对实验现象描述的准确性也有严格的要求，如注意"烟""雾"和"烟雾"，"光"和"焰"在语言描述上的区别。可见，根据描述对象的不同，为了使描述真实、准确，还需要使用一些专业性的语言。

总之，描述的最终目的是为了解释清楚"是什么"，其特点是真实性、准确性、专业性。

2. 描述和描写、叙述的区别

描述和描写、叙述有着本质上的区别。

描写是用语言文字等把事物的形象或客观的事实表现出来。[①] 描写虽然也是为了表述客观事实，但为了达到形象生动的效果，其语言更加丰富，描绘的成分更多，经常会采用各种修辞手法。所以，不同的信息接受者可能会对描写对象产生截然不同的印象。

叙述是把事情的前后经过记录下来或说出来。[②] 叙述注重对过程的描述，推进情节的发展。

概括地说，三者在功能和语言上有很大不同。功能上，描述是要讲清楚"事物应该是什么（样）"；描写是为了告诉他人"我认为事物是什么（样）"；叙述的目的是讲清楚"事物经历了什么或怎么样了"。语言上，描述性语言简练，专业，准确。描写性语言形象、生动、具体，有感染力。叙述性语言具像，概括。

（二）事物的状态和特征

1. 事物状态和特征的界定

描述的特点决定了描述必须抓住事物的状态和特征有选择有侧重地叙述。那么，事物的状态和特征有哪些呢？状态，是人或事物表现出来的形态。是指现实（或虚拟）事物处于生成、生存、发展、消亡时期或各转化临界点时的形态或事物态势。在科学技术中，指物质系统所处的状况，也指各种聚集态，如物质的固、液、

---

① 中国社会科学院语言研究所词典编辑室.现代汉语词典(第六版)[M].北京：商务印书馆，2014：901.

② 中国社会科学院语言研究所词典编辑室.现代汉语词典(第六版)[M].北京：商务印书馆，2014：1471.

气等。① 从哲学角度讲,物质是运动的。事物的状态即事物发展的状态——量变和质变。事物又是相互联系的,现象是事物外部联系和表面特征,本质是事物的根本性质,是组成事物的内在联系。所以,事物的状态和特征是指事物的量变和质变现象。

2. 思政课描述对象的界定

结合初中阶段考核内容,道德与法治课中描述事物的状态和特征是指描述新中国成立以来,特别是改革开放以来,我国在政治、经济、文化、社会、生态文明等方面的社会现象。

二、 中学政治课活动型课程建构中"描述事物的 状态和特征"的学习行为现状

(一)描述的价值分析

2019 年 10 月公布的《上海市初中道德与法治课程终结性评价指南》中,围绕核心素养从必备品格、实践能力、学科思维三个维度对学生进行评价。关于"学科思维"的表述如下:

3.1 理解与阐释

3.1.1 综合运用所学内容辨认、说明社会现象。

3.1.2 综合运用所学内容,从图文资料中推断结论,说明获得结论的依据。

3.1.3 综合运用所学内容,解释并论证产生社会现象的原因,或预测社会发展趋势并说明理由。

3.1.4 综合运用所学内容解释社会现象所反映的实质。

3.2 评价与解决问题

3.2.1 综合运用所学内容评析社会现象,作出正确价值判断。

3.2.2 综合运用所学内容,针对具体社会现象,发现问题,提出解决问题的措

---

① 任聚杰,郭子成,杨建一.自发过程及其判据的讨论[J].河北科技大学学报,2010(1):18—21.

施,设计相应方案并实施。

这些有关学科思维的评价目标层次不一,但有一个共同的特点,即都需要运用所学的内容,对社会现象辨认、说明、解释、论证、推断、预测、评析等。不难看出,这些学科思维的养成是建立在对社会现象有着清楚认识的基础之上的,即要求学生能够通过现象看本质。事物的本质隐藏在现象之中,是通过大量的现象表现出来的。只有透过现象才能揭示事物的本质。要认识事物的本质,首先要深入实际,调查研究,掌握大量的丰富的感性材料,即对事物现象的认识。其次还要发挥理论思维的作用,运用科学的思维方法,对已经获得的感性材料进行去粗取精、去伪存真、由此及彼、由表及里的加工制作。只有这样,才能够达到对事物本质的认识。新的考核方法无疑更加注重学生实践能力、科学精神、思维能力、探究能力的培养。学生通过"描述"来表达对社会现象的认识,即解释社会现象,故而描述的准确与否直接体现认识是否正确,也直接影响其对事物本质的判断。该《评价指南》第三部分"试卷结构及相关说明"中又明确指出"每题均涉及'处理、运用信息'",进一步说明了对学生描述能力的考核无处不在。

综上,教师在教学中一方面要培养学生用联系的观点看问题的能力,对待各种社会现象要由表及里、由浅入深,形成理性客观的认识;另一方面,要引导学生在社会现象和学科知识之间建立联系,培养学科思维。

(二)"描述事物的状态和特征"的学习行为现状

新中考改革对考试题型做了很大调整。全卷由原来的时政填空、单项选择题、不定项选择题、问答题四种题型,变为综合理解题、时政探究题、案例分析题三种题型。新的考核方式更加注重学生的高阶思维能力。作为开卷考试,描述无形中成了学生能力考核的起点。描述对象资料呈现方式主要有两种:图片和文字。

1. 图片资料的描述及问题分析

(1)图片资料的描述

时政探究题主要涉及图片资料的描述,个别题目有少量文字资料混合。此类题型问法比较固定:根据图片或者图文资料可以得出什么结论,获得该结论的事实依据是什么?此类题型中图片资料涉及新中国成立以来尤其是改革开放以来我国在政治、经济、文化、社会、生态等方面的建设成果或问题,反映的往往是一段时期内某一统计数据的变化,考验学生是否能够运用历史的观点和方法分析、比较、理解各种社会现象,认识事物的本质。学生对这种全新的题型非常不适应,一时不知道怎么答,答案五花八门,得分率很低。很多学生觉得道德与法治高深莫测,甚至产生了畏难情绪。实际上此类题型第一问考察的是学生从图文信息中作出推断的能力,推断的正确与否取决于对图文信息的提取和处理。第二问考察的就是学生提取信息的能力,而这种能力通过其对图文资料准确描述得以体现。

时政探究题作为一种全新的题型,对老师和学生来说都是完全陌生的。很难说,题目中的描述标准和要求具体是什么。但可以明确的是,此类题型中的"描述"考查的是"3.1.2综合运用所学内容,从图文资料中推断结论,说明获得结论的依据"。对依据进行描述的过程,是对结论进行事实论证的过程。以此看来,这里的"描述"必须满足两个要求:一是反映客观事实,二是反映的客观事实能够得出结论,即事实和结论之间存在着一定的逻辑关系。

(2) 图片资料描述的问题分析

例1:2018年宁夏回族自治区成立60周年。60年来,塞上儿女不忘初心,守望相助,同心同德,团结奋斗,谱写了一曲奋进发展之歌,阔步走进中国特色社会主义新时代。

表 1-1-1　宁夏回族自治区 60 年经济社会发展变化数据

时间 (年)	地区国内生产总值 (亿元)	人均国内生产总值 (元)	发电量(亿千瓦时)	森林覆盖率(%)
1958	3.28	176	0.11	1.5
1978	13	370	—	—
2017	3 453.93	50 917	1 380.9	14

阅读以上材料,回答问题。

观察表格,你能获得什么结论?获得结论的事实依据是什么?

【答案示例】

结论:宁夏回族自治区成立 60 年来,在经济社会发展方面取得巨大成就。

事实依据：1958 至 2017 年,即宁夏回族自治区成立 60 年来,特别是 1978 年改革开放以来,在 GDP 总量、人均 GDP、发电量及森林覆盖率等方面均取得了飞速增长。

【必备品格】了解基本国情,坚持习近平新时代中国特色社会主义思想,认同中华文明,继承革命传统,弘扬民族精神,热爱集体、热爱祖国、热爱人民、热爱社会主义。

【实践能力】掌握处理、运用信息的方法;面对复杂的社会生活和多样的价值观念,以正确价值观为标准,作出正确选择。

【学科思维】理解与阐释/综合运用所学内容,从图文资料中推断结论,说明获得结论的依据。

【知识内容】富强与创新/踏上强国之路/坚持改革开放/中国腾飞谱新曲

和谐与梦想/中华一家亲/促进民族团结/民族大家庭

解析：本题是一道比较特殊的图表题,用表格的方式呈现数据资料,其中涉及的统计数据有四项。相比纯图片资料,在读数据方面更为简单明了。但学生在做此类题目时还是出现了不少问题。

学生答案 1：宁夏回族自治区经济水平不断提高,生态文明建设稳步推进,生产总值显著增长,森林覆盖率提高。

学生答案 2：地区国内生产总值、人均国内生产总值、发电量、森林覆盖率大幅提升。事实依据：1978 年我国实施改革开放。

学生答案 3：结论是我国实行乡村振兴战略效果显著,引领全体人民携手迈入全面小康社会,朝着共同富裕方向稳步前进。事实依据：宁夏回族自治区 60 年来经济社会发展各项数据均迅速增加。

学生答案 4：结论是在党和国家大力支持下,坚持社会主义道路,实行民族区域自治制度,宁夏经济建设取得巨大成就,驶上了跨越式发展的快车道。事实依据是 1958 年—2018 年宁夏地区国内生产/人均生产总值快速增长,发电量和森林覆盖率大幅提升。

【诊断分析】以上四种是学生比较常见的答案,主要集中在几种错误现象：

(1) 答案没有区分结论和依据。原因是答题不规范,部分学生还可能存在答题没有思路的问题。

（2）将依据当作结论。原因是对此类题目没有基本的解题思路和方法。

（3）对事实依据描述不具体或者不清楚。原因是对描述的方法和要求不清楚，没有在描述和结论之间建立必要的逻辑关系，缺乏科学精神。

综合以上情况分析可以发现，学生的困难在于对新的题型不熟悉，大多数学生无从下手，不知道怎么找依据，也不知道结论从哪里来。有的学生受题目文字的误导直接在图片资料中找结论，导致把事实依据当成结论。有些学生对依据进行描述的时候因为没有方法和标准导致描述不准确、不全面、描述有遗漏等情况。学习困难的学生甚至出现答题不规范、看题不仔细的情况。教师可以通过在教学中传授一定的解题方法和思路，规范答题格式，给出描述的步骤和方法等途径解决此问题。

2. 文字资料的描述及问题分析

（1）文字资料的描述

综合理解题和案例分析题主要涉及文字资料的描述。题目以问答题为主，形式不固定。《评价指南》中涉及的学科思维目标主要有：

3.1.1 综合运用所学内容辨认、说明社会现象。

3.1.3 综合运用所学内容，解释并论证产生社会现象的原因。

3.1.4 综合运用所学内容解释社会现象所反映的实质。

3.2.1 综合运用所学内容评析社会现象，作出正确价值判断。

3.2.2 综合运用所学内容，针对具体社会现象，发现问题，提出解决问题的措施，设计相应方案并实施。

用图片表示（见图 1-1-1），可以清楚地看到，评价目标中这些学科思维的要求集中表现为要求学生在所学内容和社会现象之间建立联系，并运用所学作出价值判断，发现和解决问题。其目的是让学生正确看待社会现象，提高解决问题的能力。

此类题目的解答必须在材料和知识间建立必要的联系，并且寻找到能够体现

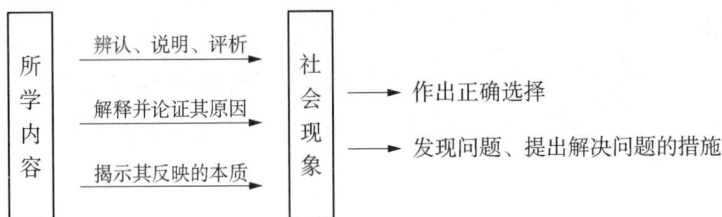

图 1-1-1 评价目标中的学科思维目标

这种联系的关键信息,将它有所侧重地描述出来。加之所有题目都有提取处理信息的实践能力要求,"描述什么"和"怎么描述"成为答好此类题目需要考虑的首要问题。

(2) 文字资料描述的问题分析

例2:2019 年 12 月至 2020 年 5 月,广州市一学生家长刘某认为其女儿在学校受到体罚,先后在班级微信群、朋友圈、微信签名处及微博发布诅咒、辱骂、威胁老师的言论及图片,编造其女儿被老师体罚及被老师索要照顾费等虚假信息,并上传伪造的带血的衣服、鞋子等照片,称其女儿被班主任体罚致吐血,该微博被数亿网友阅读转发,引起热议。经过调查取证,广州市白云区人民法院审理认为,被告人刘某在信息网络上散布虚假信息,还花钱请人进行网络炒作,起哄闹事,严重扰乱公共社会秩序,因此以寻衅滋事罪追究其刑事责任。

请综合运用《理解权利义务》单元所学内容说明此案例给我们的启示有哪些。

【答案示例】我们要依法行使权利。公民行使权利不能超越它本身的界限,不能滥用权利。我国宪法规定,公民在行使自由和权利的时候,不得损害国家的、社会的、集体的利益和其他公民的合法的自由和权利。

刘某认为其女儿在学校受到体罚,先后在班级微信群、朋友圈等网络平台散布虚假信息,诅咒、辱骂老师,花钱请人进行网络炒作,起哄闹事等,这些都是法律禁止的行为,不仅严重损害了老师的合法权利,还严重扰乱社会公共秩序,违反了刑事法律,是犯罪行为,必须依法承担相应的法律责任。所以,我们要吸取教训,增强法治意识,依法行使权利,合法维权,坚决不做法律禁止做的事。

【必备品格】尊敬父母、尊重他人、诚实可信、乐于助人、有责任心、追求公正的品质。具有规则意识、法制观念、公共精神和公民意识。

【实践能力】掌握交往与沟通的技能与参与社会公共生活的方法。掌握处理、运用信息的方法,具有媒介素养,能够适应信息化社会。面对负责的社会生活和多样的价值观念,以正确价值观为标准,作出正确选择。运用法律维护自己、他人、国家和社会的合法权益。

【学科思维】综合运用所学内容辨认、说明社会现象。

【知识内容】理解权利义务/公民权利/依法行使权利/行使权利有界限/遵守社会规则/做守法的公民/预防犯罪/了解罪与罚

解析:本题给出了某些公民在行使权利过程中损害他人合法权利和利益的社会现象,题目要求写的是启示,实则希望学生通过这种社会现象对于如何正确行使权利有一个正确的认识。

学生答案1:任何权利都是有范围的。公民行使权利不能超越它本身的界限,不能滥用权利。这一案例中,学生家长刘某行使了自己的话语权,但损害了老师作为一个公民的合法的自由和权利,超越了权利的界限。如果家长认为女儿受到体罚,应依照法定程序进行,而不是用不正当的方式散布虚假信息,伪造证据,扰乱公共社会秩序。我们应该以法律规范自己的行为,遵守社会公共秩序,遵守社会公德。

学生答案2:法律保护公民的人格尊严,刘某对老师进行了侮辱、诽谤和诬告陷害,侵犯了老师的名誉权,因此被追究了刑事责任。

刘某在网上发言是她的权利,但任何权利都是有范围的,她在行使自由和权利时,损害了老师合法的自由和权利,违反了刑事法律,构成犯罪,因此依法承担了刑事责任。

学生答案3:我国宪法规定,公民的人格尊严不受侵犯,禁止用任何方式对公民进行侮辱、诽谤和诬告陷害。

任何权利都是有范围的。公民在行使自由和权利的时候,不得损害其他公民的合法利益。个人的自由和权利不能以损害其他公民个人利益为代价。我们在行使权利时不得损害他人权利。

我们要遵守劳动纪律,遵守公共秩序,尊重社会公德,自觉做到尊法学法守法用法,以法律约束自己的行为,做到依法办事。

公民违反刑事法律,构成犯罪的,应当依法承担刑事责任。

【诊断分析】大多数学生都能答到公民在行使权利的时候不能损害他人、集体、国家的合法的权利和利益,说明学生对核心知识的掌握没有太大问题。有一部分学生在阐释的同时知道对材料进行描述,但描述不够充分,或者描述有遗漏,与之相应的,对刘某行为的定性也有遗漏和缺失,说明这部分学生对社会现象有所思考,但认识不够全面,导致描述不全面。还有极少部分学生在前两种基础上意识到我们应该怎么做,但还没有上升到意识层面,说明他们还是简单地站在自我层面看问题,也没有在尊法守法和增强法治意识之间建立必要的联系。

综上,学生对社会现象的描述,主要问题在于不充分、不具体、不全面。究其原因,没有和所学的知识之间建立起必要的联系,知识点有遗漏,描述必然有遗漏。大部分学生的困难在于把握了核心知识,却缺少对知识整体性的把握,导致忽略某些细节,比如刘某的行为本身是违法行为。另外,也反映出没有将现象和知识点建立联系的问题。

三、 中学政治课活动型课程中的"描述事物的 状态和特征"学习行为教学策略研究

(一)"描述事物的状态和特征"学习行为的教学策略

1. 明确描述对象

新中考政策注重学生全面发展、核心素养的培养。在图表信息的描述中,不管是依据结论混为一谈,还是把依据当结论,其根本原因在于缺乏科学精神和实践能力,不知道什么是依据,什么是结论,两者的关系是什么。结论必须和依据相匹配,而依据来自图表信息,为了保证依据的真实性,依据必须紧扣事实,即图表信息上能看到的才称之为依据。所以本题的提问顺序和正常的思维习惯是相反的,这在一定程度上为学生答题制造了障碍。正常的思维顺序应该是先有依据再下结论,即通过现象看本质。为了克服这一障碍,教师给学生明确了答题思路:

（1）先读图，找"事实依据"，并将它描述出来，然后结合相关知识，得出"结论"。

（2）图表中能直观看出来的是"事实依据"。

（3）由"事实依据"总结出来的，才是结论。

所以，答题的第一步应该是先读图，提取信息。

那么，对文字信息占大多数的综合理解题或者案例分析题，学生需要描述的是什么？一般来说都是社会现象，比如某些人物的行为，某些活动的内容等。例2中所要描述的就是刘某严重扰乱社会公共秩序的行为。

2. 传授描述方法

不管描述什么，描述都要保证真实，准确。在开始描述前，必须对描述对象进行仔细的观察和全面认识，掌握其特征。如，当事人对犯罪嫌疑人观察越仔细，案发后他对犯罪嫌疑人的体型、外貌、特征描述就越准确。商家对产品有详细的了解才能将产品的性能，特别是优于其他产品的性能描述到位，从而吸引消费者购买。

同理，要将图片资料中呈现的事实依据描述清楚就要认真读图。怎么读？一般来说一张最简单的图有横向纵向两个坐标，其中横向大多为时间，纵向为相关统计项的刻度和单位。而每张图涉及的数据为一组至两组（甚至更多）。先读哪个，后读哪个？每一个都要读还是读其中几个？如果是读其中几个，是读哪几个？这么看，似乎读图也不容易。我们不妨回到第一个问题：描述什么？每张图都有一个描述的对象，这个对象就是图表的标题或图例。

第一步，先看标题和图例。了解题目讨论的核心问题，以及回答问题时需要考虑的背景。一般情况下，图片标题传递的往往是图片的核心内容和主题，而图例则是在主题背景下的具体的相关统计数据，也是事实依据要描述的对象。有图例的情况下，图例代表的统计项，往往就是描述的对象。在图片数据单一的情况下，有些图的图例直接以标题形式出现，这时候标题就是需要描述的对象。如例1，从标题"宁夏回族自治区60年经济社会发展变化数据"就可以看出此表要讨论的核心问题就是宁夏回族自治区60年经济社会发展情况。表格里面的四个指标就相当于图例，它们从不同角度反映宁夏回族自治区60年经济社会发展带来的变化，也是需要描述的对象。

第二步,看横坐标纵坐标(如果是表格的话,就看第一行和第一列)。根据图例读出对应统计项的起始年份和终止年份,及其对应的数值。

第三步,看图例或者标题涉及数据的变化趋势和速度。如增长/减少,稳步/快速。

第四步,关注特殊时间节点,如 1978,2020。

第五步,看注解(或者补充资料等)

根据以上步骤可以得出以下"公式":

事实依据＝时间＋描述对象(图表标题/图例)＋总体趋势(或大小、高低、快慢……)＋数值＋特殊情况……

文字信息的描述方法则是抓住能够暴露社会现象或者社会问题的关键词语或者短语。如,例 2 中抓住"诅咒、辱骂、威胁""言论""编造散布虚假信息""花钱网络炒作""起哄闹事"等能够体现刘某严重扰乱公共秩序的行为关键词进行描述即可。

3. 规范描述的语言

首先,描述的语言必须准确。描述是为了反映事物最真实的一面,真实是描述的第一要素。这种准确表现在对现象的描述必须实事求是,不可无中生有,不可夸大其词。对于有数据的资料,就要把数据读出来。在时政探究题中必须描述起止年份及对应统计项的数值,特别是终止年份的数值绝对不可省略,只有这样才能反映事物量变和质变的发展的状态。准确还表现在不仅要读出数值,还要描述出数据变化的速度和趋势。此外,准确还表现在只描述看到的,看不到的不描述。因为看到的是事实,真实的客观存在,看不到的是经过大脑信息加工过的,具有主观性。

其次,描述语言必须专业。上文中提到的产品描述,其专业性体现在对产品性能的描述上,要对用户关注的产品性能或者行业具有优势的产品性能做具体参数描述,这些参数就是专业的体现。目击证人对犯罪嫌疑人的描述专业性体现在对其体型外貌上能否明显区别于其他人的描述。显然,这里的专业一方面是由描述对象决定的,另一方面也是出于信息接收方对描述的需求。产品描述时考虑的是用户对产品性能上的需求,而目击证人的描述考虑的是警察办案的需求,能够最大限度满足对方需求的描述才是专业的。为了让描述专业,必须使用专业语言或者学科术语。如例1,除了起止年份外,还要强调"特别是1978年改革开放以来",这就是专业的一种体现。中国,从新中国建立实现民族独立人民解放,到进入中国特色社会主义新时代,国家的发展、人民生活的改善等方方面面的进步离不开改革开放。改革开放是初三道德与法治课程中非常重要的一块内容,看到"1978",必然想到改革开放,这即是专业的一种表现。类似的如,2020全面小康,等等。在案例分析题中,这种专业性体现为能够在描述的时候抓住材料的关键词、核心词。如例2,"诅咒、辱骂、威胁""言论""编造散布虚假信息""花钱网络炒作""起哄闹事""严重扰乱公共社会秩序""寻衅滋事罪""刑事责任"这些关键词汇如果学生在描述中都能运用到的话,他的描述肯定是比较到位的,知识点也不容易出现遗漏。

4. 建立"事实—知识""知识—知识"的联系

首先,创设学习情境,建立"事实—知识"的联系。新的教学改革视域下越来越注重学生核心素养的提升,思政学科越来越注重学生对社会现象解释、论证、评价以及发现、解决问题的能力方面的培养。这些能力的培养和提升都离不开具体的情境。

平时的教学不能只注重知识的灌输,要把更多的精力放在培养学生分析问题解决问题的能力上。在情境中引导学生对事物进行准确、真实、专业的描述。教师在教学过程中要善于创设情境、利用情境,呈现"现象",带领学生运用所学,解释、分析现象,构建知识与现实的桥梁。如,在九年级上册第七课第一框《维护祖国统一》的教学中,可充分利用课本第98页的探究与分享:

"金色的草原开满鲜花,雪山顶上有个查果拉······查果拉山高风雪大,山上自古无人家······"位于青藏高原的查果拉哨所海拔5 300多米,这里高寒缺氧,含氧量只有平原地区的35%,年平均气温零下10摄氏度,被称为"生命禁区"。这里的官兵执行珠峰地区的边防保卫任务,巡逻途中要爬雪山、蹚冰河、越险滩,其难度可想而知。

尽管自然条件非常恶劣,但战士们"艰苦不怕吃苦,缺氧不缺精神",坚守祖国的边关哨所,默默地奉献着。哨所组建以来,一代又一代查果拉官兵为了边关安全,心甘情愿在雪域高原为祖国站岗放哨。

你从这些驻守边疆的战士身上感受到哪些优秀品质?

学生的回答大多是民族精神、爱国精神、敬业精神、社会主义核心价值观。甚至有个别学生精炼到"爱国""敬业"。典型的问题就是没有材料描述。于是教师进一步启发"你从战士的哪些行为上看到了这些优秀品质?"学生的回答开始丰富起来。有的学生开始找现成的句子,如"艰苦不怕吃苦,缺氧不缺精神"。有的说"查果拉自然条件非常恶劣",但是绝大部分学生对于把战士行为表现和优秀品质关联并描述出来还是有一些困难。他们在描述材料的时候往往无法把握住能体现精神品质的关键信息。接下来,教师要求所有的学生在材料中圈画出能够体现精神品质的关键信息。学生找出了"高寒缺氧""爬雪山、蹚冰河、越险滩""自然条件非常恶劣""坚守祖国的边关哨所,默默地奉献着"等,大多数学生都能找到。然后要求学生把这些关键信息和体现出来的精神品质连词成句。学生的描述有了很大改善。答题思路:审设问—审材料找关键词—关联知识点。基本格式为:关键词材料描述 + 知识阐述。

其次,进行知识框架梳理,建立"知识—知识"的联系。每一个单元的学习都是围绕一个主题展开,单元教学结束后,教师要带领学生进行单元核心知识的梳理,这有助于对知识的整体性和结构性把握。在初三一模考试的复习过程中,教师带领学生围绕"经济建设""民主建设""文化建设""生态文明建设""社会规则""我和社会""我和国家"等主题分别绘制思维导图(个别示例如图 1-1-2)。

通过思维导图直观化的呈现,学生对知识的把握更加核心化和系统化,这对打开解题思路起到提纲挈领的作用。

(二)"描述事物状态和特征"学习行为的变化及反思

在进行了答题规范和答题技巧方面的训练后,学生的思路比之前明晰不少,时政探究题答题过程中结论依据混淆、事实依据描述不清的情况大有改善;案例分析题只会抄书,不会结合材料的情况也出现了极大改观。随着这些问题的逐步解决,另一些新的问题慢慢呈现出来,引起教师的进一步思考。

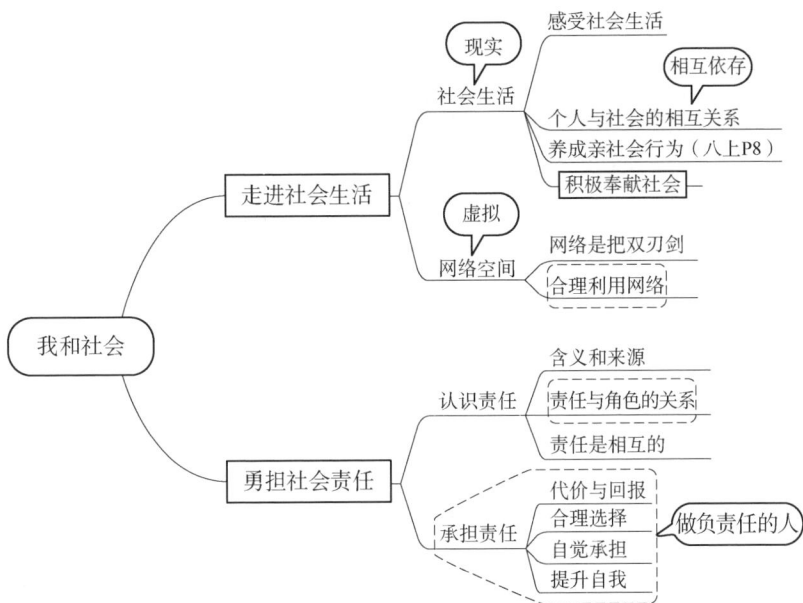

图 1-1-2 "我和社会"思维导图

例3：改革开放40多年来，中国人民创造了人类发展史上的伟大奇迹，充分显示了中国力量。我区某校组织学生开展了"改革开放史"教育活动。小明在国家统计局官网上搜集到以下两组统计数据。

从图1-1-3、1-1-4中可以分别获得怎样的结论？并请你说明获得结论的事实依据。

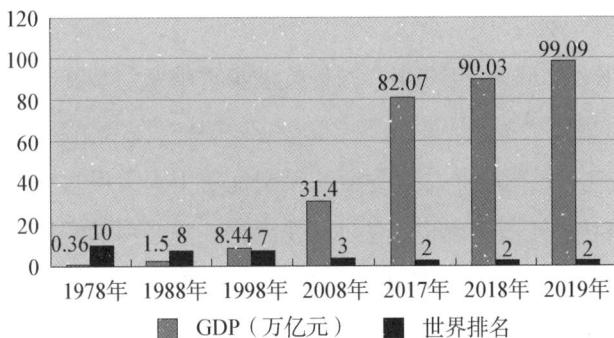

图 1-1-3　1978—2019 年我国部分年份 GDP（即国内生产总值）及世界排名

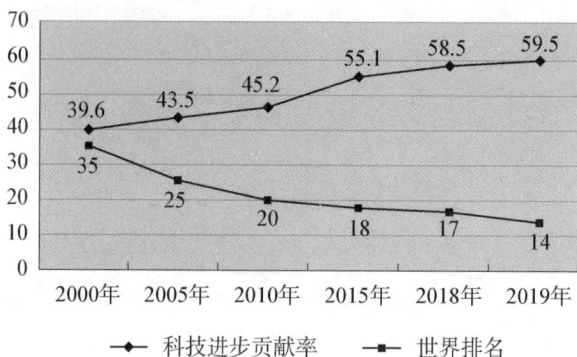

图 1-1-4　2000—2019 年我国部分年份科技进步贡献率及在全球 40 个主要国家中的排名（说明：科技进步贡献率，指的是科学技术进步对经济增长的贡献份额。）

【错误示例 1】

从图 1-1-3 中获得的结论是改革开放促进了我国经济发展，中国人民过上了幸福生活。

其事实依据是 1978 年以来，我国 GDP 迅速增长，从 1978 年的 0.36 万亿元增至 2019 年的 99.09 万亿元，世界排名稳步上升，从 1978 年的第 10 名升至 2019 年的第 2 名。

【错误示例 2】

从图 1-1-4 中获得的结论是我国实施科教兴国、人才强国战略，创新已经成为引领发展的第一动力。

其事实依据是 2000—2019 年我国科技进步贡献率稳步提升，至 2019 年提升至 59.5%，其世界排名提升至世界 14 名。

图 1-1-3 中，国内生产总值的增长无法证明中国人民过上了幸福生活。图 1-1-4 中的科技进步贡献率也无法体现出我国实施了科教兴国战略和人才强国战略。以上答案中对事实依据的描述都是正确的，但结论却是错误的。这样的学生不在少数。可以看出，事实依据的描述经过了方法和技术的指导，学生有了很大改善，但获得结论的能力却进步不大。究其原因，教师对时政探究题本身考核的能力认识不足，导致在教学中关注了对学生答题技术上的指导，忽视了对学

能力的提升。如前文所说,时政探究题的结论来自图片信息的提取,所以要先读图找依据再下结论。但细思之下,此题的思维过程其实是一个严密的逻辑推理和验证的过程:

读图(提取信息)→推断结论(处理信息)→描述事实(论证/说明结论)

可见,先答结论再写事实依据的目的是为了再次验证结论。换言之,结论要包含图片信息,而依据要能够证明结论。所以,就算是图表题,在答题过程中也要关注所要描述的事实和结论之间的关系。只有架构起"事实"和"知识"之间的关系,才能获得正确的结论。否则,就算描述正确,也只是为了描述而描述,达不到提升学生逻辑推理和论证能力的目的,失去了描述的真正意义。

中学思政学科培养的是学生正确看待、解释、评价社会现象,揭示事物本质的能力。教师在教学中要着重培养学生高阶思维能力,培养学生用联系发展的观点看世界、用历史的辩证的观点看问题的能力。作为一门非语言类科目,描述不应该只是语言组织能力和语言条理性的训练,更应侧重于逻辑思维能力的培养,提升学生结合学科知识对社会现象进行描述的能力。除了进行描述规范性的训练,还要加强理论和现实的联系。一方面,教师在教学中要注重情境的创设,加强知识框架的梳理;另一方面,鼓励学生多看新闻。要关注新闻热点,加强"我"与外部世界的联系,关注他人,关注社会,关注国家发展。

综上,基于活动型课程建构的中学政治课"描述事物的状态和特征"学习行为研究对学生学科思维能力的提高具有非常重要的意义。教师在教学中不仅要让学生弄清楚描述的对象,还要传授学生一定的描述方法和技巧,帮助其规范描述的语言,尤其是通过建构知识框架,设置教学情境,帮助其建立"现象—知识""知识—知识"的联系。

(上海市建平中学西校　庄晓琴)

第二节　分类归类

　　学习是社会科学研究的重要概念。从信息学的角度看,学习是知识或经验即信息的获取;从行为学的角度看,学习是有机体行为的改变;从社会学的角度看,学习是社会化过程。综合上述理解,教育学视域中的学习概念通常表达为学习者因经验或练习而产生的行为或行为潜能的持久性变化。在现代课程与教学改革的视野中,研究课程、研究教学都离不开对于学生学习特别是学习行为的研究。活动是中学政治课开展的重要方式,在活动开展的过程中,引导学生对事物进行合理的分类与归类是常见的学习方式,如何依据活动的特征和教学的实际需要,培养学生形成科学的分类与归类意识,不仅关涉到活动型课程建构与实施本身的质量,也能够对中学政治课的综合育人效能产生直接影响,因而这一问题具有十分重要的研究价值。

一、"对事物进行分类与归类"的一般性研究

(一)"分类与归类"的概念界定

　　分类就是把一个属概念分成几个种概念。近几十年来,分类的概念已受到认知心理学、语言学、社会学、营销学、管理学等学科的重点关注。但是不同学科的分析焦点、研究情境、研究目的和理论基础不同。在早期的认知心理学中,根据亚里士多德(Aristotle)的经典理论,人们认为类别是由一组具有充分必要特征的个体组成的集合,具有该特征的对象(Object)就属于该类别,否则就被归为其他类别。摩尔维斯(Mervis)等认为分类的核心是将在某些方面相似的事物或概念聚集在一起。由此可见,类别的形成体现了人们对类别成员具有的共同特征的共同

认知,因而类别能表征类别成员的共同属性。

归类就是把几个种概念归为一个属概念。归类是认知心理学研究的重要领域,其基本的理论观点有两种:相似观和解释观。归类的相似观认为事物之间的相似性是进行归类的理论基础,寻找使得不同事物看起来彼此相似的特征是对事物进行归类的前提;归类的解释观则认为仅以事物的相似性作为分类的依据是不完整的,从某种程度上说,相似性不应该是归类的依据,而应该是归类的结果,归类本质上说是对归类结果的合理性阐释。[①]

(二)"分类与归类"的原则阐释

分类和归类作为一种主观性的知识加工活动,必然需要依据一定的标准和方法,从目前学术研究看,各行业、领域普遍认同的分类标准有三种:基于原型的相似性、基于因果关系以及基于共同的目标。从学习的角度看,学习行为有其自身的独特属性,学习过程中的分类与归类主要对象应该是学科知识,这种分类既应该尊重知识本身的客观属性,也不可避免地渗透着学习者对于知识的主观理解,因而学习过程中的"分类与归类",不是一种绝对意义上的严格区分,也不需要苛求绝对公正、科学、严肃的标准体系。就中学政治学科教与学的现实看,该学科教学中的分类与归类学习要坚持四个方面的基本原则:

其一,一个层次的分类与归类,只能用一个标准,如果标准不统一,容易造成分类、归类依据的多样化,结果难以得到有效控制;

其二,分类和归类必须按属种逐级进行,不同级别的分类和归类,不能并列,可以采用逐级子目录的方式表达不同层级的分类与归类结果;

其三,分类过程中的子类外延之和应和母类外延相等,子类之间必须互相排斥,不能交叉重复,也就是说分类和归类是对知识的系统性梳理,而非知识的再造和扩展;

其四,分类与归类不仅是一个机械的知识区分过程,更是一个有效的学习过程,除了考虑分类归类的基本理论外,还要充分考虑学科的属性,活动的特点,考虑学生的接受能力,联系学生的日常生活,通俗易懂地启发学生进行分类和归类。

---

① 赵冬梅,刘志雅,刘鸣.归类的解释观和跨范畴分类[J].心理科学,2002(05):608—609.

二、 作为学习行为 "分类与归类" 的理论基础

从概念上说,分类与归类的过程是受众认知新事物或辨别混淆事物更为本质的机制和基础,是个体在其认知系统中为了某种目的而将有明显区别的不同类型的具体或抽象事物划分为等同物的过程,是受众认知加工的基本方式,使人们能够将各种认知对象区分为不同类别。分类与归类是逻辑相反但内涵一致的过程,两个过程各有侧重,但其对学习的价值都体现在强调找寻不同知识之间内在外在的共同特征,强调通过主观的介入将看似不同的知识纳入特定情境中的一致范畴,但是不论怎样理解分类与归类,从学习的角度看,它倡导建构基于这种共同特征的相通性学习方法。将"分类与归类"作为一种有效的学生学习行为,是以相应的学习理论为基础的,这些理论主要包括学习结果分类理论、系统性学习理论和建构主义学习理论。

(一) 学习结果分类理论

根据加涅的学习结果分类理论,中学政治课的认知学习可以分为言语信息、智慧技能和认知策略三类学习。言语信息学习是指学习者通过学习,拥有用一个简单的词汇、观念,或一组观念,以某种方式先后排列起来述说一个事情的能力。智慧技能学习又称为"过程知识",要求学习者学会解决"怎么做"的问题,学会处理外界的符号和信息;对一些客体、事件甚至是各种文字符号加以区别、联接、归类、列表、分析、数量化,等等。认知策略学习是指学习者用以支配自己的注意、学习、记忆和思维的有内在组织的才能。要更好地实现上述三个维度的学习,必须精准把握不同知识之间的内在联系,形成良好的知识逻辑体系。

(二) 系统学习理论

系统论的核心思想是系统的整体观念。该理论认为,系统是由若干要素以一定结构形式联结构成的具有某种功能的有机整体。这个定义包含四个方面,即系统、要素、结构和功能,还表明了系统与环境、要素与系统、要素与要素三者的关系。从系统论的视角出发,中学政治课的知识是一个完整的体系,其中包含着各种类型的逻辑关系,把握这些关系,依据一定的标准对知识进行分类和归类,能够

培养学生的系统思维、逻辑思维和实践能力,不仅有助于学生把握课程本身的知识体系和价值体系,也有助于全面发展的新时代人才培养。

(三)建构主义学习理论

建构主义源自瑞士著名心理学家皮亚杰(Jean Piaget)创立的关于儿童认知发展理论,他认为儿童是通过与周围环境的不断相互作用来逐步建构对外部环境的认识的。他提出,知识并非单纯地来自主体或者客体,而是在双方相互作用的过程中生成的,人类学习的本质是一个主动建构知识的过程,而不是被动地接受信息的过程。① 对于中学政治课而言,学生主动参与知识建构的一个重要标志和重要基础就是对知识体系的梳理和再造,通过合理的分类与归类,学生能够更好地理解知识之间的逻辑关系,夯实自身的原有知识储备,建构原有知识体系和新旧知识体系之间的内在联系,为知识的获取和再生提供基础。

依据上述理念,结合学生"分类归类"学习的实践特点,"分类归类"学习的程序通常表现为:整体性认识事物—形成对事物或知识的整体感性认识—依据一定的标准进行分类归类—把握不同类型事物或知识的核心特征进行记忆、理解和运用—明确不同类型事物和知识的差异,形成明确的概念—夯实认知基础,发展新的认知。

三、中学政治课活动型课程建构中的"分类与归类"问题分析

中学政治课是为中学阶段学生思想品德健康发展奠定基础的一门综合性学科,实践性是其重要的属性。按照这一属性,学生思想品德的形成与发展,需要学生的独立思考和生活体验,社会规范也只有通过学生自身的实践体验才能真正内化,因此,中学政治课的课程价值很多时候需要通过鲜活的活动进行体现,建构活动型课程对于提升中学政治课的课程价值具有重要的意义。

中学政治课程活动型课堂指中学政治课教师根据课程内容,在课堂中将学科

---

① 谢振平,金晨,刘渊.基于建构主义学习理论的个性化知识推荐模型[J].计算机研究与发展,2018(01):125—138.

知识与学生生活实际联系,通过多样方式开展活动,提高学生各方面能力,培育学生政治学科核心素养的课堂。在当代教育背景下,其包涵构建学生知识性、经验性、能力性的课堂,满足新时代人的全面发展的标准,顺应中学政治课程核心素养教育要求,符合中学阶段师生共同发展的需要,大大提高了课堂教学的实效性①,因而具有重要的教育价值和学科价值,也成为当前中学政治学科教学改革的重要着眼点。结合我的实际教学经验,我认为当前中学政治课活动型课程建构与实施中有关"分类与归类"的学习问题如下。

从"分类与归类"学习的视角对当前的中学政治课活动型课程建设进行审视,可以将问题归结为两个维度:其一,是"分类与归类"的意识缺乏问题。具体表现为教师和学生在进行政治课教与学或者组织开展主题活动的过程中,单纯地考虑某一节课或者某一单独知识点的教学要求,缺少教学的整体观念和知识点的逻辑体系意识,不能够主动将活动的设计置于课程整体教学和学生全面发展的视角中进行思考,存在单纯的"就活动而活动"或者"为活动而活动"的现象。其二,是"分类与归类"的方法缺失问题。具体表现在有的师生能够认识到中学政治教学中不同知识体系之间的内在联系,也能够认识到学生全面发展、核心素养培养的系统性和分类、归类学习的现实意义,但是在组织教学的具体实践中,教师不知道如何通过有效的标准和依据对活动进行分类归类设计,学生也不知道应该如何开展有效的分类归类学习。不论是意识层面的问题,还是实践层面的问题,都意味着在中学政治活动型课程的教学研究中,应该将对事物进行有效的"分类与归类"作为一个重要的研究突破口,依托有效的"分类与归类"学习行为,变革和提升政治活动型课程教与学的有效性,以更好地发挥其学科育人价值,改善学生学习方式,促进学生全面发展。

四、基于"分类与归类"学习行为的中学政治课活动型课程的教学策略

教学是教育要素之一,也是一线教师最基本的能力。中学政治教学研究不仅

---

① 宋树梅.高中思想政治课程活动型课堂构建策略研究[D].扬州:扬州大学,2018.

是学科内容的具体体现,更是学科方向和教师能力提升的有效途径。不论是基于"对事物进行分类与归类"学习行为的价值,还是基于当前中学政治课教学,特别是活动型课程教学中的问题分析,将"分类与归类"的意识融入中学政治课程与教学,倡导基于"分类与归类"的中学政治活动型课程教学重建都具有现实的必要性。基于"分类与归类"学习行为的中学政治课活动型课程教学策略有以下四个方面。

(一)强化"分类与归类"的教学意识

意识是行动的先导,要促进基于"分类与归类"学习行为的中学政治课程教学实施,首先要强化师生的"分类与归类"意识。一方面,作为教师,要深刻认识到"分类与归类"作为一种学习行为和学习活动的重要价值。心理学的研究表明,分类(归类)学习下被试容易觉察出隐藏在项目之间的共同特征,从而倾向对其类别属性这一关键性信息进行加工,并无意识地激活该类别下的其他项目,从而大大提升学习的有效性。基于这样的认识,教师不仅自己要熟读课程标准,熟知教材体系,对学科的知识点形成科学的认识和完整的把握,以此为基础建构教师自我的学科知识、内容分类体系,而且也要在教学过程中主动引导学生形成对知识进行分类学习、记忆、理解的意识。对于学生而言,应充分认识到政治课的学习除了对各个知识点及政治原理要理解、记忆和掌握外,在单元和全部教学内容结束后,必须在教师的指导下,学会自我归纳总结,形成知识体系的分类、归类概念,从全局、宏观上把控整个课节、单元乃至整本书的学习内容,寻找它们之间的内在联系,将知识进行类化分解,这样才能把握全书、全章、全节的线索,弄清章节之间的逻辑关系,更好地从"是什么""为什么""怎么样"三个维度去梳理知识,使其条理化、系统化。只有如此,才能真正提升学习的有效性,为深度学习、创造性学习以及今后阶段的学习打下良好基础。

(二)明确"分类与归类"的学习特征

现代教育教学的改革倡导从学生的学习行为和身心发展特点出发进行科学的设计。从中学政治教与学的改革看,"分类与归类"既是一种有效的教学理念,也是一种科学的学习方法,但是其根本和逻辑出发点是学生的"分类与归类"学习行为。要推动基于"分类与归类"的中学政治课程与教学改革,必须对学生"分类与归类"学习行为的特征进行有效分析和合理把握,以此为基础引导学生学会对事物进行有效分类归类,并建构基于这种分类归类体系的有效教学。

对事物进行"分类与归类"的学习行为,具有三个方面的显著特征:其一,它以学生对于学科知识体系的全面掌握为基础。毋庸置疑,尽管学习过程中的分类与归类涉及众多领域,但是对于知识的分类归类是最为基础和关键的。学生要对知识形成课程的分类归类体系,首要的任务是对整个学科的知识体系有全面的掌握和了解,缺少了这种理解与掌握的支撑,分类和归类将是不完整、不科学、不系统的。其二,它以一定的标准和规则为依据。对事物进行合理的分类与归类,不是随意的,无序的,它需要依据一定的标准,这种标准可以是知识的类型、知识的特征、知识的内在体系等,也可以是学生学习知识的具体方式、内部外部需求。只有依据一定的标准建构知识的分类归类体系,才能够进一步理清不同知识之间的内在逻辑结构,发挥分类归类学习的重要价值;其三,它以促进学生的全面发展和综合能力提升为目标。不论是分类还是归类,其本身不是学习的目标。贯穿于这种学习行为过程的,不仅有学生对于知识的独特理解和梳理,还应该有学生的系统思维能力,逻辑思维能力,交流分享能力,理解实践能力。这也就意味着,在"分类与归类"的学习视域中,教与学的目标不应该拘泥于知识本身,而是要通过知识的梳理和分类归类过程,锻炼学生的综合能力与素养,实现新时代全面发展的高素质人才培养目标。

(三) 探究"分类与归类"的行动方法

中学政治学科的课程与教学改革本质上是一种实践性行为,核心的任务在于建构基于"分类与归类"的教与学活动行为方法。从中学政治活动型课程建设的建设与实施看,"分类与归类"的教与学方法可以提炼为如下几个方面。

1. 依据课程标准进行"分类归类"教学活动

课程标准是中学政治学科教学开展的基本依据,中学政治课教学,从中学生的生活实际和认知水平出发,围绕成长中的我,立足我与自我,我与他人,我与集体、国家和社会等关系,整合思想、道德、法律、国情等内容,形成了丰富的课程与教材内容体系。课程标准不仅规定了中学政治学科教学的基本内容、基本要求和基本方法,也为学科知识体系的分类设置了基本的参考依据。教师和学生既可以从身份关系的维度整体把握课程的逻辑体系,也可以将政治课程按照不同的维度进行内容的划分,这样就为"分类与归类"教与学方法的运用提供了一个基本的框架,也便于师生从整体上把握中学政治课的教材体系、知识体系。

2. 依据知识类型进行"分类归类"教学活动

知识有不同的分类。学者对知识的理解视角不同,对知识的分类标准和方式也不同,比如有分为陈述性知识和程序性知识、显性知识和隐性知识,等等,这些不同的分类标准和分类方式为中学政治教学中的"分类归类"学习提供了原始的依据。这些知识分类体系对于中学政治学科的教学有重要的借鉴价值,师生可以基于对学科知识的整体性把握,按照陈述性知识、程序性知识;显性知识、隐性知识的维度,将学科知识建构起细目表,形成逻辑清楚的政治学科知识体系,便于学生进行分类归类的把握,也便于针对不同类型的知识设计相应的学习方法。

3. 依据共性特征进行"分类归类"教学活动

知识的分类体系建构了开展"分类归类"学习活动和教学活动的理论基础,但是在实际的中学政治教学中,由于师生对于不同类型知识体系理解的不同,单纯依靠知识的分类体系进行"分类归类"学习往往有一定的难度,特别是对于中学生而言,他们缺少相应的教育理论知识,他们对于知识和学习的理解往往没有办法达到深刻的层次,因此,在中学政治教学中开展"分类归类"学习,有时候需要师生进行个性化的设计,通过一些外在的、具有显著特征的标准对知识进行归类分类,这种建立在学生感性认知的基础上形成的"分类归类"方式,更加有助于学习整体上把握学科的知识体系和重点领域,建构对学科的整体理解。例如,对于中学阶段的政治学习重要知识点,师生可以根据这些知识点的外显特征进行如下分类归类。

其一,"基本"类,如人的基本情绪有四种:喜怒哀惧;我们在竞争中必须遵守的基本准则:道德和法律;诚信的基本要求:对人守信,对事负责;我国的基本国策:对外开放、计划生育、保护环境、节约资源;党领导人民治理国家的基本方略:依法治国,等等。

其二,"基础、基石"类,如建立新型师生关系的基础:民主平等;我国人民团结奋进的共同政治基础:四项基本原则;我国社会主义经济制度的基础:公有制;文化建设的基础工程：发展教育和科学；发展科学技术和培养人才的基础：教育；民族振兴的基石：教育；国家立法活动的基础：宪法；普通法律的立法基础：宪法，等等。

其三，"根本"类，如国家的根本任务：沿着中国特色社会主义道路，集中力量进行社会主义现代化建设；党和国家制定路线、方针和政策的根本依据：当代中国最基本的国情；我国取得一切成绩和进步的根本原因：开辟了中国特色社会主义道路，形成了中国特色社会主义理论体系；一个民族最根本的事业：教育；实现经济振兴和社会主义现代化的根本大计：发展科技、教育；从根本上巩固社会主义制度，必须坚持以经济建设为中心，大力发展社会生产力；提升广大人民综合素质的根本：发展教育和科学事业；我国的根本制度：社会主义制度；国家的根本大法：宪法；规定国家生活中的根本问题：宪法；一切组织和个人的根本活动准则：宪法，等等。

其四，"本质""实质""性质"类，如：犯罪的本质特征：具有严重的社会危害性；"己所不欲，勿施于人"的实质：关心他人、尊重他人、理解他人；我国改革的实质：社会主义制度的自我完善和发展；我国的国家性质：人民民主专政的社会主义国家；我国的社会性质：社会主义社会；中国共产党的性质：中国共产党是中国工人阶级的先锋队，同时是中国人民和中华民族的先锋队；人口问题、资源问题、环境问题的本质：发展问题，等等。

其五，"最"类，如：调节情绪的最根本方法：理智控制法（借助自己理智的力量，去控制不良情绪）；人类的生命最具有：智慧；自然界最珍贵的财富：生命；应对挫折最积极的态度：精神升华；学会尊重最重要的是：维护人格。自尊的人最看重：自己的人格；培养自立能力最基本的要求：立足于自己的当前生活、学习中的问题，从小事做起；法律最基本的特征：强制性（依靠国家强制力保证实施）；避免违法犯罪的最重要的主观条件：自觉抵制不良诱惑；竞争最理想的结果："双赢"；公民最基本、最重要的权利：人身权利，等等。

上述分类，不仅有助于师生整体把握中学政治学科的知识体系，也便于不同知识点的比较记忆，对于提升中学政治学科的教学效能具有重要意义。更重要的是学生在跟着老师学习的过程中潜移默化地掌握了分类与归类的思维，进而形成分类与归类的学习行为,尤其有助于学生在复习过程中分类整理知识点。

例如,在八年级《道德与法治》上册第一单元的复习课中,第一步,先是以一课思维导图的方式分类整理复习。如下:

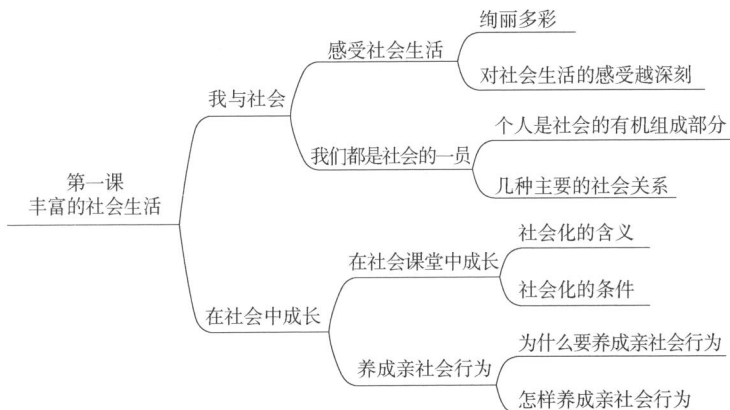

图 1-2-1　第一课思维导图

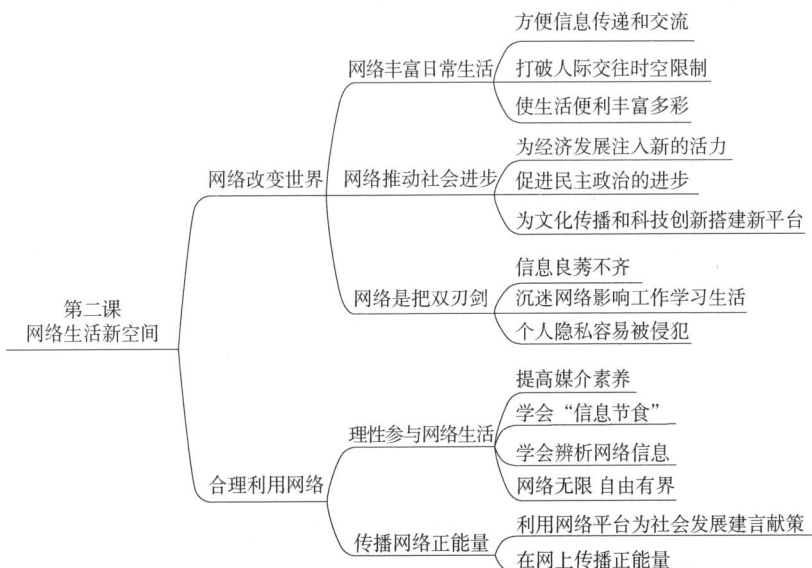

图 1-2-2　第二课思维导图

教师用这样的方式帮助学生复习的好处是知识点都网罗进来了,让学生对本课所有知识点有清晰完整的了解,但缺乏重点和提炼。所以第二步即在这个基础上进一步归类,进行提炼。纵观单元内容,主要是讲了三个问题,即针对某一问题讲清楚"是什么""为什么""怎么做"。于是教师发布学习任务,把一单元即两课的内容根据这三个大问题"是什么""为什么""怎么做",从这三个角度把教材上的知识点作了进一步分类整理和归类,收效良好。整理如下:

(1) 关于"是什么"的知识点。

① 几种主要的社会关系是什么?

② 社会化指的是?

③ 媒介素养是指什么?

(2) 关于"为什么"的知识点。

① 为什么要养成亲社会行为?

② 为什么说人的生存和发展离不开社会?

③ 为什么说网络是把双刃剑?

(3) 关于"怎么做"的知识点。

① 青少年怎样培养亲社会行为?

② 网络怎样丰富日常生活?

③ 网络怎样推动社会进步?

④ 我们怎样合理利用网络?

通过以上两步整理分类,学生对已学知识能够进行很好的复习,既能做到面面俱到,又能做到提炼,脉络清晰。一个单元的复习可以如此进行,一学期下来,每个单元都作如此分类与归类,做到胸有成竹,大大提升了学习效能。

4. 依据活动主题进行"分类归类"教学活动

"活动"是中学政治教学的重要载体和方式,也是基于活动型课程的中学政治教学改革的核心内容。"活动"这一概念最早由古希腊哲学家亚里士多德提出,他认为活动分为理论与实践活动。马克思从活动的主观能动性、客观现实性等方面综合考虑,把人的活动理解为主动的、感性的社会实践活动。新时代政治课的落脚点是培养全面发展的人,为此,活动的形式也应该多种多样,活动的种类可从领域、对象、目的、方式等多个维度去划分,但是与新课程标准理念最契合的应是认识活动和实践活动,即课内的思维活动和课外的社会实践活动两类。根据上述标准,中学政治课的活动型课程设计可以分类为课内思维活动和校外社会实践活动。这种框架性的分类体系,有助于教师整体上设计分类归类活动的标准、要求、程序,也有助于学生更好地参与课程,提升分类归类教学的实践效能。

(四) 开展"分类与归类"的针对性研究

"分类与归类"作为一种学习和行为的思想由来已久,甚至可以说已经成为人类学习、生活、工作过程中一种"极为常见""熟视无睹"的行为方式。但是作为一种系统性的教学改革范式和学生学习行为模式,它显然还没有形成完整的研究体系和健全的研究结论,简单而言,从目前中国期刊网的研究文献梳理看,几乎没有"分类与归类"教学的针对性研究,这种研究的缺失也给基于"分类与归类"的中学政治教学改革带来了很大的不利影响。对于教育教学改革发展而言,研究具有重要的理论和实践研究,只有通过针对性的研究才能厘清"分类与归类"作为一种学习行为的内在价值、行为特征和实践要求,才能设计有效的课程教学实践路径,最终将这种独特的学习行为的价值在实践中得到体验。我认为,面向未来,理想型的教师必须具备开展研究的能力,特别是要结合课程教学改革发展的实践需要开展行动研究。[①] 作为一名中学政治教师,我会不断深化对"分类与归类"学习行为、教学行为的理性认识,总结梳理有效的教与学方法,让这种独特的学习行为在新时代中学政治课程的实践改进中发挥更加积极的作用。

(上海市洋泾菊园实验学校　郝春萍)

---

① 薛春波.教育行动研究:教师教研能力提升的有效路径[J].基础教育课程,2020(03):72—80.

第三节　比较异同

比较是人类思维活动的基础,人类认识事物一般是从区分事物开始的,而要区分事物首先就要进行比较。爱因斯坦曾说:知识不能单从经验中得出来,而只能从理智发明同观察到的事实两者的比较中得出。①

一、概念界定

(一)比较与比较思维

《现代汉语词典》中对"比较"的释义是:就两种或两种以上同类的事物辨别异同或高下。从心理学角度看,比较是一种在人脑中确定客观事物之间异同及其关系的思维过程。从科学思维方法论来看,比较是确定对象之间异同关系的一种逻辑思维方法,是一种有计划、有目的的认识活动。从人类认识的发展过程来看,比较是理性思维的开始,比较导致了区别,使人把自己与自然界区分开来,再把自然界的不同事物区别开来。通过比较认识了世界上矛盾的特殊性和差异性之后,人们开始进行正确的理性思维。

在教育教学领域来说,比较既是一种思维,也是一种方法,故比较也叫比较法、比较思维。比较是思维活动的组成部分,是判断分析、归纳演绎、综合评价等思维能力的基础。德国教育学家希尔克在《比较教育学》一书中认为,比较是"观察、分析、整理等活动交织在一起的智力劳动"。比较是人们认知事物的重要方法,是一切理解和思维的基础,我们正是通过比较来了解世界的一切。

---

① [美]爱因斯坦.爱因斯坦文集第一卷[M].徐良英,范岱年等,译.北京:商务印书馆,1976:278.

中学政治课的比较思维是运用联系与发展的思维视角,对事物的属性、特征、运动规律,利用科学思维对搜集到的信息资料进行分析和总结,确定事物异同关系,逐步了解客观事物的内部矛盾及其规律性,进而达到理性认识的一种思维方法。

(二) 比较思维的客观基础

客观事物的统一性和差异性是比较的客观基础。从唯物辩证法的角度来讲,对立和统一是物质世界的组成部分,统一性和差异性是事物存在的客观现象。在空间上同时并存的事物之间、在时间上先后相继的事物之间,或同一事物的不同部分之间,都存在着统一性和差异性。诸多同质同构或相反相对的事物和现象的客观存在为比较思维的形成提供了前提性、基础性条件。

事物之间的普遍联系性使比较成为可能。比较思维方法就其主观形式来说是主观的,但它又是有客观性的,它是客观世界在人脑中的反映。世界千姿百态、异彩纷呈,万事万物之间都不是孤立存在的,而是和其他事物、现象、过程有这样或那样的联系。联系是客观的,又是普遍存在的。联系是事物本身固有的,是不依人的意志为转移的。从客观上来讲,事物之间存在联系,比较思维方法才会有可比较的对象;从主体上来说,事物之间必须有某些方面的联系,能在时间或空间上使人脑与外界刺激联系起来,反应在人脑中形成相似或相异的观念,进而才能进行比较。没有事物间的普遍联系,比较思维方法就是无源之水、无本之木。

人类所具有的认知理性与思维智慧使比较思维方法得以运用。科学研究发现,比较意识是人类的一种基本心理功能,它是人类社会智力活动的主要驱动力之一。洛克说:"人心还另有一种作用,可以把各种观念的范围、程度、空间、时间以及其他情节加以比较,凡包含在关系项下的那些观念都依靠于比较作用。"[①]比较思维是人类基础性的思维方法。

(三) 比较的分类

比较可以在不同类对象间进行比较分析,也可以在同类的对象间比较,还可以在同一对象的不同方面、范围进行比较。

---

① [英]洛克.人类理解论(上册)[M].关文运,译.北京:商务印书馆,1983:123.

根据比较对象具有统一性和差异性分类,可以分为求同比较、求异比较、异同综合比较。求同比较是寻求共同点进行比较,目的是帮助学生对不同事物和现象进行比较,找出相同的质,揭示事物本质的认识;求异比较是寻求事物的不同点进行的比较,通过把事物特殊的质与同类或相关事物进行比较而揭示出其内涵;异同综合比较是既比较事物的相同点又比较事物的相异点而综合认识事物的方法。

　　从时间序列、空间范围分类,可以分为横向比较、纵向比较、纵横综合比较。横向比较是用相同的标准对不同的具体事物进行比较;纵向比较是比较同一对象在不同时间内的具体形态的方法,即历史比较法;纵横综合比较是将横向比较和纵向比较结合起来进行比较,以使研究进一步深化的方法。

　　从比较的范围和场所分类可以分为内外比较法和辐射比较法。分别适用于单元知识内部、学科知识内部和跨学科知识之间的比较。

　　从切入层面分类可以分为宏观比较、微观比较。前者用于学科间的多角度多层次的比较;后者指部分的、片段的、局部的比较。

　　从比较对象的性质和关系分类可以分为性质比较、关系比较、性质关系综合比较。性质比较指比较两个及以上对象的性质来认识比较对象的方法;关系比较指根据比较对象之间的关系而进行的比较思维方法;性质关系综合比较是既比较对象的性质又比较对象之间的关系的比较方法。

　　从比较对象的内容可以分为定性比较、定量比较和定性定量综合比较。定性比较是通过比较对象间的特性来认识事物的方法;定量比较是对比较对象的属性进行量的比较以准确认识客观事物的方法;定性定量综合比较是既比较事物间的本质属性,又对属性进行量的比较的方法。

(四) 比较与对比

　　任何事物都是既有共性,又有个性的,教学中也常通过对比来分辨事物的性质、变化、发展及与别的事物的差异。对比是把不用的事物或同一事物的两个方面放在一起加以比较,通过相关性找到比较对象间的差异与不同,从而使事物的个性特征更加鲜明。比较是认识、说明事物间相同点和相异点的思维方法,科学的"比较",就需要既看见"同"也要看见"不同",以把握事物的共性与个性。有的时候还需要在极不相同的对象中探求相同点或在非常相同的对象中探求相异点,对科学发现的意义越大,也更具有创造性。

二、 中学政治课运用比较思维的价值

(一) 培养政治学科核心素养的需要

《普通高中思想政治课程标准(2017 年版 2020 年修订)》明确提出思想政治学科核心素养包括政治认同、科学精神、法治意识、公共参与四个要素,为新课程改革明确了方向,为一线教学提出新的要求。在思想政治学科核心素养水平划分中明确提到比较方法的有三处:(1)政治认同:能够面对复杂情境问题,比较世界各国发展道路,论证只有中国特色社会主义才能救中国。(2)法治意识:比较不同的行为方式,证实依法办事、依法维权、依法解决纠纷的好处。(3)公共参与:比较公民政治参与和社会参与的角色行为,展现公共参与的理性行动能力。科学精神中"辩证唯物主义""历史唯物主义"的基本方法也涉及比较思维方法。因此说比较思维是落实新课标、培养核心素养的基本要求。

(二) 培养高阶思维能力的需要

布鲁姆认知目标分为"识记、理解、应用、分析、综合、评价"六类,将后三类作为高阶思维。比较既属于认识理解思维层次的关键词,也是分析评价高阶思维层次的关键词。人们通过对客观事物的比较、分析、研究,再经过人的大脑对感性材料进行加工制作,从而"经过感觉而到达于思维,到达于逐步了解客观事物的内部矛盾,了解事物的规律性"。正确运用比较法,可以帮助学生分清概念,明辨事物,提高分析能力,获得规律性认识。比较是多维度的,通过比较思维,可以对时间和空间上跨度很大的事物进行比较;还可以对事物进行多方面、多角度、多层次的比较。不仅可以同中求异,还可以异中求同;不仅可以对事物进行静态比较,还可以进行动态比较;不仅可以比较事物自身的各方面,还可以比较事物间的联系,有助于全面认识客观事物。

(三) 落实学科终结性评价指南的要求

《上海市初中道德与法治课程终结性评价指南》明确终结性评价主要考察必备品德、实践能力、学科思维,学科思维中包括综合运用所学内容,从图文资料中

推断结论,说明获得结论的依据;解释并论证产生社会现象的原因,或预测社会发展趋势并说明理由。所谓预测是指人们运用已有的知识、经验和手段去思考、把握事物的运动变化,推测事物的未知状况的一种思维活动。它是人们思维能力的超前性、能动性和创造性的表现。比较不仅具有一般的深化、扩展知识的功能,而且具有其他逻辑方法不具备的横向转移知识信息的功能。它能把时间上先后相随的同一事物或不同事物作历史形态上的比较,进一步认识同一事物随时间的推移而变化或不同事物兴衰更替的内在机制,从而追溯事物运动的历史渊源,明确事物发展的顺序,推测事物的发展方向。虽然比较也是建立在已知的基础上,但它的功能不仅可以深化已知,而且还在于建立一座从已知到未知的桥梁,旨在通过已知去认识未知。

三、 中学政治课运用比较思维的课堂实践

比较是确定事物的异同,了解客观事物的内部规律,形成对事物的理性认识的过程。中学政治课可以从联系与发展的视角出发,对不同对象之间的异同、不同对象之间的关系、同一对象不同时空上的不同形态、同一时空上不同对象的不同形态进行比较,全面认识客观事物。

(一) 概念比较,明确区别与联系

概念是反映事物本质属性的思维形式,是人们在直观材料的基础上运用一定的科学方法,通过比较、分析、综合、概括而形成的事物的本质属性。这种本质属性一般是用词来标志并具有一定的稳定性。政治课是一门源于生活又高于生活的课程。学生只有掌握这些核心概念,才能更好理解与运用这些知识,形成辩证思维能力,提高教学实效。

概念比较就是把一些含义相似、相近、相关的概念,放在一起进行讲解,讲清楚它们之间的区别和联系。它不仅能帮助学生高效地理解概念,提醒学生注意避免混淆不同概念,还能调动学生的求知欲,让学生集中注意力思考当前的问题。为了完整地理解并准确地掌握一概念与他概念的关系,必须坚持两点论,既要看到它们之间的区别,又要看到它们之间的联系;既要看到它们之间的相同之处,又

要看到它们的不同之处。只有如此，才能更全面地比较、把握概念，才能更好地运用相关的知识、原理。

一般来讲，概念间的区别有定义上的区别、内容范围上的区别、作用职能和程度上的区别；概念间的联系有概念间的共性关系、有主有次，既相互作用又相互影响的关系，派生关系，传承与发展的关系等。

如在教授《预防犯罪》一课时，教师创设了情境：小李和小张在街上偶遇，由于小李一直欠小张的钱没有还，小张便又再次催小李还钱，但小李不仅不还钱，还与小张打起来，严重扰乱了社会秩序，被好心群众拉开后，他们又在另一条街碰见了，小张认为他在之前的厮打过程中吃了亏，于是捡起一块砖头扔向小李，小李的脑袋被重伤，倒地不起。

教师通过问题引导学生思考：小李与小张哪些行为是违法的？违反了什么法？他们的社会危害性有不同吗？他们可能要承担什么法律责任？

在对情境进行具体分析的基础上，引导学生从社会危害性、违反的法律、承担的社会责任等角度对一般违法行为和犯罪进行比较。最后学生归纳如下表：

表 1-3-1　学生多角度比较一般违法行为和犯罪

		一般违法行为		犯罪
		民事违法行为	行政违法行为	刑事违法行为
不同	对社会的危害性	情节轻微 危害不大	情节轻微 危害不大	情节严重 危害较大
	违反的法律	民事法律规范	行政法律规范	刑法
	承担的法律责任	民事责任	行政处分 行政处罚	刑罚处罚
相同		都属于违法行为；都具有社会危害性；都要承担法律责任		

那么一般违法行为和犯罪之间是什么关系呢？从具体案例总结到抽象的原理需要借助一些思考工具，其中文氏图法就是很适合的工具。文氏图就是通过两到三个圆圈之间的部分交叉、包含等关系，来帮助学生理解比较概念的差异，同时还可以进行归类、概念间联系等高阶思维工作。教师让学生用文氏图来画一画违法与犯罪的关系。学生作品如下：

图 1-3-1　学生用文氏图画违法与犯罪关系

通过图示形象地让学生理解违法不一定是犯罪，犯罪一定违法。从不良行为到违法到犯罪没有必然的鸿沟，未成年人要防微杜渐，增强法治观念，严于自律，自觉遵纪守法。

(二) 跨文化比较，达成尊重与理解

在经济全球化的今天，网络信息技术的发展使得世界更加紧密地联系在一起。人们有机会和途径接触各具特色的文化，各民族文化都有其产生和发展的渊源，表达了人们对世界特有的理解与情感。文化多样性是人类社会的基本特征，是世界文化充满活力的表现，也是人类文明进步的重要动力。当不同文化相互碰撞时，人们往往从自身的文化视角、用自己的价值观来理解和判断事物，有时会导致误解和冲突。《普通高中思想政治课程标准（2017 年版 2020 年修订）解读》提出要"感悟世界文化的多样性，理解文化多样性的价值，明确文化交流互鉴的途径和意义"①，蕴含了培养学生跨文化理解的意识与能力的丰富内容。我们今天倡导文化自信，就必须承认不同文化都有其存在价值，都有值得尊重的经验和智慧。不同文化间的碰撞呼唤人们正确认识文化差异，相互尊重，通过平等对话、交流，达成理解与包容。

在教授《爱在家人间》一课时，教师选用了一张在网上流传的感人的照片：美国纽约皇后区的马路上，一位华人父亲为孩子打着伞，自己的后背却被雨水淋透了。从照片中可见当时正下着不小的雨，一对父子走在人行道上，父亲穿着衬衫、手提公文包，尽管全身湿透，右手的伞却坚定地举在儿子头上，小男孩背着书包，迈着轻快的步伐，似乎并没有发现自己的父亲已经被雨水淋湿。

无独有偶，另一张照片也几乎同时在网上流传。这张照片是在伦敦街头拍到

---

① 韩震、朱明光.普通高中思想政治课程标准（2017 年版 2020 年修订）解读［M］.北京：高等教育出版社，2020：96.

的,同样是父亲和一个五六岁的孩子,也是下雨天,这位英国父亲很自然地把伞打在了自己头上,蹦蹦跳跳的小女儿淋着雨,牵着父亲的手走在人行道上,也很开心。

教师提出问题引导学生思考:中外父母在爱的表达方式上有什么不同? 为什么会不同? 学生畅所欲言,有同学认为中国父母最无私,事无巨细,倾情奉献;有同学很认同英国父亲的做法,认为孩子应该学会独立,而且雨中散步对孩子来说也是一种经历与乐趣。通过中外文化的比较发现,东西方父母因文化背景不同,教育观念不同,对孩子爱的表达方式也不同,但父母给孩子们爱的实质是相同的,都是全天下最无私的爱,也是最真挚的爱,正所谓"人同此心,心同此理"。重要的是我们要用心感悟,体会与理解亲情之爱。

(三)纵横比较,在发展中寻找规律

从部编教材呈现来看,初中道德与法治教材九年级上册就是以社会主义核心价值观国家层面的价值目标——富强、民主、文明、和谐为统领,以人类文明发展为背景,全景式展现中国腾飞的历史进程、取得的伟大成就、面临的时代挑战和做出的积极应对,引导学生胸怀祖国、倾听与讲述中国故事,感受与弘扬中国精神,凝聚与传递中国力量,做自信的中国人。要达到此目标,需要通过将有一定关联的历史现象和数据进行比较、对照,判断异同,分析缘由,认识历史现象的性质和特点,从而把握历史发展进程的共同规律和特殊规律,也增强学生以联系的、发展的眼光看待历史事物的意识和能力。

如第三课《追求民主价值》"民主的足音"一目,教材从历史发展的脉络,通过回顾近代以来中国人民追求民主价值、探索社会主义新型民主道路的历史进程,引导学生认识中国特色社会主义民主制度确立的曲折过程,了解当代中国民主制度建设的起点和基础,进而帮助学生理解我国今天的社会主义民主制度的建立和完善是一个历史选择的过程。在课堂教学中,教师设计了这样的教学情境:

表 1-3-2　近代以来,中国人民追求民主进步、救亡图存的历史进程

	时间	领导阶级	立场、主要政治主张
戊戌变法	1898 年	资产阶级维新派(梁启超、康有为)	君主立宪
辛亥革命	1911 年	资产阶级革命派(孙中山)	民主共和

	时间	领导阶级	立场、主要政治主张
五四运动	1919 年	接受马克思主义思想的知识分子	民主与科学
新民主主义革命			

问题引导如下：

（1）根据你了解的知识，完善表格。

（2）每一次运动的不同点在哪里？有没有相同点？如果有，是什么？

（3）中国共产党为什么能够领导中国人民取得新民主主义革命的胜利？你获得这些结论的依据有哪些？如何获得？

通过历史的梳理与比较，让学生了解中国人民追求民主价值的历史进程，无数仁人志士前仆后继的艰辛尝试并没有真正实现"还权于民"。中国共产党自成立起就以争取和实现人民当家做主为己任，并真正确立社会主义民主制度。理解每一个民主国家的民主制度依据具体国情有其自身特点，认同中国特色社会主义民主植根于中国的历史和现实，是适合中国社会发展的新型民主，帮助学生用历史发展眼光看待中国特色社会主义民主的特点，也让学生对民主的认识由生活化理解上升为国家制度层面、价值层面的认知。

从《上海市初中道德与法治课程终结性评价指南》来看，主要评价目标为必备品格、实践能力和学科思维。学科思维包括理解与阐释、评价与解决问题。从学业考试题型来看，时政探究题主要考查综合运用所学内容，从图文资料中推断结论，说明获得结论的依据；解释并论证产生社会现象的原因，或预测社会发展趋势并说明理由。一般在时政探究题中以图文相结合的形式创设学科情境。

图文信息题由图和文组成。图主要是图表，如柱状图、饼状图、折线图、表格形式呈现，一般由标题、内容、注释组成。内容是标题的具体化，一般由时间、项目、数据构成，且数据之间属于有序排列，反映了一定的变化趋势。信息需要在图表与图表、图表与文字之间切换。这类题型综合性较强，信息量大，贴近实际，突出国情国策的热点问题，主要考察学生对图表信息的搜集、比较、分析、概括能力。

我们来看题例 1：小明在人民网上了解到发达国家科技进步对经济增长的贡

献率普遍在 70% 以上，又了解了我国的相关数据，见下图。

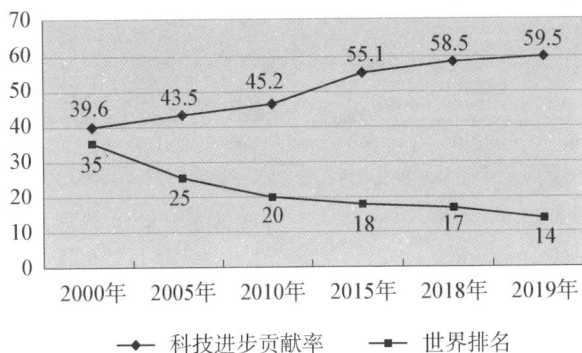

图 1-3-2 2000—2019 年我国部分年份科技进步贡
献率及在全球 40 个主要国家中的排名
说明：科技进步贡献率，指的是科学技术进步对经济增长的贡献份额。

设问：从图中你可以获得怎样的结论？请你说明获得结论的事实依据。

图表以折线图的形式呈现了我国科技发展的历史变化及其趋势，要得出背后的结论需首先进行数据的纵向比较即历史比较。由图表数据变化趋势可以看到：我国的科技进步贡献率快速增长，已由 2000 年的 39.6% 提高到 2019 年的59.5%；其世界排名也由 2000 年的第 35 位，提升到 2019 年的第 14 位。这能得出什么结论呢？需要看指标的内涵，在图表说明中有提示：科技进步贡献率，指的是科学技术进步对经济增长的贡献份额。此图说明我国贯彻科教兴国、人才强国、创新驱动发展战略，已经驶上创新强国的快车道。

对图文信息题不仅要学会看图，还需要认真阅读文字信息，进行比较。题目文字信息显示：发达国家科技进步对经济增长的贡献率普遍在 70% 以上。而根据图表得知：我国科技对经济增长的贡献率截至 2019 年为 59.5%，远低于发达国家水平（70%），这说明虽然我国的科技创新能力日益增强，但我国科技创新之路任重道远。通过数据的纵横比较，学生可以辩证地看待我国科技进步状况。

而数据间的横向比较是学生比较容易忽略的。如题例 2：改革开放 40 多年来，中国人民创造了人类发展史上的伟大奇迹，充分显示了中国力量。我区某校组织学生开展了"改革开放史"教育活动。小明在国家统计局官网上搜集到以下数据：

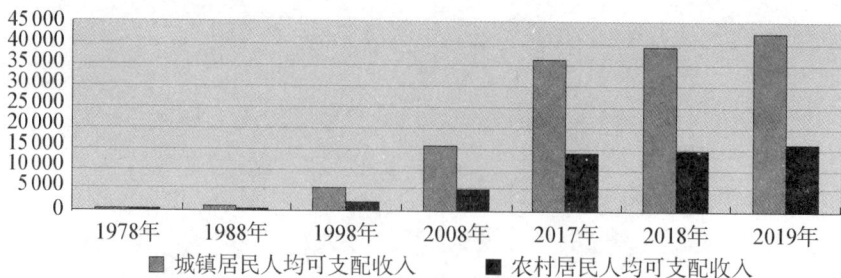

图 1-3-3　1978—2019 年我国部分年份城镇居民和农村居民人均可支配收入(元)情况

依据图表中我国城镇居民和农村居民收入的纵向比较,可以得出结论:改革开放促进城乡居民收入较快增长,人民生活显著改善。

但此题很多同学失分的原因是学生只看到数据的纵向比较,没有注意到同一时间的不同指标间的横向比较。从纵向比较看,我国城镇居民和农村居民收入有了明显提高,但从横向比较来看,城镇居民收入明显高于农村居民收入,这说明我国经济发展还面临城乡发展不平衡不协调等现实挑战。作为思维方式的纵向比较和横向比较是相辅相成、相互渗透、彼此交织的,要根据辩证法的要求,在具体的发展中综合运用纵横比较,全面、正确地认识事物和指导实践。

(四) 性质关系比较,辩证认识客观事物

辩证思维是反映和符合客观事物辩证发展过程及其规律性的思维。辩证思维的特点是从对象的内在矛盾的运动变化中,从其各个方面的相互联系中进行考察,以便从整体上、本质上完整地认识对象。运用性质—关系比较能更全面、有效地探究事物的内在机理,从而培养辩证思维能力。

在讲授德治与法治的关系时,教师呈现情境一:地铁上使用电子设备外放声音作为一种"噪音暴力",不仅让很多乘客深受困扰,还可能影响轨道交通秩序。2019 年 10 月,交通运输部发布《城市轨道交通客运组织与服务管理办法》,要求乘客使用电子设备时不得外放声音,对拒不遵守乘车规范的乘客,运营单位有权予以制止,制止无效的,应报有关部门依法处理。对于交通运输部出台的管理办法,网友们纷纷点赞。

提问引导思考:请分析网友们点赞的原因。

学生结合自己的亲身经历理解《城市轨道交通客运组织与服务管理办法》作为刚性的社会规则,它的出台能有效地维护交通运营秩序,营造良好的出行环境,保障乘客的合法权益,也体现了政府部门履行职能,努力为民服务。

教师继续呈现系列情境二:《城市轨道交通客运组织与服务管理办法》于2020年4月1日起施行。为了促使《办法》落到实处,上海地铁运营公司制作了一份精美的倡议书用以宣传教育。此举引发了小明的疑惑,他在道德与法治课上质疑:"既然对地铁上的不文明行为已有刚性的约束,又何必发布倡议书?这岂不是多此一举!"

问题引导思考:你怎么回答小明的疑惑。

教师组织学生小组讨论、交流,在交流、质疑、辩论中,同学们认识到营造良好的车厢环境,维护公共秩序,既需要发挥法律的规范作用,以其权威性和强制性规范社会成员的行为,也需要发挥道德的教化作用,以其感召力提高全体社会成员的思想认识和道德觉悟。法律与道德相辅相成才能营造良好的乘车环境。通过德治与法治的性质关系比较,既明确了德治与法治在社会治理中的作用,又理清了法治与德治的关系。并归纳德治与法治的关系图如下:

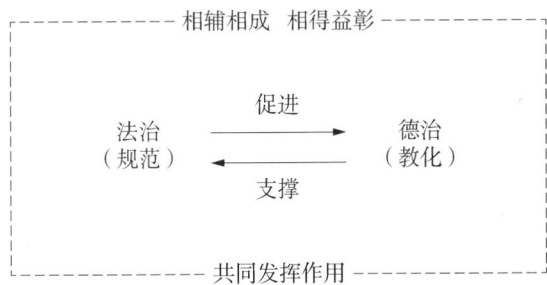

图 1 - 3 - 4 德治与法治的关系

四、 中学政治课运用比较思维的策略

结合课堂教学中比较思维运用的实践,笔者认为中学政治课运用比较思维,可以运用以下策略。

（一）立足课标与学生，精心创设比较情境

初中生智力发展处于"形式运算"阶段（12—15岁），其思维活动的基本特点是抽象逻辑思维占主导地位，但逻辑思维发展还是经验型的，在思维过程中具体形象成分仍然起主要作用。他们在进行抽象逻辑思维的时候，常常还需要具体的、直观的、形象的感性经验的支持，否则就会出现理解、判断、推理上的困难。比较思维总体属于逻辑思维，它以抽象的概念、判断、推理作为思维的基本形式，但必须以丰富的感知材料为基础。因此在比较时要根据课程标准、教学内容及学生起点，创设生活情境，如创设案例、故事情境、图文信息情境等，直观简化地展示思维起点，呈现区别冲突，帮助学生实现从简单思维到复杂思维的跨越。

（二）通过设问与活动，引导运用多种比较方法

本课题调查显示学生对比较方法了解较少，分别有61.37%和52.88%的学生认为了解求异比较与求同比较，49.95%和45.59%的学生认为了解横向比较与纵向比较，还有24.81%的学生认为对比较方法了解较少。在日常教学中，教师可以通过异同比较、纵横比较、跨文化比较、性质与关系比较、定性与定量比较等多种比较方法来培养学生的比较思维能力。不管哪种比较方法，都需要教师层层递进地设问，引导学生从繁杂的情境中梳理思绪，组织学生开展自主探究、小组讨论、辩析交流等活动，加以必要的启发性解释、答疑，帮助学生明确找到恰当的比较项，明白比较的出发点和落脚点，寻求事物发展的本质和规律，推动比较方法向比较思维的转变。

（三）借助图、表直观呈现比较结果，形成理性认识

比较教学的思维链有时较长，会增加学生理解的难度。通过直观而精简的图、表，实现直观性和逻辑性的统一，可以起到事半功倍的效果。

用文氏图表达概念之间的关系。文氏图的使用建立在视觉教育理论、认知理论、学习支架理论和脑科学等理论基础上，它最大的功能就是能够实现概念与概念间关系的加工、概括，并对知识进行层级排列，让学生加强对知识的建构能力和整合，形成知识体系。

用图表归纳思维结果。图表具有简明、直观、系统的特点，有较强的逻辑性、概括性、可比性。比较教学的结果因多角度而显得复杂，为了使结论和观点直观

易记,化繁为简,可以制成表格,帮助学生形成理性认识。

五、 中学政治课运用比较思维的注意事项

1. 相比较的事物间必须具有可比性。比较是基本思维方法之一,是确定对象之间差异点和共同点的逻辑方法。所以拿来比较的事物之间应有一定的关系,需要根据一定的标准进行比较。墨家提到了"易类不吡"的比较原则,即比较必须在同一关系下比较不同对象的不同特性。

2. 比较要注意全面性和层次性。一般而言,研究对象往往是一个复杂的统一体,其表现也是多方面的,要想真正把握事物的本质特征,全面认识被比较事物,就必须对事物进行全面的比较,这是由客观事物本身的复杂性决定的。坚持比较分析的层次性是指我们在比较事物时,要把它放在特定的等级秩序关系中,一方面考察它与环境及其他事物之间的联系,另一方面,考察事物自身各层次所遵循的运行规律。避免对事物认知的简单化和绝对化。

3. 比较方法与其他方法相结合。坚持比较的系统性、科学性、启发性原则,比较的思维过程离不开分析与综合。通过对事物的分析,明确每个事物各方面的特征,把复杂的事物诸要素、环节、阶段等区分开来,从而作进一步的比较。不经过分析无法进行彼此的比较,也可以说比较中包含着分析。比较是把已经分析开来的事物要素相比较,比较的过程又是一个综合的过程。在比较的基础上,加以分析、归纳、概括,总结事物的本质、规律、关系,升华对事物的认识,这才是比较的最终目的。

（上海市洪山中学　范志英）

第四节　分析综合

道德与法治课有机整合道德、心理健康、法律和国情等多方面的学习内容，将情感态度价值观的培养、知识的学习、能力的提高与思想方法、思维方式的掌握融为一体，重视对学生思维能力的考察。分析与综合作为思维的基本心理过程，属于学生能力中的核心能力，这样的地位不可避免地要求教师重视对分析与综合能力的培养。当前，随着教育理念的不断更新，道德与法治课作为与社会生活联系最为紧密的课程之一，早已不再仅仅局限于教材知识点的讲解，许多一线的教师会通过信息化手段寻找相关资料来为教学服务。为了激发学生的自主能动性，教师们开始有意识地在课堂中设置讨论、角色扮演、小组合作等互动环节，这使得今天的道德与法治课呈现出与以往不同的风貌。但同时，教师们在教学中也存在着对学情了解不够、资源多而不精、对资源挖掘不全面不深入、设问不够科学等典型问题。针对以上问题，本节提出如下对策：第一，走近学生，以学情定目标、选方法、找资源；第二，精选资源，在复杂情境中实现思维的碰撞；第三，精确设问，呈现思维过程；第四，多角度分析，深挖资源价值。

一、背景及意义

思维是高级认知过程，是人脑对客观事物的间接的、概括的反应过程。思维的心智操作主要包括分析和综合、抽象和概括、比较和分类、具体化及系统化。分析与综合作为思维的基本心理过程，属于学生能力中的核心能力，这样的地位不可避免地要求我们要重视对分析与综合能力的培养。

（一）分析能力

1. 什么是分析？

分析，就是人们在思维活动中，把研究对象由统一整体分解为它的各个组成部分、各种要素，即把一个复杂的事物分解为简单的部分或要素，并对它的各个部分或各种要素分别地进行研究，揭示出它们的属性和本质，从未知追溯到已知的思维方法和研究方法。毛泽东曾这样指出过："分析的方法就是辩证的方法。所谓分析，就是分析事物的矛盾。"

2. 分析思维

分析思维过程主要分为四个环节：第一个环节是分解，即根据思维实践的需要把所要分析的对象内部的各个层次、各个要素分解开来；第二个环节是辨析，即考察分解出的各个部分、方面、要素各自的性质、状态；第三个环节是比较，联系整体确定被分解出的各个部分、各个要素在整体中的地位和作用；第四个环节是撇开和抽象，暂时撇开被分解出的各个要素的特殊的、个别现象及导致现象发生原因的次要、偶然因素，抽象出必然的、主要的、本质的因素。这四个环节就形成了一个层次上的分析过程，当对这些环节进行综合形成新的层次后，将会在新的层次上开始新的分析过程。

3. 分析方法

分析是人类自觉能动的表现，分析方法是把客观事物的整体分解为各个部分、方面、要素，并分别加以研究以达到认识事物整体本质的思维方法。客观事物本身是复杂多样的统一体，单靠直观的认识，并不能认识到事物的本质规律，要深入把握，就必须深入事物的内部，运用分析的方法，研究事物的各个部分和要素，认识事物的本质。

4. 分析能力

初中道德与法治课中，学生的分析能力主要体现在考察研究案例或素材中各个组成部分在整体事件中各自的地位和所起的作用，以及它们之间相互联系、相互制约的关系，找出整体事件中的主要矛盾及次要矛盾，从而认识事件的本质和发展规律。

（二）综合能力

1. 什么是综合？

综合就是指把分析过的对象或现象的各个部分、各个属性联合成一个统一的整体。毛泽东指出，分析就是分析矛盾，综合就是指明矛盾的性质。由此可见，综合是基于分析而形成的。

2. 综合思维

综合的思维过程分为三个环节：第一个环节是以分析和抽象出的普遍本质为起点，在由分析所得到的抽象普遍性和本质的基础上，不断取得普遍性与特殊性的统一，本质与现象的统一；第二个环节是寻找使被撇开的特殊性和现象重新和普遍性与本质统一起来的桥梁，这个桥梁我们就称为"中介"；第三个环节是通过中介，从本质中推演出更多复杂的表现形态①。

3. 综合方法

综合以分析为基础，是分析的进一步发展，是从整体和动态上来把握研究对象的性质。简单来说，综合是把对象的各个部分、各个方面和各种因素结合起来，形成对研究对象统一整体认识的思维方法。但是综合并不是把分析的结果简单地相加，而是从整体的角度，从动态的过程，结合事物各个部分、要素之间的本质的、有机的联系来说明事物的本质和运动规律，在新的整体上认识事物。由此可见，没有分析就没有综合。

4. 综合能力

初中道德与法治课中，学生的综合能力主要体现在通过对事件各个组成部分的分析，结合各部分之间的关系，对事件进行整体考察，全面认识社会现象及发展规律，合理预测社会发展趋势。

（三）分析—综合能力

马克思主义辩证逻辑认为，作为辩证的分析和综合，是对立面的统一，是统一的认识的两个侧面。但这两个侧面决不是孤立的、割裂的，从整个认识过程来看

① 汪馥郁,姜成林.辩证的分析与综合——现代科学思维的重要方法[J].社会科学辑刊,1983(6)：48—49.

他们是统一的。恩格斯在《反杜林论》中曾指出:"思维不仅在于把相互联系的原素综合成为统一体,而且也以同样程度来把认识对象分解成各个原素。没有分析就没有综合。"

分析和综合的辩证统一首先表现在分析和综合的相互依存,互为前提上。综合必须以分析为前提。没有分析,认识就不能深入;对总体的认识只能是抽象的,空洞的。分析使人们的认识不断深入事物内部的层次,而有利于认识其内在本质。分析又必须以综合为前提。分析只有在其出发点是某种未加分解的东西即某种综合体的条件下才能进行。①

分析和综合的统一还表现在它们的相互转化上。既然分析和综合各以自己的对方为前提,那么分析由于发现了事物的基础,揭示了事物各方面的属性,就为综合建立了基础。而综合由于在这个统一体的基础上概括现象,就为进一步的分析活动开辟了新的可能性。②

因此,在教学研究中把分析—综合作为一种整体进行研究更具有合理性。分析—综合可以充分地把要解决的问题与已有的背景知识相联系,利用分析可以找到背景中有用的成分,利用综合可以联系解决方案与有用背景,论证产生社会现象的原因,找到解决问题的思路,推测发展趋势。

《上海市初中道德与法治课程终结性评价指南》中明确指出,评价的主要目标之一就是理解与阐释能力。而这种能力具体体现为:综合运用所学内容辨认、说明社会现象;综合运用所学内容,从图文资料中推断结论,说明获得结论的依据;综合运用所学内容,解释并论证产生社会现象的原因,或预测社会发展趋势并说明理由;综合运用所学内容揭示社会现象所反映的实质;综合运用所学内容评析社会现象,作出正确价值判断;综合运用所学内容,针对具体社会现象,发现问题,提出解决问题的措施,设计相应方案并实施。

不难看出,这些目标其实就是分析与综合能力在初中阶段的具象化。也就是

---

① 汪馥郁,姜成林.辩证的分析与综合——现代科学思维的重要方法[J].社会科学辑刊,1983(6):49.
② 汪馥郁,姜成林.辩证的分析与综合——现代科学思维的重要方法[J].社会科学辑刊,1983(6):49.

说,初中阶段道德与法治课对学生分析与综合能力的培养,就是要引导学生学会理论联系实际,通过对社会现象、图表数据、具体案例等的分析,结合所学内容,综合各方因素,认识事物的内在联系并对社会发展趋势作出合理预测,寻求问题的解决办法。

二、 现状及问题

在日常教学中,我们常常会发现,初中生对道德与法治课上的许多内容有困惑,却不能很好地表达;对生活中的很多现象很有想法,但很多想法都比较片面,不能准确地找出这种现象背后的原因。也就是说,他们的分析能力还仅仅停留在分解和辨析层面,还没能达到比较、撤开和抽象层面。而综合以分析为基础,是分析的进一步发展,因此大部分学生无法通过对事件各个组成部分的分析,结合各部分之间的关系,对事件进行整体考察,全面认识社会现象及发展规律,合理预测社会发展趋势。最典型的现象,就是他们许多看似犀利或别出心裁的看法根本经不起推敲。总的来说,学生对复杂情景和实际问题情境的处理能力急需提高。

孔子曾说"不愤不启,不悱不发",学生的有效学习需要教师的有效指导。学生能力的欠缺其实从某种程度上也反映了教师在教学中的短板。近年来,随着教育理念的不断更新,道德与法治课作为与社会生活联系最为紧密的课程之一,早已不再仅仅局限于教材知识点的讲解,许多一线的教师会通过信息化手段寻找相关资料来为教学服务。为了激发学生的自主能动性,教师们开始有意识地在课堂中设置讨论、角色扮演、小组合作等互动环节,这使得今天的道德与法治课呈现出与以往不同的风貌。但同时,教师们在选择、运用资料,引导学生综合相关内容分析资料、归纳结论等方面也存在着不少典型问题。

(一) 资源多而不精,素材选择考虑不周全

教学资源的选择直接影响着教学效果。好的资源可以激发学生兴趣,吸引学生积极思考,引发思维碰撞,提高分析—综合能力。为避免枯燥的说教,在教学设计时,许多教师都会寻找各种资源、案例来充实课堂。可是部分教师只为运用资源而运用资源,在一节课当中强行运用很多素材,但对每一个素材的讲解都只是蜻蜓点水,浮于表面,庞杂的信息和内容让学生应接不暇,更加不可能全面深入地进行分析、思考,使得这些教学资源没能发挥出应有的价值与作用。

　　教学资源的选择应该主要考虑当下讲授的教学内容、学生的认知水平和知识储备,还要合理规划课堂时间,选择最合适的呈现方式。在初中道德与法治课教学中,讲故事比讲道理效果好,时政案例比寓言故事更能激发学生兴趣,贴近学生生活的案例则最能引发学生共鸣和思考。因此部分教师在选材时更多地是考虑所选素材能否迅速抓住学生眼球,而忽视了其他方面。这就使得所选资源喧宾夺主,在实际教学中学生的关注点往往会被吸引到与教学内容无关的细节部分,不能专注于资源本身进行深入思考、分析,从而使资源失去了为教学服务的意义。

(二) 资源挖掘不够,分析角度缺乏多样性

　　初中道德与法治教学中想要找到一个合适的资源很不容易,所以一个教学资源的价值如果可以充分挖掘,那将会极大地提高教学效率。但事实上,道德与法治教师对教学资源的挖掘尚浅,甚至部分教师对资源价值的挖掘仅仅是冰山一角。最明显的一个表现就是对案例的讲解与分析浅尝辄止,并未深挖案例背后的原因、时代背景及和其他社会现象的关联等。这就导致学生对所有教学资料都只是走马观花,留不下什么深刻的印象,更加没有深入思考。还有部分教师片面地追求案例的新鲜和独特,找到的教学资源都只用一次。但事实上,有些案例、数据、图表等在不同的教学内容中可以有不同的呈现方式和切入角度。反复使用同一个案例,从多个角度进行观察、分析,其实对学生的分析—综合能力的培养也大有裨益。

(三) 设问不够科学,忽视思维能力的培养

　　设问的不科学体现在两个方面:一是问有明确答案的问题,即单凭生活常识即可回答的问题。这种设问对于提高学生的思维能力其实是毫无意义的。同理,针对这样的问题展开的讨论、分析等活动其实也没能起到这些教学方式所应有的作用。最终学生都只是在简单重复已有的生活经验,说的都是"正确的废话"。比如,在讲八年级《遵守规则》一课的时候,有位教师创设了这么一个情景:明明和父母去餐厅吃饭,因为没有预约,所以需要排队。他趁人不注意插队,被人发现,引发了纠纷。教师问:明明这样做对吗? 我们应该怎么做? 学生们很快就答出来了：不对。我们要遵守规则，自觉排队。这样的教学过程看起来非常民主，师生有问有答，课堂气氛也很活跃。但事实上，即使不上道德与法治课，学生根据日常的生活经验也知道我们不可以插队，应该自觉遵守规则。所以这样的设问对提高学生的分析—综合能力几乎毫无用处。

设问的不科学还体现在问题太笼统，指向性不明确。课堂设问除了推进教学进程，完成知识传授的目标，更重要的是对学生思维能力的培养。但在日常教学中部分教师在设问时过于随意，没能体现出对思维过程的引导。比如在讲八年级《党的主张和人民意志的统一》一课时，为了说明"党的领导地位是在历史和人民的选择中形成的"这一知识点，教师带领学生回顾了中国近百年的奋斗史，然后提问："中国能取得今天这些成就的原因是什么？"学生们仔细思考后回答：民族团结、不屈不挠、不怕苦不怕累不怕死……就是答不出教师想要的答案。事实上，学生们的回答没错，这些的确都是中国取得伟大成就的原因。他们没能认识到党的领导地位是在历史和人民的选择中形成，是因为教师的问题问得太笼统。如果把这个问题切分一下：中国近百年的奋斗取得了哪些成果？为什么从康有为、梁启超到"国父"孙中山，这么多人这么努力都没能实现民族独立和人民解放？中国什么时候真正完成了新民主主义革命？此时和之前相比，有哪些不一样？其中，最重要的一个因素是什么？这样一步步地分析、提炼、总结，学生是完全可以得出"党的领导地位是在历史和人民的选择中形成的"这一结论的。而这样的提问，体现了思考过程，也是对分析—综合方法的一个指导。

三、 改进策略

出现上述情况的原因，一方面是教师对学情了解不够，另一方面是教师自身对培养学生学习能力的意识不够强。这就要求教师要更加关注日常积累、倾听学生心声、及时反思教学，在此基础上精选资源、精确设问、多角度分析。下面就以七年级道德与法治《单音与和声》一课为例，说说具体的做法。

（一）开发调查工具，了解学情

《单音与和声》是七年级教材第三单元"在集体中成长"的第二课《共奏和谐乐

章》的第一课时。第三单元包括三课：第六课《我和我们》旨在通过引导学生回顾成长过程中集体对自己的影响，理解集体对个人的作用；第七课《共奏和谐乐章》通过分析个人意愿与集体规则、个人利益与集体利益、小团体与集体之间的矛盾冲突，知道该如何正确处理个人与集体的关系，理解集体主义；第八课《美好集体有我在》通过对美好集体的憧憬、建设，理解个人对集体发展的作用。而《单音与和声》一课则主要解决个人意愿与集体规则、个人利益与集体利益的关系。

根据日常生活经验，我认为学生对于个人和集体的关系了解得比较清楚，只是具体做的时候难免会有人对因集体利益而牺牲个人利益感到不情愿。可是，这种冲突常常发生，为什么呢？我从七年级各班随机挑选了十来名同学询问他们日常生活中对于二者冲突印象最深刻的案例，最后选定了一个同学提到的关于穿校服的问题。学校规定必须穿校服，但有同学觉得校服不好看，而且保暖度不够，还很抹杀个性，所以不穿。但他不穿校服会影响班级德育考察的分数，使得集体评优时会受影响，这就导致了个人和集体利益的冲突。我觉得学生通过对这个案例的讨论应该能够对集体利益、集体主义、集体和个人关系等有更深入的思考。但一节课下来，感觉孩子们虽然讨论得非常热烈，但事实上对个人和集体关系的认识并没有更深一步。因为进校穿校服是校规，学生就应该遵守校规。所以同学们一边倒地认为当然该穿校服。讨论的重点也因此转移到了该怎么说服这位不愿意穿校服的同学转变观念、自觉穿校服。这样一来，完全背离了我设计的初衷。我反思了一下教学过程，觉得关键还是案例没有选好。那要怎么才能找到那个刚刚好的案例呢？我想，首先我得知道孩子们对集体个人关系的理解到了什么程度，对这个关系的认知真正纠结的点在哪里。

对学情的分析决定了教师对学生的了解与把握程度，是提升教学针对性和亲和力、提高教学实效性、增强学生获得感的重要保证。要善用问卷、对话、作业反馈等方式对学生的学习基础、能力、意愿、需求、状态、行为习惯等因素进行了解，找到他们真正纠结的点，教学时才能"对症下药"。鉴于之前的课堂反馈，我认为单靠抽样访谈和日常经验是无法真正全面了解学生对于个人与集体关系的理解的。于是我设计了一个《中学生对个人与集体关系的调查》问卷，发动全校同学参与填写。在问卷中，我针对日常集体生活中常见问题及学生的一些普遍困惑进行了了解，并对原因进行了追问。综合问卷结果，可看出中学生对集体与个人关系的认识存在以下一些特点：

1. 中学生普遍认同集体对个人的作用。有近60%的学生认为集体与个人关系密切，近25%的人认为有所关联，只有4.69%的人认为没什么关系。

2. 中学生们的自我意识非常强烈，绝大部分同学都不认可以集体的名义强行牺牲个人利益的行为，并且大部分同学都喜欢在某些方面和别人不一样（但不认可太特立独行）。与此同时，当集体利益和个人利益发生冲突时，近52%的中学生表示可以视情况放弃个人利益，甚至有近45%的同学表示可以无条件放弃个人利益。这说明中学生们普遍认可"以集体利益为重"，但集体在牺牲个人利益时，需要给出合理的理由及注意方式方法。

3. 中学生有较强的主见，他们普遍认同集体应充分尊重每个个体的意见、集体的发展方向应由所有人讨论得出，决定应由大家不记名投票得出。但大部分同学也表示存在"集体发言讨论时，担心自己说不好"的现象，说明他们很在意他人的看法及自身的面子。但在服从集体的原因中，绝大多数同学都选了"为了集体荣誉"和"集体实实在在地在为每个个体争取利益"，足见在集体中其他人的选择及判断对他们的影响更多的体现在舆论压力，而不是内心真正的想法。

4. 个人对集体的归属感、认可感存在客观差异，但和是否担任班干部没有太大的关系。

5. 尽管大多数同学都不认可"如果团队拖了我的后腿，最好甩开它单干"，但在"独立工作比在团体中更能让人发挥出色"这一题中，却有17.5%的同学选择了"符合"，更有高达40.16%的同学认为"有时候是的"。也就是说，中学生大多有集体意识，也认可集体的力量，但在如何发挥集体的力量方面却缺乏认同感，而这种缺乏也导致了他们对集体的认可度不够高。与之相对应的，尽管有77.81%的同学表示在意集体荣誉，但仍有91.88%的同学认为有必要对中学生加强集体感的培养。这也从侧面证明中学生们认为所在集体的同伴仍存在缺乏集体感的现象。

6. 在个人与集体关系的认识上，各个年级并没有特别显著的差异。但是，在对集体的认可度上，中学生们因年级的不同表现出了明显的差异。对于"你觉得你所在的班级符合你对美好集体的期盼吗"一问，六、七、八、九年级的同学选择

"符合"的比例分别为 51.19%、52.78%、68.14%、74.07%。足见在集体待的时间越长,对班级的认可度越高。

从统计结果可以看出,初中生有较强的自我意识和个性化需求,他们渴望成长和自我实现,需要集体为他们提供广阔的平台。学会在集体生活中与他人合作,寻找自己在集体中的位置,处理好与集体中其他成员的关系,在建设理想集体的过程中完成自我成长,有助于初中生感受到归属感、成就感,提高责任意识,完善性格。但在调查中我也发现,在现实集体生活中,一方面,他们渴望集体的力量和温暖,另一方面,当面对集体与个人的冲突时,他们又存在无法找到集体与个人利益平衡点,无法合理处理二者关系的情况。同时,不同的学生在集体生活中的感受是不一样的。大部分同学通过磨合可以与集体成员和睦相处,自动参与集体建设,从而感受到集体的温暖,产生归属感;而小部分学生与他人缺乏互动,不主动参与集体活动,甚至有个别同学青春期的逆反心理比较突出,行为习惯欠佳,以自我为中心,缺乏责任感,他们就不能很好地融入集体,对集体的认可度、归属感都比较低。

(二) 制定分析与综合学习行为的目标、创设情境

初中生经过小学阶段的学习,有着起码的是非观,可以对简单的材料进行分析思考。因此我们在选择教学资源的时候要尽量避免答案单一、毫无争议的案例。道德与法治课中许多基本的价值判断、行为选择学生都懂,难就难在当生活中遇到价值冲突时该如何选择。学生的痛点就是我们教学的重点。所以选材时应尽量选择有冲突的、两难的案例,在对这些复杂情境进行分析、辨别、选择时,学生的分析—综合能力可以得到很好的锻炼。

根据调查问卷的结果,我认为有必要对学生加强集体意识的教育,帮助他们寻找自己在集体的地位,学会与他人和谐相处,正确处理个人与集体的关系,增强责任意识、大局意识;对学生进行正确价值观的引导,从而帮助他们更加主动地融入集体,实现个人的全面发展。于是,结合调查问卷中学生们提供的案例和生活经验,我创设了这么一个情境:小明从小体育就不好,但为人热情开朗,每次运动会都是啦啦队长,积极为大家服务。这一年运动会那天刚好是他的生日,他找体育委员商量,想要代表班级去参赛,感受一次在运动场上飞奔,大家为他摇旗呐喊的过程,把这当作是送自己的 14 岁生日礼物。如果你是小明的同学,你认为应不应该让小明参加运动会?为什么?

这个案例看似简单,其实包含了几个层面的问题:集体成绩和个人感受哪个更重要?如何确定?由此可以引申出集体利益应该怎么确定?由谁来定?集体利益和个人利益应该怎么处理?好的集体应该是什么样的?我们可以为创设良好集体做些什么?

事实证明,来自学生的案例更能吸引学生的参与,复杂情境(尤其是没有绝对正确答案的案例)可以极大地激发学生思维。对于要不要小明参加,有同学认为:"应该让他参加。毕竟集体不是靠那几个人去支撑的,美好集体是我们共同学习、共同生活的精神家园,引领我们成长;在美好集体中,每个人都能在其中获得丰富的精神养料,感受集体的关爱和吸引,凝聚拼搏向上的力量,坚定自己的生活信念。小明有这个意愿,并且也合理,那就应该给他机会让他去尝试、去拼搏。"也有同学认为:"现实不是动画片,没有一位老板会为了一个没有潜力的人而放弃自己的好员工。现实就是如此,输了比赛,小明开心,难道你就会因为小明开心了所以自己开心吗?"还有同学说:"我觉得首先我会让他参加,并不是说他弱就不可以上,而是他参加了很多次啦啦队,这是对集体、对班级所做的贡献,就凭这一点,我就会让他上,他的功劳不可磨灭。很多人有一个误会,就是运动会必须要拿奖,但我觉得运动会是让我们增进同学感情、检查体育学习情况,而不是为了争名次去的。就算他跑得不快,机会面前人人平等的,没有我跑得快我就必须上,比我跑得快我就不敢上,那这样,机会就丧失了它的意义。你说他跑得慢就不能上,其实运动会讲究的是每个人都有机会上场。让他多训练训练说不定就会有成绩呢。"但立刻就有同学说:"谁说运动会不是派最好的上去?那初二集体生日一人报一个项目好了。弱者就得淘汰,强者就会获胜。"……好吧,讨论虽然激烈,但已经离主题越来越远了。

(三) 优化分析与综合学习情境中的问题设置

在课堂教学环节中,提问是最常见的一种教学手段。教师利用提问来带动课堂进度、引导学生主动思考、形成积极互动的教学氛围。精确有效的设问能够通过问题将理论与实践相结合,引导学生去主动思考,从而实现培养学生思维能力的目标。教师应时刻关注学生的学习状况,适当地拆分问题,帮助学生学会分解案例、找准重点,同时根据课堂生成,及时调整问题,引导学生深入思考,使学生的分析既不脱离主题,又能层层深入,为之后的综合做好铺垫。

在之前的课上,最开始的时候,学生们还可以紧紧围绕问题进行讨论,但几个来回之后就偏题了。课后,我反思了一下,觉得之所以会出现偏题的现象,是因为学生的分析能力不够,不能正确地拆分问题、找准重点,只选择自己感兴趣的方面进行思考。于是,我将问题拆分了一下,改为:请大家结合刚才的案例讨论,说一说:

1. 班集体利益怎么判定,是最终的比赛成绩更重要,还是尊重个体独特的要求更重要?为什么?

2. 我们为什么需要集体?集体存在的意义或价值是什么?

这一次的讨论明显有效得多,几乎没有人偏离主题。有同学表示:"应该让他来参加。因为比赛重在参与,不是说去参加运动会的人都必须拿奖,人与人本来就是平等的。尊重个体独特的要求更重要。"马上就有同学反驳说:"那如果把一个更好的同学挤掉了呢?"另一个同学补充说:"每个人的意见都应该得到尊重啊。"又有同学表示:"集体生活就应该少数服从多数,怎么可能每个人的意见都尊重到?几十个人怎么可能全部意见统一呢?"马上就又有同学提议说:"可以让班级进行投票来决定他参不参加。"这时我提醒说:"你们现在已经把情境分析得很透彻了。现在的问题就是,怎么确定集体利益?是运动会成绩重要还是满足小明的心愿重要?"同学们一致认为这个应该全班投票决定。我再追问:"那如果投票的结果是不让小明参加,小明不是很伤心很失望吗?"学生们又给出了很多安慰办法、解决方案。最终,我们一起归纳了集体主义的内涵,即强调集体利益高于个人利益的同时,又承认个人利益的合理性,保证个人利益与集体利益的结合与协调。同时,学生们还通过讨论得出这样的结论:只有真正尽最大努力尊重个人需求,能帮助个人实现自由发展的集体才是好的集体。我们将来的班集体建设也应该朝着这个方向努力。

这样的一节课,学生讨论的广度和深度远超我的想象。他们的讨论除了对集体主义的深刻理解之外,已经涉及了区分真假集体的基本依据。这样的分析一综合的学习过程,有助于他们深入理解学习的内容,同时为后面创建良好集体澄清了标准,为后续的学习打下了基础。

此外,要提高学生的分析—综合能力,教师们在日常教学中还应注重多角度分析,深挖资源价值。

良好的教学资源可以丰富教学内涵、拓展教材视野、启迪学生思维、提升教学效果。在信息技术高度发达的今天,道德与法治可以利用的教学资源是不可计数的。但是,在具体的课堂教学的实践中,如何从海量的教学资源中找出最适合的内容,却是很多教师感到无助和茫然的。因此,在日常教学中,教师们就更应该珍惜每一个教学素材,深挖其背后的价值,尽量将它的作用发挥到最大。想要深挖素材的价值,最重要的一点就是学会从多角度分析。

比如在学习七年级第一课《悄悄变化的我》这一框的内容时,我做了一个课前调查,统计了过去一年七年级所有学生身高体重变化的具体数据。上课时通过对比同学们在六年级和七年级时的平均身高和体重,让学生直观地感受到了自己和同伴的变化。后面在讲七年级第二课《男生女生》这一框的内容时,为了体现男生女生的生理性别差异,我将之前的数据重新按性别统计了一下,归纳出了七年级男生女生在六年级、七年级时各自身高体重的平均数。上课时通过数据的对比,让学生直观地感受到了男女生在外形及成长速度上的不同。由此可见,同一组数据可以有多种统计方法来为不同的教学内容服务。

再比如说近来的"网络红人"丁真,他的事迹也可以从不同的角度进行挖掘。丁真从突然走红到被人"全网黑",可以结合八年级"合理利用网络"的内容进行分析;丁真及身边的小伙伴的日常生活和接受教育的情况,可以结合九年级"共同富裕""民族区域自治制度"的内容进行分析;丁真的生活环境、语言饮食等特点可以结合九年级"中华文化"的相关内容进行分析……同一则案例,只要换个角度就可以挖掘出不同的价值。

2011版思想品德课程标准明确指出:思想品德课有机整合道德、心理健康、法律和国情等多方面的学习内容,将情感态度价值观的培养、知识的学习、能力的提高与思想方法、思维方式的掌握融为一体。根据最新的《上海市初中道德与法治课程终结性评价指南》可以看出,"新中考"道德与法治课重视对学生思维能力的考察。这就要求道德与法治教师认真研究学情,精心设计教学各环节内容,精选资源、科学设问、深挖素材,有意识地引导学生强化分析—综合的学习行为,提高思维水平,促进学生综合素养的全面养成和发展。

(上海立信会计金融学院附属学校　肖洁)

第五节　归纳演绎

　　本节主要内容是通过探究在中学政治这一模块的知识的学习中,针对中学生的学习行为加以归纳演绎法的科学思考方法,探究中学政治教改创新突破点。新课程理念要求学生能够形成自主学习、科学地思考问题的习惯,并提高分析解决问题的能力。同时,也希望能促进教师教学观念和教学方式的改变,引导学生学习中学政治的科学的思维方法。因此,教师怎么有计划有步骤地针对中学政治学习行为中的"归纳演绎"展开课堂教学,运用科学的学习方法改善中学政治教学模式,提高教学效率,无疑是值得深思和探究的。

一、 归纳和演绎的含义

　　归纳和演绎反映了人们认识事物两条方向相反的思维途径,前者是从个别到一般的思维运动,后者是从一般到个别的思维运动。

(一) "归纳"的含义

　　归纳法又称归纳推理,与演绎推理相对。即由特殊推到一般的过程。归纳法,指的是从许多个别事例中获得一个较具概括性的规则。这种方法主要是从收集到的既有资料,加以抽丝剥茧的分析,最后得出一个概括性的结论。[①]

　　归纳法是从特殊到一般,优点是能体现众多事物的根本规律,且能体现事物的共性。缺点是容易犯不完全归纳的毛病。归纳法的特征是不受已有知识和经

---

① 王妍,许红平,马智兰.归纳演绎法与培养创新性思维能力的研究[J].中国高等医学教育,2007
(03): 78.

验的局限,鼓励发挥自己的新见解;不受时间、空间的局限,鼓励进行移植和组织思维的直觉性、跳跃性等。归纳法是进行探索的方法,它容易让人走弯路,但却有利于引导学生进行创新思维。

用归纳法教学就是让学生在通过自主学习或在教师引导下独立完成相应的归纳推理过程,推出结论,主动获得知识的教学方法。在中学课堂的思想政治课中,教师通过现象总结得出概念性的定义,通过对事物原因总结得出一般规律。

(二)"演绎"的含义

演绎法又称演绎推理,同归纳推理相对。演绎法,则与归纳法相反,是从既有的普遍性结论或一般性事理,推导出个别性结论的一种方法。由较大范围,逐步缩小到所需的特定范围。即由一般推到特殊的一种推理。

演绎法是从一般到特殊,优点是由定义根本规律等出发一步步递推,逻辑严密结论可靠,且能体现事物的特性。缺点是缩小了范围,使根本规律的作用得不到充分的展现。演绎法是从大的原则开始,然后一步一步推演出一个结论的思维模式。它的特点是:局限于前人积累起来的知识和技能,培养模仿能力,善于解决同类问题,有确定的标准答案等。这种方法可以使人很好地继承前人积累下来的知识,少走弯路,缺点是不利于引导学生去创新。将这两种思维模式运用到教育教学当中,就形成了两种教学模式。用演绎法施教就是老师从已知最抽象最高深的概念性知识点开始,进行一步步的深入推演。

(三)中学政治学习行为中的"归纳和演绎"

归纳法和演绎法在应用上并不矛盾,有些问题可采用前者,有些则采用后者。而更多情况下,将两者结合着应用,则能收到更好的效果。单纯的演绎法教学模式必然形成填鸭式的教学,这样不利于培养学生学习的主动性和创造性。而完全放弃演绎法,受学生的知识水平和思维能力的限制,又必然使归纳法教学模式的优势无法充分体现。因为知识的广博性、无限性,决定我们必须善于学习和继承前人的知识积累,只有这样,学生的创新才有坚实的基础,才能在高起点上适应时代的要求。强调侧重归纳法教学,并不排除演绎法教学,而是有机结合演绎法教学。这种有机结合可以表现在一个知识点的教学上,也可以表现在一门学科的教学上,甚至整个教育教学体系中。

若把归纳法与演绎法综合起来,可以实现由一般到个别和由个别到一般的转化,提高学习效率,为后进生的学习提供科学的学习方法,帮助他们提高成绩,提高学习的信心,提高教学的效果。归纳法教学是一种科学的教学模式,其目的在于通过现象揭示本质,通过特殊揭示一般。其教学的步骤是:教师收集、整理材料交给学生,通过提问等方式引导学生进行思考、概括和总结。这样我们就把学习的主动权交给了学生。被动地学和主动地学,产生的效果是很不一样的。当我们把学习的主动权交给学生时,学生的学习积极性调动起来了,内因起了作用,教与学就会默契和谐,课堂教学充满活力,教学效率也就大大提高。

本文研究的是中学思想政治课学生学习行为,指的是中学生在思想政治课教师的组织指导下,通过制定思想政治课学习目标,明确学习内容进而参与学习活动,在学习过程中养成的学习习惯逐步外显出来的全部行为。在初中道德与法治教学中,学生学习行为体现出环境影响显著、发展框架具有可塑性、具有主观能动性等特点。

二、 归纳和演绎学习行为的特点

(一) 环境作用明显

学生学习行为直接或间接地受学习环境影响。在对班级环境的观察中发现,一个学风浓厚的班级,班级中的学生会有较为一致的学习目标,有强烈的学习兴趣和动机,养成的学习习惯也较为良好。初中道德与法治课的教学内容多为抽象的理论,学生难以集中注意力,所以创设教学情境就需要像"磁铁"一样吸引学生的注意力,形成良好的探究切入口。同时,创设的情境要贴近教材,贴近学生的生活,并充分尊重学生的个性发展需要。

例如在部编版八年级道德与法治上册第二单元第五课《做守法公民》中,笔者对比常态化教学与活动型课程构建创设情境时,深感两者对比效果显著。学生基于活动型课程构建,借助线上的教学资源创设故事化、对话情境,教学过程中,他们纷纷参与其中,课堂参与度高,学习兴趣盎然,教师在潜移默化中将课堂知识融入学生的行为中,产生事半功倍的效果。

由上述案例可以得知：创设故事情境、对话情境等，学生在环境作用下学习效果显著。由此得出学习环境影响学生学习行为，不同环境下学生会产生具有自主性和主动性的学习行为，学生会在合适的环境中更好地传达信息。综上所述，学生的学习行为受环境影响，在良好的学习氛围下，学生会做出更良好的学习行为。

（二）发展框架可塑

在学习活动中，学生不断学习，相较于学生原有的知识经验储备，学生会接触到新的知识和经验。学生不仅要学习新的内容，面对原有的知识储备，还要在原有知识的基础上做出整合，构建新的知识网络。不良的学习行为会在学生面对原有知识和新知识进行整合构建时产生，其原因是学生缺乏正确的指导。在此过程中，学习问题行为现象频出。一般情况下，中学生因为具备一定的创造性，具有较快发现新问题和接受新事物的能力。学生构建新知识网络的过程中，教师通过具有一定方法性的指导，针对学生学习行为中出现的问题，可以逐步纠正学生学习行为中的不良行为，促使学生做出良好的学习行为。中学生是在生活中慢慢成长的，其性格、兴趣、社会文化等普遍具有差异性。

例如：笔者在一线教学过程中接触到很多不同性格的学生，他们对待初中道德与法治课程的学习情况也存在差异，不同的性格使然，对学习理解的态度不一，有的学生缺乏正确的学习习惯。从初中生身心发展的角度考虑，其学习习惯、对学习的兴趣仍有很大的培养和发展空间，在活动型课程构建的理论指导下，学生更具潜在的可塑性。

因性格使然，女生更擅长形象思维，男生更擅长抽象思维。这使得在面对学习活动的不同选择之下，男生更喜爱理科，女生更喜爱文科。尤为需要注意的是，因为中学生是不断成长的，面对学习生活，其学习行为更具有可塑性。中学生在学习行为中的问题可以通过一定的举措进行纠正，从而在一定途径下培养新的学习行为。

（三）具备主观能动

学生在承担一定的学习任务的前提下，是学习的主体，并对新的知识、经验技能等充满渴望。初中阶段，因为学生成长的内在驱动力，学习成为他们的客观需求。中学生因其自身的成长内在驱动力，面对新知识、新技能会发挥主观能动性主动地学习;因其学习自主性的存在,面对学习时会带入情感,如面对学科的好恶。一般地,学生会面对学习活动进行适当的情感调控。

例如:笔者通过一线教学观察了解到在喜欢学习政治课的学生中,面对较难解决的政治问题,他们愿意花更多的时间去研究,通过对政治课的提前预习,在课堂上学生会有针对性地听讲,并花更多时间进行课后巩固与复习。学生在自主学习的某一过程中会产生获得感,获得感是促使学生自主学习某一课程的原因。通常情况下,学生的获得感和学生学习的自主性成正比。

中学课堂的思想政治课中,一些学生从心理层面上更偏向于某个政治教师教学风格和教学个性,对于政治他们会发挥主观能动性更加努力地学习。但上述自主的学习行为会受群体条件的影响改变。

笔者在观察中了解到不爱学习政治的学生会受到爱学习政治的学生的影响从而努力学习政治,反之,在不喜欢学习的学生的"带领"下,喜欢学习的学生也可能不认真学习。从而可以得出,在学生学习目标不明确时,学生学习行为受大众影响,主观能动性降低。

在上述情况下,学生可以通过对自身行为的观察结合个人的标准判断和评估自身行为,在此基础上不停地调整自身的学习行为以适应社会众人的要求。综上所述,学生对学习行为的自我调控影响其学习时的主动性。因中学生所处年龄和心理发展阶段的特殊性,需要教师在必要阶段实行相应的引导,以发挥中学生心理调控的积极作用。

三、 中学政治课"归纳和演绎"学习行为国内外研究现状

(一) 国内研究

国内外的研究者对学生行为的研究,研究逻辑思路基本表现在"是什么,为什么,怎么样"上,很少讨论学生学习行为的内涵,一部分是研究其影响因素,大多是对怎样改善学生学习行为的措施进行研究。

有关研究学生学习行为的内涵方面,学生学习行为拥有可考察性、可视性的特点得到了全世界研究者的普遍共识,并且可以对其进行具体的分析。而"听、

说、看、读、写"这五个分类,是学者们针对课堂教学内容的不同进行划分的①。还有一部分研究人员是通过对学习行为本身的划分,从而得出学生的学习行为可以分为三类,分别是倾听行为、言说行为和操练行为②。

如今,国内的很多研究者也对比了课堂中学生的主动与被动学习行为,言语与非言语行为,因为他们更多是结合具体学科进行学生具体行为的讨论。其中讨论、提问(主动或被动)、回答(主动与被动)、自语(自言自语)、小语(同学间小声讲话)等属于课内言语行为。而听讲、记笔记、点头、举手、站立、转动、望外、睡觉、笑等则属于课内非言语行为。研究者们通过对学生学习行为的考察,采用量化的方式,完成有关的量表,以此来评定学生的学习行为。

对于决定学生学习行为的原因,一部分研究者认为应当从教师的个人教学风格入手,他们大多认为教师需要改进自己对学生错误发现纠正的及时性与准确性。研究者为了使研究更具准确性,采用实地考察学生课堂活动的方式,例如通过分析"教师提问—学生回答—教师反馈的方式"的研究样本,了解了师生的相处方式和关系的融洽对教师教学效率和学生行为的影响。通过这项研究,很清晰地得出结论,良好融洽的师生关系对学生的学习行为有着绝对积极的促进作用。有的研究者们运用调查问卷的形式,调查了学习态度中的三种成分,即认知、情感和意向与学习行为的关系,最后得出结论,意向和情感对学习行为的影响远远小于认知。而后对于学习行为的效率方面,得出的结论是,"在很多方面,学生和教师之间的关系和情感在某些方面影响着教师教育学生的方式与方法,也影响着学生对教师的态度与方式,从而对学生的学习行为有着深远的影响"。

对于改善学生学习行为方式方法的相关研究,国内的研究者们依旧是从教师、学生、环境三个方面入手,并且给到了相关的对应方案。"通过对学校教育管理的加强,全面提高教师的个人素质,提升思想政治课教师的课堂管理能力;合理安排学生的学习时间,为学生营造一个良好的学习氛围对于教育管理者而言是重中之重。对于学生个人而言,需要完善的是自己的学习动机、学习兴趣、

---

① Hausman D M. The Deductive Method [J]. Midwest Studies in Philosophy,1990,15(1):372 - 388.

② Wilson J B. The deductive method in community ecology [J]. Oikos,2003,101(1):216 - 218.

学习习惯等。"①"养成一个良好的学习习惯对于学生个人而言也是重中之重,其中包括认真做好学习的四个步骤,培养积极观察、提问和思考的习惯,尊师重道与反省自己;养成学习的自主独立性,研究学习过程和成绩;树立正确的人生观和价值观,改进学习的方式方法,基础知识抓牢靠;多看新闻和报纸,掌握实时资讯,了解国家大事等。"②还有一类研究者从中国的高考制度和评价机制入手,他们提出的观点是,学生评价具有多样性,更有一部分人认为应该注重学生的非智力因素,从而提高学生思想政治课学习行为的自觉主动性。

(二) 国外研究

对于学习行为理念的研究。通过整理分析的资料可以得知,关于学习行为理念,教育界并没有对这个术语进行明确的划分,自 20 世纪 80 年代起,休伊特(Hewett)通过课堂学习中学生所作出的各种行为表现,判断出了对学生学习产生消极因素的不利行为。美国通用的学习行为量表中共有 30 个项目,其主要是通过能力动机方面、学习态度方面、注意或意志方面、策略及灵活性方面。对于学习行为影响因素的研究,学者玛格丽特 • 王(Margarte. C. Wang,1990)通过用文献资料分析的方法,得出了在校学生学习行为受到多方面因素影响的结论,大致可以分为两个部分,其一是学生自己,即学生因素;其二是外部环境,包括宏观和微观两个方面,政府政策的制定和实施以及学校环境等因素属于宏观方面,而有关课程的设置、班级大小的划分以及班级氛围的营造等属于微观因素。其中,他认为学生的学习策略或者说学习方法是最重要的。

研究者斯泽波利分类提出了常见的学生不良学习行为习惯,比如破坏行为、冲动行为、攻击行为、刻板行为等,并在分析各种不良行为起因的基础上,提出了与其相关的干预方法,为教师能更好控制学生行为提供了方法和手段方面的参考。伯利纳和蒂奇诺夫立足于中小学的阅读和数学教学,他们最后之所以得出了教学行为与学习行为和学习结果的相关性结论,是因为通过观察学生的课堂学习行为,探讨有效教学所引起的学生学习行为和学习结果的变化。国外对于课堂学

---

① 周捷宾.归纳与演绎　体验与探究——浅谈新课程背景下高中政治课的课堂教学逻辑[J].基础教育参考,2010(3):68—70.
② 张林华.评价推理逻辑体系在高中政治中运用[J].教育,2016(051):27.

习行为的研究主要分为两类：通过学生以课堂学习行为问题为出发点展开的研究属于第一类，学生的课堂学习行为与其他影响因素之间的关系的研究是第二类。其中第一类研究以学生的课堂学习行为问题为出发点展开，具体又分为三个方面：第一方面是指补充学生课堂行为中的具体问题，第二方面是从教师的角度研究管理并且纠正不良的课堂学习行为的策略，第三方面是从老师和学生的关系的角度出发研究课堂上师生互动的效率。

综上所述，国内对于学习行为的研究相较于国外更加具体，大多是结合具体学科（比如历史、地理）进行研究，其中也有按照学生发展的阶段（包括中小学生、中高职生）进行研究的。研究者的对策建议一般是原则性的，缺乏可操作性，是根据学习行为的影响因素不同而提出的，无法帮助教师结合实际情况进行具体的实施。

四、 中学政治课"归纳和演绎"学习行为学生学习现状

现如今中学生在中学思想政治课的学习过程中，单一的认知方式和学习动力不足甚至呈学习兴趣逐渐减弱的趋势，是他们呈现出来的问题。与此同时，对于中学思想政治课程的学习内容，部分学生依旧存有学习感弱、学习习惯不好以及学习目标不够清晰等现象。①

（一）认知局限，动力不足

要想让学生提高学习质量，从而获取良好的学习效果，提高他们的学习动力是重中之重，中学生认为思想政治课的学习内容偏于理论性，并且脱离实际生活，缺乏实际意义。道德与法治作为初中阶段必修学科内容之一，似乎并没有受到学生的重视，相反，大部分中学生认为政治只要在考试前临时抱佛脚，简单背一背就好了，平时生活没有必要把时间浪费在学习政治上。这种现象的根源在于传统思政课学习方式。上海现阶段通过思政课教学改革，通过单元教学设计，加强学生的逻辑思维能力以及整合能力，但是在传统思政学习观念的影响下，仍存在学生

---

① 郝良群.高中政治课过程与方法课程目标实现途径[J].现代中小学教育,2012(011)：20—21.

对思想政治课缺乏持久的学习动机等问题,处于被动地学习接受。影响学生学习的因素很多,而学习动机作为一种内部动机,是一个十分重要的因素。

在学习活动中,政治教师常常会创造一定的条件来激发学生的学习积极性,由此来提高学生的学习兴趣,并且帮助学生形成相应的学习动机。一般来说,通过外部进行促进学习积极性的方式,其影响较小,持续时间也相较短暂,这种情况激发得快,消逝得更快。

比如笔者在《爱在家人间》一课的情境设计中展示:视频导入《天天成长记3》教学情境,先后出现"天天""爸爸""妈妈"等动漫人物,并且教学情境设计一直在围绕人物发展。尽管动漫人物一定程度上契合初中生心理特点,也在一定程度上激发了学生参与课堂的热情,但是随着话题的不断深入,学生总置身于一种虚拟的、低幼化的情境之中,理性认知被感性刺激所取代,情感认同被表面热闹所淹没。

所以只有让学生真正地对学习内容本身产生好奇心并形成主动学习的诉求,内部的学习动机才能够一直成为学生参与学习活动的动力。中学的思想政治课堂上,初中生因为身心发展的不成熟,往往造成认知局限、动力不足的现象。

(二) 习惯不良,兴趣低迷

在学习习惯方面,初中生的良好学习习惯还未完全养成,具有一定发展空间。初中生的注意力容易分散,对教师也更为依赖,他们较少有主动整理课堂笔记的习惯,也不能形成良好的自我归因习惯等,总的来说是受到初中生年龄特征因素的影响。① 除此之外,中学生在思想政治课的学习过程中,还存在着学习目标不明确、学习动力不足、对待所学习的内容不懂得学以致用等现象。

空洞且抽象的理论知识并不能解决实际问题,也会降低学生学习政治的热情。中学生对于思想政治课的学习目的也没有深刻全面了解,缺乏学习的兴趣。

笔者在教学实践听课的过程中,发现某位教师在八年级道德与法治课堂中组织了如下活动:

---

① 王丽.桂枝昆玉 含英咀华(三十九)——演绎不可缺位[J].中学政治教学参考:初中版,2017(006):59.

任务一：自学提示阅读文章"如何从零起点了解'两会'"，（先小组交流再组间交流）全国"两会"是哪两会？今年召开的"两会"是第几届？"两会"在我国社会发展中有怎样的作用？

任务二：提案热点汇总：请选择一个提案，说说该提案如果被采纳后，会对老百姓的生活产生什么积极影响？

"'两会'的作用"这一问题对于八年级学生来说，难度过大，提案热点汇总中，提案太多，学生在选择上存在困难，会严重耽误教学进度和效果。

即使感兴趣也是建立在应试的需要上，所以当面对有关政治的疑难问题时，大多数学生并不花时间去深究，产生畏难心理。当学生的学习积极性提不起来时，学生学习的效果和质量就会受到影响，这无形中会对思想政治课教师的教学工作的顺利展开产生影响。因此，提高中学生对思想政治课的学习兴趣格外重要。

五、 中学政治课"归纳和演绎"学习行为设计的可行性及必要性

现如今，单一的"教授"过程是从中学思想政治课教学活动和学习活动无形之中演变而来的。在现有的教学研究过程中，研究者们关注的焦点和重点永远都是教师的"教"——他们如何能够教好学生，用什么样的教学方法。[①] 然而教学其中包含了学生的"学"，并且教师的"教"与学生的"学"也一直相互影响着，教师的教实际上也是为了让学生更好地"学"。因此中学思想政治课应当为了学生的自我发展，重新关注学生的学习行为，并进一步探讨：如何帮助学生进行学习。

（一）必要性

随着现代化教育的大力推进与发展，个体的独立和个人价值的实现也愈发成为个体的自身追求。学习知识理应是获取经验和体验情感的过程。纵观如今的中学思想政治课堂，记忆考点和进行题海训练逐渐变成了中学生的学习活动。

---

① 肖培笔.归纳法和演绎法在初三思想政治教学中的应用[J].黔东南民族师专学报,2002(1): 95.

紧接着的就是完成作业并进行各种试题检测与考试活动。在现实的中学政治课堂上,教学活动的唯一主体只有教师,一切的教学活动都是在教师的严格设计和安排之下进行的。学生在课堂之上缺乏话语权,以至于与老师之间的对话少之又少,师生之间难以形成互动。因此,学生难以感受到学习本身所带来的乐趣。

在当今人才竞争社会,智商不是评价人才的唯一标准,情商也逐渐被重视。党的十八大以来,习总书记多次指出,素质教育是教育的核心,要促进全体学生德智体美劳全面发展以及学生的个性发展,为社会输送更多的创新型人才。① 在中学阶段,学生通过对思想政治课的学习,不仅能够学习到相关的学科知识,还能得到道德情操的涵养,提高自身的素质教养。所以,培养中学生思想政治课的学习动机显得尤为重要。

(二) 可行性

"学生的学习行为设计具有必要性和可行性,主要表现在两点,第一是学习行为考量的基础是教师的教导行为设计。从教学行为的运行过程方面看,教师的教导行为对学生的学习行为有直接作用,进而产生学习结果与效率;第二是学生的学习行为可以得到控制与优化。教师可以引发和控制学生的学习行为,通过设计组织环境。"②如今的教学活动越发要求凸显学生的主体地位,学习活动的主体是学生。一般来说,中学生具备了一定的学习能力之后,就能按照个人意愿顺利开展相关的学习活动。对自身是否通过一定的学习活动获得了相应的发展,学生比教师更加在意。然而,学生属于发展中的人,正处于身心发展最迅速的时期,生理和心理两个方面都不太成熟。为了满足学生自我发展的需要,教师会对学生的学习行为进行有效的设计和引导。只有对中学思想政治课学生学习行为进行精心设计,才能够有效改变学生的学习形式单一化和学习内容刻板化的现状。

---

① 徐岸峰,杨仲基,王波.基于智慧教育平台大数据的学生学习行为分析[J].高教学刊,2020(22):16—19.
② 刘凯.演绎和归纳的妙用[J].中学政治教学参考,2014(009):44.

六、 中学政治课"归纳和演绎"学习行为设计的对策研究

中学教师在中学思想政治课的教学过程中对学生的学习行为进行设计,势必要对学习对象进行全面的分析。第一,在学习目标和学习内容中,政治教师应从这两方面入手来培养学生对思想政治课的兴趣,各个环节都要深入教学,培养良好的学习习惯。第二,在不同的课型教学中巧妙地设置情境,让学生深入其中,从而达到培养和提高学生学习兴趣的目的;当然,最好的是要让学生能够学以致用,创造条件让学生"走出去",驱动内外学习的动力。

(一) 明确学习目标指向,设计教学目标

以七年级第十课《法律为我们护航》为例。

《法律为我们护航》完整的教学目标可以设置为:

(1) 通过搜集典型法律案例,归纳对未成年人特殊保护的原因和必要性。

(2) 通过小组合作,了解"四道保护线"的作用,准确识别其具体含义。

(3) 通过观看普法节目,增强珍惜权利、自觉履行义务的意识。

长远目标和近期目标有区分,持久性较强的是长远目标。为能使之发挥激发动机的最佳效果,需要将近期目标和长远目标相互结合。通常来说,学生在具有一定目标的指引时,会更加积极参与到学习中去并解决学习中遇到的难题。

教师要考虑到学生们的心理特点和学习特点,依此来给他们制定学习目标。此外,需着重强调的是,学习目标的确立需要依照学生的实际水平,有一定难度,但也不能和学生现有知识水平相差甚远。

针对学生的实际操作能力,教师根据学生的实际水平,设计教学目标:通过搜集典型法律案例,归纳对未成年人特殊保护的原因和必要性。

在学生对自己的学习活动进行合理计划和安排时,教师要适时提供帮助,在他们制定个人学习目标和安排表时共同讨论和商定。

基于此,设置教学目标为:通过小组合作,了解"四道保护线"的作用,准确识别其具体含义。

此外,确定目标和制定计划完成后,帮助学生学会自我调控来进一步提升。

与学生共同制定学习计划,学生之间在互动中集思广益,在合作与竞争中完成学习任务,达到思想政治课堂有效性的最大化,都是在教师把握教学目标靶向的前提下完成的。所以,教师可以采取延展性教学,更好地指导学生学习活动。

基于此,设置教学目标为:通过观看普法节目,增强珍惜权利、自觉履行义务的意识。政治教师鼓励学生采取多种学习方式和学习活动来更好地实现学习目标,例如常见的讨论、角色扮演活动。学生达成一定学习目标常用的方式和途径也包括复习和联系活动。在讨论活动、角色扮演活动等过程中,教师扮演组织者的角色,在这当中,应该坚持学习活动目标化,和学生一同制定细致可达的学习目标。

(二) 围绕大单元规划,设计学习体系建设

"核心素养并不见之于孤立、碎片式的学科知识和技能的习得,而是见之于能否综合地、系统地运用学科知识和技能应对来自真实生活的问题。"由《普通高中思想政治课程标准(2017 年版 2020 年修订)》提出,系统化的素养呼唤同样系统化的教学。[1]

素养目标、课时、情景、任务、知识点等组成一个学习单元,若将其形成一个有结构的整体,单元就需将这些要素按照某种需求和规范组织起来。在思想政治的大单元中,设计从单元主题讲到单元规划整体,其中包含叙写单元目标、画出单元结构图、给出单元实施的具体课时教学规划等几个环节。

大单元教学定义为:以单元为单位,依靠教材为导向,组织一个单元为一个围绕目标、内容、实施和评价的完整学习事件在"大任务"的驱动之下[2]进行教学。

以大单元的视角进行教学内容的规划,将考试作为导向的传统碎片化教学整合成为核心素养导向的大单元教学,促使学生的学习思维及其学习习惯得到一定的改变。通过对高中政治思想大单元的教学设计探索,能够有效地拓展大单元教学的应用范围,同时能够让教师在教学理论层面得到提升,为研究发展教学手段提供强有力的理论指导。通过以知识点为核心设计学习目标和学习内容,教师首

---

① 尹福春.高中生思想政治课学习行为研究[D].华中师范大学,2008.
② 徐健.政治课教学中学生良好学习习惯的培养[J].新课程学习(下),2011.

先需要分析的是教材的基本知识构架,从而更好地体现学生的主体地位,促使学生在教师的主导下共同明确知识结构和体系。例如单元结构图、导语、课题、框体、综合探究等。另一方面教师能够根据教与学的需要去研究教材具体的知识点,例如说,教材地位的分析、教学的目标和内容分析、重难点的分析、教学策略分析等。只有通过对知识体系以及形成的知识网络进行梳理,教师才能够科学合理地帮助学生制定清晰的学习目标和学习内容。

(三)营造积极学习氛围,设计教学情境

学生学好思想政治课的重要前提为激发动机、引起兴趣。为了达成上述目标,要求教师在情境创设的过程中围绕核心问题设置疑问,从而使学生感同身受,对学习产生兴趣与激情。根据现代教学理论研究,感觉—知觉—思维的过程和感受—情绪—意志、性格(包括行为)过程两方面在学生学习心理中相互作用,后者情感方向居多。由此可得出,教师需通过多种方式创设不同的教学情境。①

详细来说,首先,教师可以通过实物、音乐、电影等手段使学生进入教师个人创立的情境。需要注意的是,教师创立的情境出发点还应从学生的需要和学习目标的角度出发。教师可以引导学生个人创设情境,以语言描绘、实物展示和多媒体展示等方式呈现。

在部编版教材八年级上册《诚实守信》一课教学中,设计了利用"中国眼镜之乡"这张名片,联系"双十一"之前家人在网上开了家眼镜店,经营中有喜有忧的情境。以此作为教材与生活的切入点,围绕网店经营中的一些典型事例来创设情境,开展教学设计。

教师可以引导学生带着问题研究教材内容,在学生阅读的过程中由教师提问并进一步解读问题。

在教学设计时,将"我家网店经营的喜与忧"作为课堂的明线贯穿到底,分别设置了"网店开业喜中有忧""喜获订单忧心忡忡""赢得信誉皆大欢喜"三个板块,将教材内容作为暗线贯穿其中,以此激发学生对情境的探究欲和好奇心。

其次,学生在教师的引导下通过独立思考、辨析或小组合作等多种方式分析

---

① 张进良,魏立鹏,刘斌.智能化环境中基于学习分析的学习行为优化研究[J].远程教育杂志,2020.

情境并对问题进行探究。

由此设计板块一,通过小组合作的形式,讨论学生课前为网店作出的服务承诺。通过正误辨析,修改服务承诺,自然而然解决教学重点之一:什么是诚信。

最后,学生发挥主观能动性对问题进行探究体验,在掌握知识的基础上解决问题并归纳总结。

由此设计板块二,使用"双十一"时旺旺聊天记录,与最近的时事相联系,并设置了一个两难的问题,学生们共同出谋划策,从中感悟到要运用诚信智慧,重践诺,诚信的影响力。解决了教学的重点,突破了难点。

一般地,教师积极鼓励学生用探究的方式学习来分析情境,灵活融入价值观教育,以达到让学生深刻理解学习目标和学习内容的目的。

由此设计板块三,以皆大欢喜收尾,为网店的成功画了圆满的句号,保证了教学环节的完整性,并巧妙地将社会主义核心价值观融入课堂,实现了课堂内容的升华。

这节课最大的特点是将教师的真实生活融入教学中,将自家开网店的生活经历,巧妙地运用到课堂中来,将个人生活融入课堂,很生活化、接地气,激发了学生的课堂参与热情,取得了较好的教学效果,实现了学科知识与生活逻辑的有机统一,让时代活水融入课堂,使课堂充满张力。

(四) 引导学习实践拓展,设计活动教学

分析教材、选择学习资源和参与生活体验是中学政治教师可使用的三种学生学习行为的设计。相较于前者,拓展实践性知识更能使学生结合思想政治教育得到进步,思想政治教育理论教学和实践育人才能更好地得到统一。依据观察学生身体发育与心理成长的规律进行分析得出结论:一是中学生在学习活动中对知识的概括能力随年龄的增长呈正比,学生对理论的接受能力逐步提升。二是独立思考的能力和分析问题解决问题的能力已有所掌握,中学生可以独立分析问题并解决一部分较难的学习问题。普遍情况下,高年级学生开始想要学习更多熟练运用知识的技巧并追求更好地理解所学知识。

比如部编版教材八年级下册第六课《我国国家机构》第一框"国家权力机关"的教学中,就可以设置课内活动:模拟人民代表大会。

会前,分别设置:老师(主席团),班委(一府两院一委),学生(各代表团)。

会议开始:根据会议流程进行(会议流程课前经学生通过小组合作,组织交流,达成一致)。

会议结束:采访体验不同身份的学生,交流活动体验,总结活动经验,深化政治认同。

中学思想政治课应灵活变通,着重于知识与实践相结合。课堂上不仅需要引导学生通过书本知识结合实践活动来发现问题、解决问题,培养学生对学习的乐趣,还要为学生树立知行合一的观念,统一理论和实践。

中学生处于青少年年龄段,此阶段学生正经历从少年时期到青年时期的年龄转变,心理发展上具有独特性。此阶段的学生强调个性和与他人的差异性,并不能完全掌握调节情绪的方法,容易受学习生活中较小的事件影响,引起情绪波动。因此教师在设计教学活动的过程中需着重考虑与生活相关的教学素材,安排学习活动时应坚持从学生的角度出发选取贴近生活的教学素材。

开发校本资源,开展校园活动。学校不仅是教学的主要场所,也是社会的组成部分,可以充分开发公共设施、学校文化、教师资源、学生资源。

比如部编版教材六年级第六课《走近老师》的教学,就可以展开对老师一日工作的追踪,对不同学科老师的采访和问卷调查,角色互换——"今天你是老师"等活动设计。

学生不仅可以从体验中获取直接的经验,对所学内容的理解进一步加深,还可以通过体验式的学习提高学习兴趣,提高实践能力。上述两点都是教师指引学生进行拓展实践活动的优势所在。政治教师可以依据学生不同的情况进行分析,相应地开展体验类的活动,依据所学知识围绕课堂内外进行实践。教师也可采用多人学习小组合作的形式,让学生在小组活动的过程中体验和提升个人能力。因学生的学习需求具有多层化和多样化等特点,多样化也是小组活动设计需要坚持的原则。普遍的小组活动有查阅或采访活动、朗诵活动、社会调查活动、辩论活动等。

(五)长效学习行为培养,设计习惯养成

中学生长效学习机制的培养和良好习惯的养成尤为重要。虽然在中学阶段学生思维能力日渐成熟，但通过具体的学习，学生依然具有依赖性。很多学生自主学习的能力并未养成，还需要教师多次不断地提醒引导。中学政治教师只有在了解学生发展特性、了解学生自主学习能力的重要性的前提下，才能从源头上更好地培养学生的自主学习能力，从而提高教学的质量。

遗传因素不是决定一个人习惯的唯一要素，后天的培养和锻炼更为重要。每个教师努力的目标之一都是培养学生良好的学习习惯。相较于将学科知识传递给学生，对于中学政治教师来说更重要的是激励学生改掉不良习惯，养成良好的学习习惯。

基于以上观点，教师对学生课外学习习惯的培养可以帮助学生提高学习的自主性。对于学生而言，在促进自身个性发展的同时，也保证了全面发展。以政治课教学为例，学生可以在教师的引导下养成课前预习、课后复习的习惯，如此可以更加容易地应对课堂学习。除此之外，教师在面对学生提出的问题时，不要急于讲解答案，应当发挥学生的学习自主性，引导学生自主建构，这样可以更好地培养学生自主学习的能力。

综上所述，一方面教师需积极引导培养学生具有发现思维的能力。学生只有善于发现的能力提高了，才能发现课堂内外的具有实际意义的问题，进而主动思考，积极解决问题；同时需要扩大学生的知识面，这对学生思维的发散也有积极的意义。另一方面教师需积极培养学生课外自主学习的习惯。学生学习主动性的养成仅靠课内教学的少量时间是远远不够的，他们学习能力的提高是长期努力的结果。

（上海市进才中学北校　钱毓秀）

第六节 概念定义

新时代离不开新思想,新思想离不开新概念;要想学深、想清、悟透、践行新概念,就要下功夫学习概念的定义。定义学习向来是中学思想政治课学习行为研究的重要议题,在近些年的讨论中被广泛地涉及。如何理解一种更有效率和更有效果的概念定义学习法? 本节试图采取这样的逻辑展开讨论:厘清概念定义学习的一般方法及其学习方案;在指出通用方法的普遍困境的基础上,提出一条以默会应用为旨趣的概念学习的默会维度,并给出相应的实践策略。

一、中学政治课定义学习的一般方法和策略

(一) 概念定义学习的一般意义

一般而言,概念定义的学习,是中学生政治课学习最基本的学习任务。学生大多数时间花在对概念定义的理解、把握和背诵上。公允地讲,定义学习的确是政治课学习的关键性步骤,学生有必要花费时间和精力投入概念学习。它的意义集中体现在三个方面。

1. 定义学习有助于消除概念歧义

概念是论证的基础,是观点的基石。在建构论证,讨论观点的时候,我们经常会产生争论。很大程度上,这种争论是因为概念的歧义而造成的。大家表面上在运用同一个概念讲道理,但实质上却在不同的意义上运用同一个概念。因此,澄清概念的定义,避免出现概念语词上的"两可两难",是解决上述混淆,深入学习观点,建构真实有效论证的基础。思想政治课背后的一个重要价值诉求乃是达成共识,即在学生与教师、文本与生活、个体与社会等之间重叠共识、达成一致。为此,

追求大家共同承认的概念定义，当然是政治课学习的重要内容。

2. 定义学习有助于精确概念的意义

学生对许多政治课上的概念存在着某种"默会理解"（tacit knowing）。他们在日常生活和学习中，虽然没有直接掌握这些概念的学理意义，但拥有着一些"前理解"，对概念本身有所"意会"，它们构成了学生政治课学习的"认知起点"。有不少教师认为，这些处在前理解中的概念是待克服、待完善的，因此，必须在学习活动中"精确化"这些概念，最终使学生懂得用言述性（articulation）的方式了解概念的本质和特征。今天，许多逻辑学教科书中，对概念定义的核心理解就在于给出一个关于概念定义的本质性知识。不过，精确定义概念是否就是中学政治课概念学习的主要学习行为呢，是否意味着定义学习的起点和终点都要围绕着这个精确的本质性命题转呢？这是我们在下文讨论中的一个关键议题。

3. 定义学习有助于发挥概念武器的"力量"

毛泽东同志指出："读书是学习，使用也是学习，而且是更重要的学习。"①本文的一个核心主张就是，学习概念的最大意义在于运用概念的力量"行事克难"，解决情境问题。而要发挥出这种概念潜力，离不开概念定义的学习。学习概念的定义，不能仅仅将之停留在获得某个本质性命题的层面，而应该将之投入更加广阔的领域，在不同情境下灵活地迁移和应用，甚至投入改造生活世界的实践中去。作为一门显性德育课，政治课要"立德"，而要实现这个目标，需要我们充分利用好政治课上的各类概念。

可见，概念定义学习在整个中学政治课学习过程中的地位举足轻重。那么，定义学习有哪些常见的方法和实施策略呢？一般地，一个概念可以从它的内涵和外延两个角度来把握，因此，概念的定义就可以从"内涵定义"与"外延定义"两个角度进行学习。

（二）概念定义的"内涵学习法"

给概念下定义最初的动机是为了消除歧义、划清界限。为此，必须搞明白概念自身所有的，且区别于其他概念的属性是什么。这种概念所特有的本质属性，

① 毛泽东.毛泽东选集第一卷[M].北京：人民出版社，1991：181.

就是概念的内涵。学习概念的内涵定义,就是要用意义已经明确的语句解释出被定义概念的内涵,最主要的学习方式是"属加种差"(per genus et differentiam)学习法。

"属加种差"学习法最早由亚里士多德在《范畴篇》中提出。亚里士多德认为,对概念下一个定义首先需将对象置于其属内,然后再加上它的种差。什么是"人"呢?亚里士多德认为,人属于动物,是动物属(genus),这表示了人具有动物的性质。那么,人区别于一般动物的属性在什么地方呢?亚里士多德进一步提出了"理性"这个种差(differentiam)。因此,从属加种差的角度来看,人的定义就是"拥有理性的动物"。它揭示了"人"概念的内涵,是人的本质特征。

可见,运用"属加种差"定义某个概念,主要分两个步骤。首先,我们要把被定义项放进某个较大的概念中,即找到"属"。列宁认为:"下'定义'是什么意思呢?这首先就是把某一个概念放在另一个更广泛的概念里。"①其次,我们还要找到"种差"。这一步是更关键的步骤,因为找到种差就意味着找到了概念的独特性,做到了概念间的区分。中学政治教科书上的许多概念都采取了属加种差的定义方法。比如,"政体"概念。政体是指政权的组织形式。学生学习政体概念时,先要搞清楚政体属于一种"组织形式",但这种组织形式是针对"权力"这一种差而言的。再如,"民主"概念。民主是由全体人民共同统治和治理国家的方式。学生应该先把握民主概念主要是一种统治和治理国家的方式,进而理解民主是这些方式中较为独特的一种,因为它是由人民来进行统治的。以上两个例子都很好地提示运用属加种差学习概念定义时的一条策略,即先要试图把握属概念,以做到宏观上定位概念方位;再分析种差,以明确概念边界,以彻底厘清概念内涵。

进一步,应用属加种差的内涵学习法,要注意以下三个问题。

1. 不能出现循环定义的情况

它指的是,被定义项以某种方式已经在定义项中出现了。比如,学习"原因和结果"这对范畴。有学生错误地将此定义为"原因是产生结果的东西,结果是原因

---

① 列宁.列宁选集第二卷[M].北京:人民出版社,1960:146.

产生的东西"。循环定义往往是学生浅层思维的反映,教师应当引导学生更深入地思考这种"产生"关系逻辑上的含义,比如追问"产生关系是先行后续关系吗""产生关系是解释理由的关系吗"等。

2. 定义不能过宽或过窄

它指确定被定义项的属和种差要恰当、深刻,不能随意扩大或减小被定义概念的意义。讨论"学校教育是否应该培养男生的阳刚之气",有学生错误地将"阳刚之气"定义为"一种男生所具有的气质"。教师可以通过举反例等方式,帮助学生理解这种定义的局限性,比如"容易鲁莽粗心是男生身上的气质,它能算阳刚之气吗"等。

3. 不能运用晦涩的或否定性的语言进行定义

给概念下定义是为了澄清概念的意义,晦涩和否定的定义项只能起到适得其反的作用。这种情况的出现往往是学生没有正面理解概念的全部内涵导致的词不达意,因此教师应该设计教学活动进一步帮助学生厘清概念意义,从而得到正确的认识。

除了上述介绍的属加种差的定义学习法外,还有两种辅助性的内涵定义方法:说明性的词典定义和规定性的指派定义。说明性的词典定义涉及一些意义得到明确界定或用法相对固定的概念。这些概念只要通过查阅词典,就可以学习到它们的确切内涵。比如,我们可以引用毛泽东的名言"'实事'就是客观存在着的一切事物,'是'就是客观事物的内部联系,即规律性,'求'就是我们去研究"①来定义"实事求是"的概念,其中毛泽东运用词语的意义对"实事求是"概念加以说明,所以这是一个说明性的词典定义。规定性的指派定义牵涉到一些人为创造出来的专有名词,如科学术语、政治术语等。比如,"社会主义公有制是指生产资料属于全体人民或劳动者集体所有的形式""牛顿第一定律是惯性定律"等。

(三) 概念定义的"外延学习法"

不过,定义的内涵学习法有时并不能帮助学生真正搞明白一个概念,它的运用有着一定的局限性。第一,内涵学习法会引入更多待解释的概念,从而导致学

---

① 毛泽东.毛泽东选集第3卷[M].北京:人民出版社,1991:800.

习对象不断扩大,加重学生学习负担的情况。属加种差的定义规则内在地要求我们,为了解释清楚某概念,不得不引入属和种差这两个其他概念。有时候,这两个概念本身就是晦暗不明、尚待解释的。比如,政体概念的种差概念是"权力",但是"权力"概念的义理深度和解释难度不仅不亚于政体概念,甚至远胜于它。学生为了学习政体概念,不得不去学习权力概念,以此类推,最后无法学习到政体的内涵定义。第二,内涵定义法对"大概念"或"超级概念"也无能为力。政治课需要学习的许多概念都属于大概念,它们已经是最高的属,不可能在它们之外找到其他属概念来定义它们。比如,哲学中的"物质"概念。我们一般采用的物质概念定义来自列宁的认识论定义。对于这些概念,学生只能从某些角度去加以描述和掌握。第三,内涵定义法无法展现概念的多样性和生成性。概念不是静止的,而是根据人类社会历史的发展和概念框架的变更不断演进的。内涵定义法只能够相对静止地展现出概念在某个时刻、某个情境中的意义,而无法展现出概念发展的全貌。

因此,我们有必要尝试另一种概念定义的学习方式,即定义的"外延学习法",来完善我们的定义学习。所谓外延定义学习法,就是指"被定义的普遍词汇所适用对象的汇集。告诉某人词项外延的最方便有效的方法就是列举出其指谓的那些对象"①。换言之,在不能很好运用内涵定义的情况下,通过列举被定义概念的范例,明确概念的外延,能够方便学生不断逼近概念的本质,从而理解概念。

学生在运用外延定义法时,应当注意以下几个方面。

1. 范例的选择标准应当统一、科学

比如,学习"哲学"概念,学生可以选择不同的标准进行定义。可以选择时间标准,将哲学定义为"古希腊哲学、中世纪哲学、近代哲学、当代哲学"等;也可以将哲学的分支作为标准,将之定义为"存在论、知识论、伦理学、艺术哲学"等。具体的划分标准,应该做到统一。同时,也应该根据概念的使用实际,灵活和科学地选择合适的标准。

---

① 〔美〕欧文・M.柯匹,卡尔・科恩.逻辑学导论第 11 版[M].张建军,潘天群等,译.北京:中国人民大学出版社,2014:137.

2. 范例的选择应当全面，并且有代表性

这里的"全面"并不是要穷尽概念的范例，这既不现实也不可能。我们所讲的"全面"是指要保证举出的范例可以基本涵盖概念所指称的各方面和各时间段，且有一定的代表性，做到以小见大、一斑窥豹的效果。比如，学习"物质"概念，学生可以在自然领域、社会领域分别举出物质的实例，如山川河流、生产方式等；也可以根据历史上不同形态的唯物主义观点，分别举出朴素唯物主义、机械唯物主义、辩证唯物主义等对物质的不同理解，从而搞明白物质概念的发展史，激发出对辩证唯物主义的认同。

3. 范例和范例之间不应该重合

如果出现范例外延重合的情况，会导致学生的思维出现混乱。这时应该调整分类标准，明晰范例自身的外延。

当然，概念的外延定义法也有自身的局限性。比如，给出的范例不能彻底为被定义项作出界定、有些概念无法找到完全匹配的范例等。因此，只有将内涵定义法和外延定义法结合起来，共同成为学生定义学习的一般方法，才能更好改善为概念下定义的学习行为。

以上介绍的两种概念定义的学习方法，虽然侧重点不同，但它们的实质却是高度统一的，即学习一个概念，就是试图不断用各种方式，如把握内涵的方式或把握外延的方式，逼近概念的本质特征，最后获得关于概念本质性定义。不过，完全依赖上述传统的概念定义学习法真的能够完美地解决中学生在思想政治课上的概念学习问题吗？

二、 学习概念是为了言述概念的本质性定义吗

学习中学政治课，离不开学习概念。什么样的概念学习是有意义和有效果的？依托默会知识论的相关思路，本文试图论证中学政治课要重视并挖掘概念学习的默会维度，以此更好促成传统学习向素养导向学习的飞跃。

大多数传统情况下，中学政治课的概念学习并不高效和有趣。学生的概念学习行为转换为概念定义的记忆行为，教师的教学行为等同于概念定义的拆分灌输

行为,而概念的定义通常以本质性定义的方式呈现,即关于"属加种差"的命题。结果,习得一个概念,就是获得了反映概念本质的言述性知识(articulate knowledge)。我们不妨用"言述本质"来形容传统的概念学习过程,它主要体现为两个特征:其一,试图用一个命题来言述概念的本质规定性;其二,通过记忆、拆解、描述、灌输该命题,使学生获得关于概念定义的言述性知识。

然而,"言述本质"概念学习法在实际教学层面遇到了不少的问题,同时这些问题又存在着难以消除的深刻的认识论根源。

(一) 学究式学习与情境性探究的矛盾

"言述本质"学习法本质上是一种"学究式"思维方式,它强调对概念定义的字斟句酌和义理辨析,很难与强调问题情境与问题解决的新课程思路相融合。政治课教学中,我们可以观察到两种现象。

1. 知道某个概念的定义与应用该概念相分离

学生虽然理解概念的所谓本质和内涵,但无法应用此概念来解决情境问题。有些情况正好相反,学生虽然背不出概念的定义,但却能很好地应用概念来处理问题。换言之,知识与应用相脱节,知与行不一致。这个问题与言述性知识的本性有关。关于概念本质的言述性知识具有一般性的意义和普遍的真理性,而知识的应用有赖于具体情境和特殊事态。因此,要将普遍与特殊联结,仅靠言述概念的本质是无法完成的。正如波兰尼(Karl Polanyi)指出的那样,必须借助非言述智力(inarticulate intelligence)才能解决这点。

2. 知道某个概念与认同该概念之间存在着断裂

显性德育的重要意图在于通过学习政治概念和道德概念,来认同概念背后的立场和价值观。但是,学究式学习有口无心的定义背诵和缺乏灵性的知识灌输,很难将概念内化于心,导致知与情不一致。这个问题与人类对言述性知识的认识论偏见有关。自从启蒙运动以来,人们普遍贬抑信任,认为知识只有经过批判才能被接受。波兰尼发现:"自从笛卡尔提出普遍怀疑的口号以来,休谟、康德、密尔、罗素等都主张,要避免谬误,确立真理,必须诉诸怀疑。"[①]夸大"字句怀疑"的学

---

① 郁振华.人类知识的默会维度[M].北京:北京大学出版社,2012:235.

究式思维,恰好又符合中学生叛逆期的认知心理特点。

(二)"言述本质"式概念学习在思政课大中小一体化中的困境

1. 不同学段思政课概念学习的衔接问题

大学思政课的学理性更强,这意味着概念具备更大的开放性与多样性,同一个概念在中学课堂和在大学课堂"敲打"出来的涵义是不一样的。虽然,言述本质学习法看上去简洁明了地印在学生头脑里,快速印刻了某概念的字面含义,但会将富有生命力的概念狭隘化、简单化,不利于大学的进阶学习。

2. "大概念"的问题

大概念或超级概念,是指一些内涵丰富、外延宽广的概念。这些概念不是先验既成的,而会随着社会历史的变化,不断地自我生长。用"大"来形容这些概念,表达了人类难以用语言来彻底言述它们的感受。政治课教学中充满大概念,而且年级越是低,大概念就越多、越大。比如,大学生思考"公平"的概念,中学生思考"公正"的概念,而小学生思考"好"的概念。如果说,用言述概念本质的方法学习"公平"还尚有可能,而用同样的方法来学习什么是"好",就无从谈起了。上述两个问题的出现,牵涉到概念本性的哲学思考,哲学史上有本质主义和非本质主义的争论。不管争论的结论如何,至少我们可以发现,言述概念的本质并不是最佳的、也不是唯一的概念学习的办法。

三、 学会一个概念就是拥有一项"概念武器"

默会知识论为中学政治课概念教学提供了许多启示。默会知识论者普遍认为,人类的知识可以划分为两类:一类是言述性知识。它们用命题、符号、图像等形式言述出来,是"名言之域"的显性知识;另一类是默会知识(tacit knowledge)。它们是在人类行动中体现出来的知识,是"超名言之域"的隐性知识。人类生活中,存在大量默会知识,比如,语言行为、推理行为、骑车行为等知识。人们知道如何说英语,并不意味着能够言述一套关于说英语的本质和普遍规则;人们理解和背诵了关于骑车的说明、图表等,也不意味着就掌握了骑车的能力。同样,学生学会一个概念,不一定会用精准的语言说出它的本质性定义,相反,只要他在交流中,能够恰当地应用这个概念进行表达,甚至可以用它来解决具体问题,就可以说习得了这个概念。

中学政治课上,我们尤其主张"默会应用"的概念学习法。简言之,默会应用概念学习法始终关注概念在情境中的理解、表达和应用,把学生解决情境难题的过程,看作概念学习的核心环节。它包括如下特征:其一,尊重概念的默会维度。不纠缠于概念的本质定义,淡化相关的言述性知识。其二,关注概念在情境中的应用和迁移。形象地说,学习一个概念,并不是在"博物馆"中放置一幅供学生"静观""打量"的"抽象画",而是给学生装备一项能够解决学科活动任务、应对挑战的"概念武器"。

学会一个概念,就是拥有了一项概念武器,就能懂得用概念指导行动。以默会应用为旨趣的概念学习,能够很好地助推学生学习行为的转变。

(一) 默会应用让学生成为行动的参与者、世界的介入者

1. 学生要在特殊的情境中直面问题(problem)并开展学习活动

默会应用的概念学习离不开问题情境。这里的问题,是指有一定情境复杂性的"难题"或"议题",而非简单问题(question)。学生游离于情境,仅靠背诵反映概念普遍本质的定义,也能非智力地解决简单问题。难题则包含了特定的活动任务,它必须在特殊的情境中,依靠具体的分析和有针对性的办法,才能被解决。学生要沉入"这一个"问题情境,懂得在学科任务中灵活地迁移、应用概念武器。这也意味着,学科活动的多样性和问题情境的典型性,要求学生打破概念是先验地静止于教科书的偏见,在应对活动任务中,不断丰富创造概念的意义。

2. 学生使用概念武器参与解决难题,既包含了对概念框架的领会和信赖,也能更好地促进对概念的默会反思

淡化概念的本质性定义,不纠缠关于概念的言述性知识,学生是否能够正确使用概念武器?默会知识论认为,人与世界并非割裂的主客二分的关系,人乃"在世之在","寓居"于世界,因而对生活世界存着某种"领会"(understand)。换言之,具备一定社会生活经验的学生,尽管不知道许多思政课概念的言述性知识,但他们在默会层面上已经对概念框架有所把握、意会、信赖、理解,因此能在一定的情境中使用一系列概念武器进行表达、交流,并完成默会行动。这里,我们可以看出

默会应用概念武器的两个特点：第一，应用概念武器包含了对概念框架的信任。只有信赖概念，方能应用概念。波兰尼认为："默会行为是由其他标准来评判的，它应被相应地视为不可批判性。"①第二，可以对默会行动有所犹豫和怀疑。这种犹豫和怀疑活动体现了在解决问题上的权衡，而不是字斟句酌的形而上学抽象，因此是对问题解决有益的、进步的。总之，默会应用为旨趣的概念学习，强调学生作为行动和生活的主体，试图促成从学究向解决难题的行动者的转变。

（二）默会应用让学生生成的是关键能力、德性品格

1. 默会应用的概念学习指向学生关键能力的培养

这种关键能力首先是一种语言行为能力。默会应用的概念学习法，关注概念在不同情境下学生的迁移水平。学生是否可以运用学科概念，重构情境材料，用"术语"把道理说清楚，是概念学习中养成的重要能力。同时，这种关键能力还是生活实践能力。在真实生活的复杂情境中，学生需要在学科概念和生活实际问题之间展开互动。值得一提的是，默会应用概念武器，不是简单地把书本概念应用到实际生活中去，而是社会生活的真实情境与概念互相生产、互相启发的双向互动关系。比如，学习"民主协商"的概念，参与过"模拟政协"活动的学生往往会对此有更深刻的理解，因为他们不仅用这个概念去解决实际问题，同时也在不断更新对"民主协商"的感悟和体认。

2. 默会应用的概念学习法指向学生德性品格的培养

用概念武器解决难题过程中所激发出来的情感和态度，能更好地将思政理论转化为内在的德性，将价值观内化于学生心智，成为学生长久的德性品格。可以说，默会应用旨趣的概念学习，帮助学生提升关键的能力和必备品格，进而将价值观念内化于心，是一种核心素养导向的概念学习。

四、情境思辨性：概念学习的重要策略

如何才能更好掌握概念武器？我们认为，默会应用式的概念学习仍旧需要思

---

① ［英］迈克尔·波兰尼.个人知识：朝向后批判哲学［M］.徐陶，译.上海：上海人民出版社，2017：313.

辨性,但是这种思辨性并不是析字疑句的辨析性。概念学习的思辨性应当围绕情境问题的解决,是应用概念"行事克难"过程中的权衡与慎思,是一种情境思辨性。为此,我们可以从下述方面进一步优化概念学习的实施。

(一) 强化概念的情境式理解,打造有深度的问题情境

高中生怎么学习"异化"概念?言述本质的方法会先给出异化概念的本质性定义,接着学生对定义词句进行拆分、理解和记忆,最后获得异化概念本质的言述性知识。上述学习是低效的,异化概念属于大概念,要给出精确的本质性定义似乎勉为其难,即便给出定义,学生也不懂得学习异化概念的意义。

从默会应用的角度学习异化概念会有所改观。教师可以选取卓别林经典电影《摩登时代》片段作为情境材料,借用并改编电影开场字幕,提出情境难题:资本主义制度下,人能够通过自己的奋斗,追求到幸福吗?教师的引导体现在两个方面:第一,教师要适时抛出异化概念,但不是为了向学生解释异化概念的定义是什么,而是把这项概念武器交给学生,以完成评价任务。第二,教师要提供问题支架,引导学生对异化概念做情境式的体认。比如,(1)电影中有哪些工人本来应该很熟悉、很喜欢,而现在却觉着有些陌生、有些隔阂的东西?(2)如果你是电影中异化了的工人,你怎么看待你的奋斗和幸福?学生虽然讲不清异化的本质性定义,但结合对异化概念的默会认识和教师的引导,可以很好地理解电影所描绘的工人与劳动、自身、他者的异化关系。在深度问题情境的催化下,异化概念上升为学生的方法和态度,成为评价资本主义制度的武器。

(二) 注重搭建概念框架,在比较中领会概念意义

"条件"概念是辩证唯物主义的学习难点。教师当然可以给出条件概念本质的一些言述性知识,比如,"条件是外在于事物,但对事物的变化起作用的因素""条件是外因"等。常见情况是,学生会继续追问,"怎么判断事物的'内与外'""什么叫作'外因'"等。诸如此类的问题都属义理辨析式的追问,对辩证唯物主义的"活"知识作用甚少。

条件概念的开放性和多样性意味着,只有将概念参照系与典型情境交融,才能"抓住"条件概念的意思。教师创设以下问题情境:疫情流行之际,不少学校制定了在线学习方案,如何才能更好实施在线学习方案?以条件概念为中心搭建起一组解决问题的概念框架：尊重客观规律、发挥主观能动性和条件。教师要鼓励学生利用情境语言，比较条件与内在规律、条件与主体能动性的关联。活动型学习中，多概念情境会使学生对如何应用概念组，提出解决方案有所犹豫或迟疑：学习动机或网络状况是客观规律，还是条件、条件的改变与能动性和规律发挥作用间有何逻辑关联等。然而，区别于之前字斟句酌的追问，这种犹豫或权衡是有益的，凭借学生的非言述智力，概念可以在情境与概念框架的汇聚中被彻底定位和澄清。另外，概念框架是多样的，除了上述涉及的概念框架外，教师还可以结合不同情境设计其他框架，比如，主次矛盾和条件、整体部分与条件等。经过条件概念的系列学习，学生就能在权衡难题解决中，厘清条件概念的意义和边界，避免"空对空"的现象。

（三）突出概念的操作性，关注概念应用的实际效果

学透"宏观调控"之类的概念并不容易。尽管此类概念内涵丰富，但学生在政治课和日常生活中见得也多，缺少"思想冲击"，常会发生"思考麻木"的现象。我们要让这些"静观的"概念动起来，想办法让学生像做实验一样，"操作"这些概念、"摆弄"这些思想，在"操作—效果"的序列中加深认识。正如皮尔士（Charles Sanders Peirce）指出："一个观念的意义完全在于那观念在人生行为上所发生的效果。凡试验不出什么效果来的东西，必定不能影响人生的行为。所以我们如果能完全求出承认某种观念时有哪些效果，不承认它时又有哪些效果，如此我们就有了这个观念的完全意义了。除掉这些效果之处，更无别种意义。"[①]

以宏观调控概念的教学为例，教师可以提供近二十年我国的 GDP 增长率和 CPI 指数变化情况的折线图，并且给出情境难题：你会建议我国在何时对国民经济的运行做何种调整？既然学生已经对相关概念有所默会，教师无须把概念传授作为教学的起点，而是直接抛出情境问题，让学生直面任务挑战。进一步，教师要引导学生正确地操作概念武器。一方面，教师要为学生如何操作宏观调控概念提供范例。教师可以示范如何从图表中读出经济运行的态势并分析原因、调控手段对经济影响的传导路径是怎样的等。另一方面，教师还要揭示概念操作的可能的

---

① 转引自：张汝伦.现代西方哲学纲要[M].上海：上海人民出版社，2016：191.

后果及复杂性。比如,调控组合拳怎么打才能既改善民生又促进发展、某种调控手段的应用会产生正反作用等。这样,学生对宏观调控的概念学习成了一个全方位的探究过程。他们既要结合社会历史知识读懂图表,又要在师生讨论中不断尝试、调整、操作概念,以解决真实出现过的经济问题。宏观调控的概念成为学生手中不断尝试的"实验器材",教科书的言述性文本成了"操作说明书"。讨论后,教师可以展示国家在某个时间段真实的调控目的、手段和效果。思考过同样问题的学生,不仅在有趣味的探究活动中更好地理解了国家的调控策略,且由此激发出的政治认同也真实且持久。

(华东师范大学第二附属中学　华厦)

第七节　图文转化

在当今信息化社会的大背景下，面对纷繁复杂的信息，掌握图文转化学习的方法，能够有效简化、处理、运用信息。图文转化是政治学科教学领域中必不可少的学习行为，是对巨量政治学科知识的"拆解"与"重构"。在当下的政治课堂中，图文转化教学大多是单一被动的灌输，缺少多元主动的学习，导致很多学生的学习仅仅停留在无序、互不关联的知识碎片上，比较零散、不系统，很难融会贯通，这是当下政治教学中亟待解决的难题，同时也是制约学生政治学习的瓶颈之一。深入研究图文转化的概念、类型等，通过引入图文信息转化学习行为模型和设计原理，帮助学生提升图文信息处理水平，提高媒介素养，适应数字化时代的需要，是政治教师的职责所在。

一、"图文转化"是什么？

（一）"图文转化"中的"图"

"图文转化"的"图"是图像和图表的总称。图像把知识内容、环境、情感都显示出来了，更加直观、生动、形象。基于本文需要，文中的"图像"分为图片、漫画、思维导图、流程图、逻辑树、鱼骨图、概念图、文字云图、GIF 动图等储存和传递教育信息的媒介。图表指根据不同情形标示数值的图和表的统称，一般分为统计表、统计图等。现在政治教师上课时，大多以视频的形式导入新课，中间也会穿插视频、图、文字，三者交替出现，充实整节课的内容。视频相对于图有很多的共同点：生动、吸引眼球等，在这些方面，视频比图更有优势，不过，在引发深度思考，提升高阶思维，细节捕捉方面，图要比视频作用更大。而政治教材中的"图"随处可见,比比皆是。如图 1-7-1,出自统编教材道德与法治(2021 年修订)八年级下册第 61 页,图 1-7-2 出自人教版思想政治(2019 年修订)高中必修 2 政治生活第 53 页。

图 1-7-1　初中政治教材中的图例　　　图 1-7-2　高中政治教材中的图例

(二)"图文转化"中的"文"

"图文转化"中的"文"是指文字和数字符号组成的与政治学科相关的信息,是政治教科书知识信息表达的主要形式。政治文字表达是以文字符号和数字符号的形式储存和传递政治思想、提供政治信息的最基本方式。文字材料的结构、顺序、数量影响着学生的接收和理解信息的效率,是学生掌握政治学科知识内容的主要途径。学生在思想政治学科中学习用文字的形式准确地描述政治基本概念、政治逻辑、社会事实、社会现象等,在这个过程中,他们摄取大量政治知识,构建自己的政治学科知识体系。

另外,由于我国古代一些脍炙人口的名人名言、诗词、民谣、歌谣、格言、谚语等蕴藏大量的政治信息,所以采用这些形式呈现政治常识,能够在学生的头脑中更加形象地被认识并记住,也使得枯燥的政治常识更加趣味丰富、生动活泼。所以,政治教师们往往在课堂教学上更广泛地运用这些名人名言、诗词、格言等,在政治试卷里也比较常用,以考查学生的收集和处理政治信息的能力。

(三)"图文转化"中的"图文结合"

"图文结合"主要是辅助我们理解政治图像、表格,以图片或者图表和文字结合形式出现。"图文结合"是政治信息传输的主流形式。这种类型主要包括以下两种:一类以图的形式展示文字表达,让文字更具形象化和可视化,如图 1-7-3,

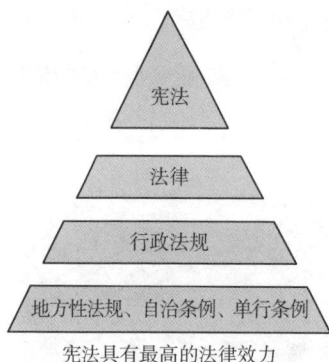

宪法

法律

行政法规

地方性法规、自治条例、单行条例

宪法具有最高的法律效力

图1-7-3 教材图例

出自统编教材道德与法治(2021年修订)八年级下册第25页"宪法与其他法律的关系";一类图片是主角,通常字数有限、文字信息量较小,不过,它的作用却不容忽视,因为它能够协助人们在图片中找到重要信息。文字量虽少,但是如果没有文字说明,读图者不能清晰了解原因、目的。政治知识信息最主要的呈现方式就是将图文结合,文字具有非常重要的提示意义,也能起到降低读图、析图难度的作用,因此,在呈现时切不可将二者分开。

(四)"图文转化"

从政治学科的角度来看,政治学科是通过事实、逻辑、思辨等视角观察世界和社会,以文字、数字、图像、图表等形式为基础进行政治表达。初中道德与法治教材中有丰富的图片,有真实的照片和生动的漫画,这些都极大地丰富了教材的内容,让教材更加新颖,更具趣味性,对于低学段的学生很有吸引力,也能提高学生的形象思维能力。教材中用大量的表格和图片来替代文字内容,让知识内容更加直观,有助于增强学生的学习兴趣。高中政治的教材多以文字为主,政策性内容、原则、时事新闻内容居多,图片为辅。教材有鲜明的本学科的特点,在备课的过程中,可以依据政治教材的内容形式作为选材标准,根据相应的学段,准备教学素材,运用信息转换将这三种教学资源打通。

信息转换是指通过学生的再创造,将以视觉符号形式出现的信息,即将以图表或半图表形式出现的信息,转换成文字形式的信息,反之亦然。[1] 获取、识别、分析信息对政治教学来说十分关键,这里的政治信息并不单纯专指传统意义上的政治文本信息,还涉及政治图像、表格、数据等。所以,在政治教学过程中,把政治图像、表格、数据等信息转换成政治语言,这也是在考验学习者分析和解读政治信息的能力;相反,把政治文本信息转换为政治图形、符号等,是对政治图像信息加以解码的过程,有助于提高对政治知识的记忆与理解能力,这两个转变是可以相互

---

[1] 李丽.英语听力和阅读课堂中的信息转化[J].辽宁师专学报(社会科学版),2002(1):91—93.

促进的。在这个政治教学过程中，可以帮助提升政治学习效果。而图文转化教学，把政治教学材料中图或文字的信息转换为另一个表达方式，则有利于提高政治学习者对理论知识的掌握程度，对政治理论知识学习做到融会贯通。图文转化课程是传统教育的主要表现形式，在提升课堂效果和质量方面立下了汗马功劳，是帮助学生参与课堂，理解知识内容的有力抓手。

二、"图文转化"的类型

政治课的"图文转化"是对政治信息处理和加工的方式之一，它的重心是"转化"二字，转化是对信息进行编码和转换，便于学生理解和学习。"图文转化"就是信息转换能力的主要体现。信息转换能力是对信息进行筛选，对不同性质的信息资源进行转换。筛选是指对信息资源进行分析归类，这里说的转换是指在分析归类的基础上和不同性质的信息资源之间找出相互联系。① 因为政治课程具有很大的覆盖面和兼容性，图片化对于展示政治信息内容具有无法比拟的优势，因而是政治课程讲授中重要的切入点，也可以考查政治学习者通过观察、分析、解决政治问题的能力。通过"图文转化"的教学方式，能够帮助学生降低对抽象的政治概念、更复杂的社会现象的认识难度，把抽象的政治常识形象化，这也是有助于学习者掌握的最有效方法，学习者更容易、准确地让政治知识入脑入心。

图文转化能力也是思想政治课程处理信息能力的核心，在知识点更新频繁且知识点数量日渐增加之现状下，学生掌握抓取政治信息、分析各类图形的能力，将更加突显其重要性。课堂教学过程中实现多角度的图文转化，是训练学生思想政治综合能力的重要方式。

本节首先提出"图文转化"是根据学习需要，"图"与"文"不同信息形式之间相互转化或者同一种信息形式之间的转化，其实质是对政治信息的提取和分析，具体包括"图"转"文"、"文"转"图"、"图"转"图"三个转换形态。

---

① 李棠辉.记者应提高信息转化能力[J].新闻通讯,2001(11)：40—41.

（一）"图"转"文"

"图"转"文"也叫以文释图，即要求学生通过观察、思维、想象、概括等认知过程把图示的内容用文字表达出来，以文释图的前提是对图像语言的正确理解，只有正确理解图像语言，才可能将图像（图片、漫画、图表）中的内容用文字准确地表述出来，也就是我们所说的读图分析。[①] 根据中学政治常用的图片，"图"转"文"包括以下四个类别：以文释图像、以文释统计图表、以文释统计表格、以文释漫画。因为图的类型和特征不同，以文释图的方式也有所不同，在析图、转化时也要视具体情况做相应的剖析。

（二）"文"转"图"

"文"转"图"也称以图释文，学生通过阅读、理解、消化、迁移等认知过程把文字表达的内容用图的形式表示出来。[②] 这种方法发挥了图像直观形象的特点，有助于学生加深对政治概念、政治逻辑、社会规律等知识的理解。不管从教师还是从学习者的角度来说，以图释文是处理和加工文本信息十分有用的方式。"文"转"图"分成五种类型：以图像释文、以统计图表释文、以图表释文、以思维导图释文、以动画释文。

（三）"图"转"图"

"图"转"图"是根据教学需要使不同类型的图像相互完成转化，使原图的部分隐藏信息内容清晰、具体化。"图"转"图"是使图像问题变繁为简、化难为易，并最终发现所需要的信息内容，解决实际问题的形式。这种转变优化了学生处理复杂图文信息问题的方法，强化了对学生思想政治思维能力尤其是创新能力的考查与训练，也增强了学生读图、析图的能力。

三、图文转化学习行为模型

（一）影响图文转化学习行为的三个要素

行为的发生，需要动机、能力和提示，三大要素同时发挥作用。[③] 图文转化学

---

① 余甫松.初一新生地理理解图能力提高的策略研究[J].科学大众（科学教育），2016(12)：15.
② 张秋伟.例析地理解题中的图文转化[J].地理教学，2011(14)：38—39.
③ ［美］B.J.福格.福格行为模型[M].徐毅，译.天津：天津科学技术出版社，2021：89.

习行为的发生也是需要图文转化学习动机、图文转化学习能力和图文转化学习提示的。图文转化学习行为模型展现了行为发生的三个要素以及它们之间的关系。这个模型所依据的原理，展示了这些要素共同发生作用，产生图文转化学习行为的过程。通过这个图文转化学习行为模型，就能够分析图文转化学习模型产生原因，而不会把学生的图文转化学习行为归咎于错误的原因（比如不够认真或方法不对）。教师可以用这个模型设计出一套能促使学生改变图文转化学习行为的方案。

LB　=　LM LA LP

学习行为　　发生于　　学习动机 & 学习能力 & 学习提示
　　　　　　　　　　　同时出现的时候

图 1-7-4　学习行为模型

当学习动机（learning motivation）、学习能力（learning ability）和学习提示（learning prompt）同时出现的时候，学习行为就会发生。学习动机是做出学习行为的欲望，学习能力是去做某个行为的执行能力，而学习提示则是提醒学生做出学习行为的信号。

我举个例子说明一下。在初中的道德与法治课上，我布置了"搜集改革开放以来，反映我国 GDP 变化情况的图表"的任务，然后在课上展示讲解：从 GDP 的变化可以看出什么？把学生的这个图文转化学习行为拆解开来，大概是下面这样的：

- 行为——学生展示并解读改革开放以来，反映我国 GDP 变化的图表。
- 动机——找到 GDP 变化所引起的结果。
- 能力——搜集图表和综合运用所学知识进行解读。
- 提示——教师布置的活动型任务。

在这个例子中，三大要素同时出现，于是学生做出了一个图文转化学习行为："图转文"。但如果其中有任何一个要素没有出现，那学生极有可能不会做出这个行为。学生找到 GDP 变化所引发的结果的动机很强烈，这是因为各大媒体对 GDP 的报道铺天盖地，经常出现这个词汇。那能力呢？如果学生不知道从哪里找关于 GDP 的图表或者不理解 GDP 意味着什么，那就很难去执行这个行为。提示呢？如果我没有布置这个学习任务，那学生就不会收到"图转文"的提示。没有提示，就没有图文转化学习行为。我助推了学生一把。学生早就听惯了 GDP 这个名词,就是没去多想这个专用名词到底代表什么,和我们有什么联系。教师通过这样的活动型任务,设计出学生图文转化的行为要素,有助于学生处理、运用好图文信息。

模型 如何清晰地思考图文转化学习行为	方法 如何设计图文信息转化学习行为
图文转化学习行为模型 LB = LM LA LP	图文转化微习惯

图 1-7-5　学习行为设计

三要素齐备,学习行为才能发生。行为有"好的",也有"不好的",学习行为模型也都是适用的,它具有普适性,有的学生在上课的时候,会根据教师的讲课内容,划出重点,这是"好的"学习行为;有的学生会在课本上涂涂画画一些与讲课内容无关的图案,这是一种"不好的"学习行为,这两种学习行为虽然是两种相反的状态,但其实两者之间并没有什么差别。学习行为就像不同款式的鞋子,虽然外观不同,核心机制却是一样的,都是由鞋底、鞋面和鞋垫构成的。但即便学习行为的组成要素是一样的,也不代表它们给学生的感受、表现形式和行动都是一样的。此外,令人愉快的行为和有挑战性的行为给学生的感受截然不同,有时候就像是拖鞋和皮鞋的区别。教师一开始不会理解两类学习行为之间有什么关联,但对于想要改变学生学习行为的教师来说,这个概念至关重要。

李同学是一个很努力上进的学生,她每节课都会认认真真听讲,按照教师的要求划出重点,这也是她好的学习习惯,她会把一节课里教师提到的重点和难点内容,在书里用不同颜色的笔标记好,这是李同学每节课的固定习惯。我问她这个习惯是不是有意培养的,她说不是,她只是在某一天突然就开始这样做了。关于划重点这个习惯,李同学并没有想太多,她甚至在养成这个习惯很久之后,才发觉自己拥有一个好习惯。可是,当我问她有没有想改掉这个习惯时,她很激动。"不愿意看图表!"她看到图表就害怕,也不明白图表里包含的信息是什么。上课的时候李同学看到图表就会不自觉地走神,教师对图表的分析她也听不进去。李同学也试图靠意志力强行把自己的注意力放在教师的讲解上,但是很快就放弃了，走神让她暂时逃避了恐惧，注意力却很难集中起来，慢慢的，自责感和内疚感油然而生。李同学并不想陷入这种模式，但她相信自己可以掌控自己的注意力，或许偶尔的走神只是她的"精神力"刚好耗尽了吧。

划重点和图文转化走神，把李同学的这两个习惯结合起来分析一下。两种学习行为，让李同学产生了两种截然不同的感受。一种学习行为让李同学感觉良好，也让她如愿以偿，学到了基本的知识内容，划重点这个行为已经变成了一种自发的习惯，她根本无须多想就能做到。相比之下，图文转化走神的习惯虽然让她能够得到片刻的放松，但事后却让她感到自责。下次再碰到这样的内容，就很难去面对，控制不了自己克服这样的问题。

这两种行为带给李同学的感受截然不同，但它们的组成要素却是一样的。所有学习行为都受三大要素的驱动。我希望李同学知道，她的"精神力"或意志力并没有耗尽，其实是她图文转化走神的这个习惯形成了一道障碍，而她的图文转化的学习行为在设计上也有问题，所以没能养成图文转化的习惯。

学习行为的发生，需要学习动机、能力和提示这三大要素同时作用。这个学习行为模型具有深远的意义。每个学生在不同情况下都有不同的学习动机、学习能力和学习提示。学习动机或学习能力可能会因为分析方法或学习情境不同而在具体细节上有所不同，但没有关系。知识结构虽然无限复杂，但我们仍然可以观察其中的规律，再通过剖析来形成通用的基本原则。我将 LB＝LM LA LP 公式以一种更加直观的方式呈现了出来（如图 1-7-6 所示），它展示了学习动机和学习能力之间的关系。

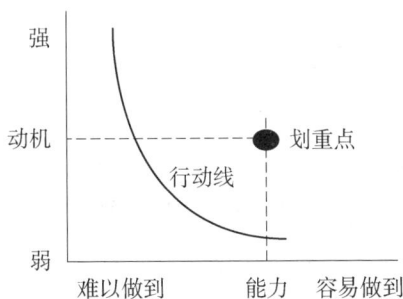

图 1-7-6　学习行为模型——划重点

我们先来看看图中的那个大黑点,它代表李同学划重点的习惯。黑点的位置代表她收到学习提示采取行动时,她的学习动机和学习能力所处的位置,而学习能力则更偏向"容易做到"。现在,我们再来看看那条弧形的行动线。它的形状看起来像是一个微笑,它是一个好伙伴。如果我的教学总结选一个的话,那一定是这条快乐的小曲线。如果学习行为提示位于行动线的上方,那么行为就会发生。我再为李同学图文转化的学习行为画一幅图(如图1-7-7所示)。

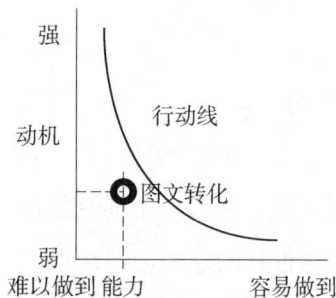

图1-7-7　学习行为模型——图文转化

请看那个圆点的位置。这代表李同学的动机不强,能力也没达到,学习行为就会跌落到行动线以下,就算她得到了学习提示,也只会感到沮丧。最重要的是,李同学得到的提示非常的固定可靠,因为图文信息转化是中考的必考题型,到九年级会经常讲到。学习行为模型解释了为什么像李同学那样努力上进的学生也难以养成良好的图文信息转化习惯。你可以从图中看出这个走神习惯如此牢固的原因。除非有所改变,否则她很有可能会延续走神习惯,而不是去攻克这个难关。如此,如果她有很强的能力但毫无动机,那么即使得到了学习提示,也不会采取行动,只会徒增烦恼。学习行为位于行动线的上方还是下方,同时取决于推动学习行为的动机和让学习行为容易做到的能力。这里有一个关键点:能成为学习习惯的学习行为一定会落在行动线的上方。

(二) 提升图文转化学习行为能力的四个原则

我们要想帮助李同学提升图文转化学习能力,需要做两件事情:重新设计图文转化行为的学习习惯。不过请记住,没有一个万能的解决方案来应对所有行为挑战,我们需要调整 LM LA LP 这三大要素,并找出不同情况下的最佳组合。我们需要降低图文信息转化的难度或者提升她图文转化的动机,设计图文转化的学习习惯,通过 LM LA LP 的强弱度来分析学习行为时,可以参考四个原则。

1. 学习动机越强,学习行为就越有可能做到

理解这个原则的运作原理,就能为学生设计绝大多数适合学生的学习行为。在动机很强时,学生无须提示就能采取行动,还能做出更困难的行为。比如,完成重要考试或站起来发言等,当肾上腺素飙升、利害攸关时,再困难的事也能做到。而动机水平一般时,学生只会去做那些容易做的行为,比如划重点。

2. 学习行为越容易,就越有可能成为学习习惯

如果一个学生正在预习新课的内容,而有人想让他看看课本的封面,他会看吗? 可能会吧。毕竟只是稍动手腕、中断下预习,也没什么大不了,这很容易完成。但如果有人想让他讲一下新课的大致内容,那他很有可能拒绝。他需要有极强的动机才会实施这个行为。或许提要求的人是教师,也或许提要求的人许诺丰厚的物质奖励等,重点是需要有足够强大的动机才会去做困难的事情。学习行为越容易,就越有可能变成学习习惯。这一见解或许可以开始改变教师对学生学习行为的引导,用以培养学生的"好的学习习惯"或者消除"坏的学习习惯"。其中学习行为的运作原理都是一样的。

3. 学习动机和学习能力要像队友一样密切配合

既有学习动机又有学习能力,才能让学习行为落到行动线上方,而这两大要素要像队友那样密切配合。如果其中一方较弱,那另一方就需要很强才能促进行动,让学习行为落到行动线上方。换句话说:学生拥有其中一方的程度会影响学生对另一方的需求。教师了解了学习动机和学习能力之间的关系,就能用新方法来分析和设计学习行为。如果学生只拥有学习行为要素的其中一项,并且强度不足,那么学生就要拥有其他的学习行为要素,让它们彼此互补。以李同学为例,她划重点的学习动机很强,同时也很容易做到,她只需要不到 10 秒钟就可以完成,而不会因此使用过高的能力,而且做得越多,过程就会越流畅。通常来说,一种学习行为你做得越多,完成它就会越容易。学习行为模型描述的是特定时刻的特定行为。不过也可以用这个学习模型来展示一段时间内学习行为发生变化的过程。对于大多数学习行为来说,如果不断重复,就会更容易做到,和刻意练习的

原理是比较相似的。即便有些时候李同学的学习动机会减弱，但因为划重点的难度很低，所以不会给李同学造成很大压力，她就更容易开始这个学习活动。如果一开始教师就让她开始分析运用相关知识内容的图表，这个学习行为可能就很难变成一种学习习惯，因为当她感到超出自身能力时，就可能逃避这个学习行为。

4. 没有学习提示，任何学习行为都不会发生

如果没有得到学习提示，那么无论学生的学习动机和学习能力有多么强烈都没用。要么得到行动的学习提示，要么得到不行动的学习提示。总之，没有学习提示，就没有学习行为。道理就是这样简单又强大。学习动机和学习能力是持续的学习行为变量。学生任何学习行为的背后，都会有某种程度的学习动机和学习能力做支撑。教师"敲黑板"，要求学生划下重点时，学生学习动机和学习能力是原本就有的。学习提示就像一道闪电，稍纵即逝。如果学生没有听到"敲黑板"的提示，当然也就不会去接收它并去划下重点。

四、 图文转化学习行为的应用

（一）理解学习行为，就能影响学习行为

要想高效地改变学生学习行为，关键在于学会使用学习行为模型。只要对学习行为的运作模式有了清晰的认识，就能解读学生的学习行为了，这是一项很强大的技能，可以用于培养好的学习习惯，也可以消除坏的学习习惯，进而帮助学生提升学习的效果。有一个学生，他看到柱状图，就只是说明了图形的变化情况，而从图表中得出的结论，他也只是详细地指出数据变化，却不会区分图表数据的变化和从中得出结论的关系。我使用了学习行为模型来分析他的学习行为。首先，考虑提示。我强调了很多次需要注意的问题。其次，考虑学习能力。有没有一种让他找到区分信息线索和结论的方法呢？我让他先把图表的标题关键词提炼出来，想想关键词所指代的意义是什么，再去看柱状图的变化趋势，把两者结合起来就是这个图表所反映的结论了。这个学生按照我给他设计的学习行为步骤实施下来，顺利地从图表中获得了结论。

（二）解决学习行为问题的三个步骤

想实施图文转化学习行为,但可能无法成功,这样的情况我们经常会遇到。对此,我有个好办法:学习行为设计为我们提供了一组可用于解决此类常见问题的具体步骤。举例来说,不少学生对图表接触得少,比较陌生,会有一种害怕心理,教师一般都会出示大量的图表给学生,对学生进行"脱敏"。这些做法可能会适得其反,不能直接从动机入手去解决学习行为问题。你可以遵循如下步骤,按顺序逐个尝试,如果第一步没效果,那就到下一步,依次类推。

1. 检查有没有学习行为提示。
2. 检查有没有学习行为能力。
3. 检查有没有学习行为动机。

无论是为自己还是为学生解决学习行为问题,从学习提示入手都是最容易的。学生是否得到了行为提示?教师可以问问那些难以搞定图文转化的学生:你们有没有认真看图?如果没有,就为他们设置提示。这样或许就能解决析图问题。

但如果这样做没有效果,那就进入下一步:检查学生有没有图文转化学习行为能力。问问那些难以搞定图文转化的学生,是什么让他们难以找出图表反映的结论。你或许会发现,学生之所以找不出来,是因为他们没有很好地梳理知识内容。这样,你就找到答案了,这是一个能力问题。不过我们先假设大家既有提示也有能力,把图文转化当成一个动机问题看待。如果是这样,我们想办法先激发学生审图、析图的动机。大多数人都以为要想实施图文转化学习行为,就必须解决动机问题,但实际上它是最后一步要解决的问题。不管是在课堂教学还是在布置作业,这个问题解决步骤都可以为教师们省去不少麻烦。比如,假设教师让学生完成图文转化的作业,但是有学生没有完成,教师有些不高兴,并且向学生解释图文转化的重要性。学生很自责,然而,下次作业学生还是没有完成,这一次,教师会生气,"威胁"学生,如果下次还不完成作业,就要扣分、告诉家长等。这种情况可不太妙,而且收到的效果一般是暂时的。

现在,让我们重新假设教师已经知道了解决问题的方法。第一次布置图文转化的作业后,有些学生没有完成时,教师并没有责备,而是进入问题解决模式:"你有没有想过用什么办法提醒自己要完成作业?""没有。我只是觉得自己能记得,结果却忘记了。"于是,教师可以问学生:"你觉得下次作业可以用什么来提醒你比较好?"这样你就可以设置下次作业的提示。学生可能会在本子上记一条待做作业。你猜结果如何? 下次的作业,学生高高兴兴地把作业交给了教师。

当我们把这种问题解决方法用于图文转化学习行为时,会发现这能让学生不再自责和恐惧。多数情况下,有些学习行为难以做到的根本原因不是缺乏动机,只要找到一个好的提示,或是让行为更容易做到,就能解决学习行为问题。

(华东师范大学第二附属中学前滩学校　吴冬)

第二章

解释与论证：究竟为什么

第一节 解释原因

本节从活动型学科课程构建的视角，对高中思政课中解释与归因这一学习行为进行研究。首先对解释与归因这一学习行为进行概念界定，然后从问题的设计和问题探究的策略两个方面，结合教学实践对如何优化解释与归因这一学习行为进行分析，从而培育学生的学科核心素养。

一、 解释与归因学习行为的研究缘起

(一) 学科核心素养的提出

作为高中思政课核心素养之一的科学精神是指学生能够用在高中思政课程中学到的理论、观点和方法（特别是辩证唯物主义和历史唯物主义），正确分析有关个人成长和社会发展中的问题，对问题进行科学合理的解释。因此解释与归因这一学习行为与培养学生的科学精神存在最为密切的联系。当然，由于个人成长和社会发展中的问题涉及政治、经济、法治、文化和哲学等多个和高中思想政治学科密切有关的领域，因此学生在正确分析有关个人成长和社会发展中的各种各样问题的过程中，也必然能够加强政治认同、法治意识和公共参与，这主要取决于所要分析的问题具体涉及的范围和领域。

(二) 活动型课程的要求

根据活动型学科课程的实施和评价要求，解释与论证这一学科任务中的解释，就是本次解释与归因学习行为研究的指向。因此需要解释和分析的问题应该既包含学科内容又基于现实生活的真实情境，不是纯粹的学科问题（比如为什么要坚持党的领导），也不是纯粹的生活问题（比如为什么要打赢脱贫攻坚战），而是

把学科内容和社会生活结合在一起的问题（比如为什么打赢脱贫攻坚战要坚持党的领导）。引导学生解释和分析问题的过程中，不是直接告诉学生答案让其背下来，也不是让其直接在课本中找现成的答案，而是师生在开放民主的互动氛围中对问题进行解释与归因，推动教师转变教学方式同时促进学生转变学习方式，在自主、合作、探究学习中对问题进行解释与归因，让学生在实践活动的历练中、在自主辨析的思考中感悟真理的力量。

二、 解释与归因学习行为的概念界定

（一）因果联系

辩证唯物主义告诉我们，事物之间存在着引起和被引起的关系——因果联系。引起事情发生的就是原因。原因和结果除了正常的一一对应关系外，还可能出现多因一果、多因多果以及一因多果、互为因果等多种类型。探究事物的原因的角度也很多，既有内部原因和外部原因的角度，也可以从直接原因、间接原因、根本原因的角度也就是透过现象把握本质。

（二）解释与归因

归因是指找事物或现象的原因，解释主要是指分析说明，解释与归因指对某事的原因进行探究并加以分析说明。解释与归因在高中思想政治学科中的含义是指对真实社会生活情境中的事物、现象与问题，运用学科知识与方法进行探究并分析说明原因。不管是在课堂教学中还是在考试中，对解释与归因的考察经常出现。

例1：民族团结进步事业是全社会的事业，需要全社会共同努力，要从增强全社会守护民族团结生命线共同责任的高度，做好民族团结进步创建工作。这是因为

A. 民族团结有利于维护祖国的统一和社会稳定

B. 国家要保障各少数民族的合法的权利和利益

C. 我国要巩固平等团结互助合作的新型民族关系

（试题来源：崇明区 2020 学年度第一学期期末教学质量检测　高三政治试卷

第 5 题)

例 2：习近平在纪念中国人民志愿军抗美援朝出国作战 70 周年大会上讲话指出，伟大的抗美援朝精神跨越时空、历久弥新，必须永续传承、历代发扬。从哲学上看，要发扬伟大抗美援朝精神，是因为

A. 人的意识具有直接现实性的特点

B. 意识是实践活动的目的和归宿

C. 意识影响实践活动的方向和结果

(试题来源：崇明区 2020 学年度第一学期期末教学质量检测　高三政治试卷第 14 题)

例 3：2021 年我国就要开始实施国民经济和社会发展第十四个五年规划了。某校高三同学查阅资料，将"十四五"规划的制定过程绘制成下图(略)。

有同学在了解了"十四五"规划的制定过程之后，感慨道："经过这样的过程制定的规划，更让我们对国家的未来充满期待！"运用党的领导和人民民主的有关知识分析说明该同学的观点。

(试题来源：浦东新区 2020 学年度第一学期期末教学质量检测　高三政治试卷　第 21 题)

以上三个例子中，题目背景都来自真实的社会生活，例 1 和例 2 设问词"因为"指向明显是归因，例 3 设问词"分析说明观点"指向明显是解释。综上所述，对原因的探究首先是要聚焦问题(事物或现象)，高中思想政治学科中的问题是指和学科内容相关的真实社会情境中的问题；其次对问题原因的探究使用的是高中思想政治学科的相关知识、原理、方法与技能。接下来将围绕以上内容，结合自身教学实践谈谈在活动型学科课程中如何引导学生进行解释与归因。

三、 基于活动型课程建构的高中思政课解释与归因学习行为优化

解释与归因这种学习行为在高中学习中很常见，因为每一个学科都有它所要解释或回答的问题。特别是物理、化学、生物、地理、历史，经常涉及探究某一自然现象或者历史事件的原因。区别主要在于问题本身的内容以及探究使用的学科

方法。在高中思想政治学科中,解释与归因(对"为什么"这一类问题的探究)这种学习行为也一直都有,但在活动型课程建构中,它区别于之前的地方主要在于服从于活动型课程实施的要求。因为解释与归因这种学习行为不是孤立存在,而是存在于活动型课程的结构化活动或环节当中,解释与归因的问题也不是孤立存在,而是存在于活动型课程的议题当中,应该是问题链中的一个问题。因此问题("为什么"这一类问题)的设计就成为能否优化解释与归因学习行为,进而构建活动型学科课程来落实核心素养的首要因素。

(一) 问题的设计

俗话说,好的开始是成功的一半。议题的设计是教师在开展活动型学科课程时首先要考虑的问题,也是备课过程中的重要环节,议题的设计由教师来主导和完成。议题既包含学科课程的具体内容,又展示价值判断的基本观点。高中思想政治学科中的问题是指和学科内容相关的真实社会情境中的问题。问题设计应注意以下几点。

1. 符合课程标准适合教学目标——学生应该去哪里

新课标的出版,使传统的三维教学目标逐渐向核心素养转变。这就要求教师转变以传授知识为目标的传统教学观念,更新以培养学生核心素养为目标的新的教学理念。因此教师需要研读课标,领会课标的意图,同时了解教材背景,理清知识线索,对教材进行具体分析、整体考虑,然后针对教学内容来设计活动,使课程内容活动化,确立合适的议题,围绕议题设计问题链,使问题设计由表而内,由低到高,由易到难。教师设计的任何问题都是实现教学目标并且完成教学任务的手段。因此,教师要针对重点难点、抓住疑点来设计问题,问题要表现出强烈的目的意识和明确的思考方向,要为培育学生的学科核心素养服务,偏离教学目标,为提问而提问是没有意义的。现实中的问题往往是复杂的,要想将现实问题转换成教学问题,教师需要深入分析两者之间的关系,将问题与教学内容紧密联系,反映教学目标。

教学目标是问题的首要关键因素。问题包含明确的内容指向与能力分层指标,使得问题的设计能够为教学目标的达成服务。解释与归因(为什么)这一类问题的设计应该是基于教学内容并为教学重难点而设计。也就是说不是所有的教学内容都适合设计"为什么"的问题,因此在设计解释与归因(为什么)这一类问题时,应该对教材的内容进行清晰的逻辑梳理,在对教学内容进行结构化处理的基础上,确立合适的教学目标,并对合适的内容设计解释与归因(为什么)这一类问题。

例如人民教育出版社 2020 年版《高中思想政治》必修 1 第二课《只有社会主义才能救中国》第一框《新民主主义革命的胜利》,根据课标要求阐述新民主主义革命的性质和特点,理解新中国确立社会主义制度的历史必然性,因此教师以"中国人民为什么选择了马克思主义,选择了中国共产党,选择了社会主义"为议题,设置如下两个问题:(1)近代中国人民在探索复兴之路上,进行了哪些尝试和斗争?(2)结合所学知识说说,为什么这些尝试和斗争终归失败? 通过这两个问题围绕本框重难点即为什么在半殖民地半封建的近代中国资本主义道路走不通,引导学生正确认识近代以来中华民族走过的路,通过对问题进行解释与归因,深入理解实现中华民族伟大复兴的历史征程,懂得社会主义是近代中国历史发展的必然,坚定中国特色社会主义道路自信,提高思想政治学科核心素养。

问题设计必须指向教学目标,特别是核心素养的培育。同时针对教学的重点、难点,要着重解决学生的思维障碍。

2. 贴近学生的认知起点——学生现在在哪里

活动型学科课程强调学生的活动体验,因此学生能否参与问题的探究过程特别重要。能否贴近学生的认知起点,某种程度上决定了问题被学生认可的程度,以及学生愿意为此付出的参与程度。只有建立在准确分析学情基础上的问题才能使学生"有话说""愿意说""能够说"。为了获得学生的认知起点,教师可以通过编制学习任务单(或者导学案)指导学生进行预习并了解学生的预习情况,比如引导学生回顾已经掌握的旧知识,同时归纳与梳理所学知识的内在逻辑,对核心知识形成系统了解,同时提出对新课内容的疑惑点。例如结合学习任务单,也可以在课前进行访谈和调查,了解学生关注的内容和话题,便于教师把握学生的学习需求。

教师在设计问题时,选用的问题材料应贴近学生的生活实际,应该是真实的问题情境,情境越真实越能引发学生的思考。例如在必修 2 第二课《我国的社会主义市场经济体制》中围绕"为什么两只手优于一只手"这一总议题,设计一系列和口罩价格有关的问题。因为新冠疫情,口罩成为急需品,学生对口罩价格也十分了解和关注,教师抓住这个机会设计如下问题:(1)请画出 2019.12—2020.09 期间口罩的价格变化趋势图。(2)为什么口罩价格会发生上述变化?(3)国家为应对口罩价格的问题,采取了哪些措施?(4)为什么可以采取这些措施? 这些问题都可以让学生更积极地去思考。因为问题材料就源于学生真实的生活,能够产生真实的情感。教师要懂得把课本中比较复杂的知识与生活的具体现象相结合,培养学生通过研究现实生活来获取知识,从而落实学生的核心素养。

例如在对必修 2 第一课《我国的基本经济制度》进行备课时,要做有针对性的学情分析。高一学生是"00 后",是享受着改革开放成果长大的孩子,通过初中阶段历史和政治课程的学习,他们对基本经济制度已经有了一定的感性和理性认识,但还是缺乏系统整体思维和历史思维,缺乏理解基本经济制度的生活经验,对中国特色社会主义经济制度的政治认同有待进一步提升。教师选取学生比较熟悉的身边生活,结合浦东开发开放 30 周年的巨大变化,设置议题"为什么要坚持两个毫不动摇"并设计如下问题:(1)浦东开发开放以来,你感受到的浦东发生了哪些翻天覆地的变化?(2)从所有制的角度看,浦东为何为取得如此成就?

3. 来自实际的典型情境——学生怎么去那里

什么是情境? 从字面理解就是"情景和境地"。在高中思想政治课中情境指的是能够激发起学生探究和解决问题的强烈欲望和情感体验的教学氛围,通常指素材和案例。朱明光教授提出:"核心素养,是指个人在面对无法解决的、比较复杂的、不明确的现实生活情境时,综合运用特定的学习方法所生成出来的(跨)学科观念、思考模式和探究的技能,结构化的(跨)学科知识和技能,以及世界观、人生观和价值观内在的动力系统,在研究情境、发现问题、确认问题、分析问题、解决问题的过程中表现出来的综合品质。"[1]因此情境的创设是培育核心素养的平台,也是我们检测学业质量水平的平台。情境应该具有真实性,贴近学生生活实际,同时对学生具有启发性,能够激发好奇心和培养探究能力,还要有适度性,问题情

---

[1] 朱明光.关于思想政治学科核心素养的思考[J].思想政治课教学,2016(01):6—9.

境并不是多多益善的,而要保持一定的尺度。

核心素养要应对的是带有典型性、普遍性的问题和挑战。根据情境的复杂程度可以划分为四种不同难易程度的类型,对应解释与论证这一学科任务中的解释的完成指标如下表所示:

表 2-1-1　情境类型

解释与归因	
常见的简单情境	能够正确运用某一个学科技能方法进行探究,能够面对简单情境问题,懂得用马克思主义哲学的基本原理观察和理解经济政治文化社会和生态等现象,解释当前的发展理念
常见的一般情境	能够正确运用多个学科技能方法进行探究,能够面对一般情境问题,运用辩证唯物主义基本观点和方法,解释当前社会现象中的突出问题
常见的复杂情境	能够恰当选择用于探究的学科技能方法,能够面对复杂情境问题,坚持历史唯物主义的基本观点,阐释社会变迁的原因,把握社会发展的趋势,用开放敏锐的眼光分析不同信息和观点
挑战性的复杂情境	能够创造性运用或综合运用学科探究技能方法,并且会对探究结论探究技能方法进行检验,能够面对具有挑战性的复杂情境问题,把握社会历史发展的阶段性特征,用辩证思维与历史思维独立思考,以建设性批判的态度回应社会转型的复杂变化,理性澄清有关信息和观点

教师要活用多种途径展示问题情境,可通过实物展示、活动再现、媒体演示、语言描绘等,也可以用名言名句、哲理故事、时事新闻、漫画音乐来创设情境。

问题情境要源于社会热点,社会热点是指最近发生的国内国际的大事。思想政治学科特点要求案例材料要与时俱进,反映新情况。例如这次的新冠肺炎就是一个很好的设计问题的情境,可以设计:为什么我国能够迅速控制疫情? 为什么能在10天迅速建成火神山与雷神山医院? 为什么在疫情期间我国物价基本正常?

综合以上三个方面,问题的设计能够在学生的认知起点与教学目标之间寻找结合点,服务于议题,有梯度;同时贴近学生,有宽度;又基于典型情境,有深度。这样问题才能有助于培育活动型课程建构的高中思想政治课核心素养,即在学习活动的过程中和学习方法的体验中,获得知识与能力,在此基础上树立正确的价值观。

(二) 问题探究的策略

新课标提出,学科内容不是只通过教师传授给学生让学生被动地接受,而是通过设计符合学生生活实际的系列化活动,在学生亲身参与思维活动和社会实践活动的体验中,主动地感知学科知识和内容,自主地建构和内化知识。教师需要不断提高活动设计能力,提供必要的活动支持,努力成为学生自主探究的指导者、陪伴者和欣赏者,让学生真正思考起来,转变学习方式。因此对问题的探究主要在活动中进行。思政课与其他高中学科(物理、化学、生物)相同的地方在于,对问题的探究都需要发挥学生的主动性和主体作用,同时加强与同学的交流,在合作中探究。不同之处在于,其他高中学科(物理、化学、生物)使用的是它们学科的知识和原理在观察和实验中探究问题,而高中思想政治活动型学科课程的问题探究主要是在思维活动和社会实践活动中进行,探究运用的是高中思想政治学科的相关知识和原理,使用的方法是高中思想政治学科方法与技能。下面将结合教学实例来谈谈问题探究活动的开展与实施。

1. 问题探究的主阵地——课堂思维活动

思维活动指人在解决问题的过程中,主体与客体世界的相互作用。由于时空等多方面的限制,在现实的高中思政课教学中,对问题的解释与归因的主阵地是课堂,教师会围绕问题引导学生开展一系列思维活动,比如思辨问题讨论、演讲、汇报交流等。

案例1:思辨问题讨论活动

在必修2第二课《我国的社会主义市场经济体制》的教学实践中,设置"微观主体如何才能有活力?——从顺丰看企业的活力"议题,在学生探究"顺丰成为民企快递企业佼佼者的原因"的教学中,引导学生通过文献法开展研究,通过小组分工合作,查阅相关文献,了解企业活力的内涵,搜集其他快递企业的相关信息,通过对比的方法分析顺丰与国内其他快递公司的异同来找原因。在教学实践中发现,学生能够找到比如价格、服务等相应的部分原因,但是对原因的分析不够全面和深入,需要教师在学生分享探究成果时进行必要的追问,引导学生学会全面多角度深入分析。

案例2：汇报交流活动

在必修1第三课《只有中国特色社会主义才能发展中国》教学中,设置"为什么要坚持改革开放"议题,开展不同的思维活动,供学生进行选择。第一种从微观主体的角度,"我是历史讲解员——改革开放40年的那些事",学生可以结合发生在自己以及长辈几代人身上的故事来讲讲40年的巨大变化,教师需要对学生进行必要的引导,比如可以从衣食住行等不同方面进行讲解,在讲解的过程中要展示相应的图片、视频等增加故事的精彩;第二种从宏观主体(国家)的角度让学生自己通过网络、报纸等各种媒体,小组分工搜集查阅改革开放以来我国取得的经济、政治、文化、外交、社会等方面的成就,通过40年来数据的对比,建立数据材料的关联,学会用理论联系实际的方法体会改革开放的意义,增强政治认同。

案例3：演讲活动

在必修1第三课《只有中国特色社会主义才能发展中国》的教学中,设置"为什么要坚持改革开放"议题,也可以进行"我最敬佩的改革先锋"微演讲比赛,讲述改革先锋身上的精彩故事,教师也要对学生进行必要的指导,比如推荐相应的网站搜集素材,学习演讲的条理和技巧等,增加演讲的精彩度。

2. 问题探究的大课堂——社会实践活动

高中思想政治活动型学科课程中社会实践活动不是普通意义上的社会实践活动,与一般意义上的志愿服务、社会调查、专题访谈、参观访问,以及各种职业体验等存在显著的不同,两者之间既有联系更有区别。虽然两者都侧重活动体验,但活动型学科课程中社会实践活动是带有强烈学科意味的实践活动,目标是指向学科核心素养的培育。正如新课标指出的那样,强调社会实践活动并不意味着减少学科内容的学习时间,而是要求采取社会实践活动的方式学习学科内容。不是为了活动而活动,不是仅仅停留在表面的活动,而是在活动的过程和体验中,学生通过感性的直接经验,主动理解和运用学科知识,解决真实生活情境中的问题,在此过程中实现知行合一,提高学科核心素养。

由于学科内容是相对固定的,因此采取的社会实践活动形式要适合学科内容,不同的学科内容可以有不同的与之相适应的实践活动形式,同一个内容也可以有不同的实践活动方式。教师要根据学科内容的特点以及学生兴趣及相关资源的现实情况,提供多个实践活动途径供学生选择。

案例1:访谈活动

在必修1第三课《只有中国特色社会主义才能发展中国》的教学中,设置"为什么要坚持改革开放"议题,鼓励学生运用访谈法,通过对家人朋友的访谈,借助家庭相册了解改革开放以来,特别是党的十八大以来人民生活发生的重大变化,制作访谈微视频进行班级展示。

在必修2的教学实践中,围绕单元分议题"微观主体如何才能有活力?——从顺丰看企业的活力"的教学中,引导学生开展小组合作,进行实践探究"顺丰成为民企快递企业佼佼者的原因",对顺丰的相关人员进行现场调研访谈。

案例2:社会调查活动

在必修2的教学实践中,围绕单元分议题"微观主体如何才能有活力?——从顺丰看企业的活力"的教学中,引导学生开展小组合作,开展《快递行业现状调查——以××中学高一部分学生和家长为例》的社会调查。学生具备基本的问卷设计能力,能够利用问卷星等平台进行问卷的发放和回收,但是在问卷设计的过程中,教师需要对学生进行必要的指导,加强问卷的针对性和有效性。在教师指导下,学生本次问卷设计共16个问题,除了包括性别、年龄、快递使用频率等基本问题外,针对本次探究的问题,还设计了包括使用快递的原因、使用哪些快递公司、最喜欢哪家快递公司(单选)、喜欢的原因(多选)、对快递的总体满意度、当快递出现问题时对快递公司反馈结果的满意度、对快递公司不满意的原因、是否了解快递的赔偿、当提出服务要求或咨询时能否得到及时解决、服务人员的态度、是否打过客户投诉电话、快递行业的主要问题、快递行业今后发展需要在哪些方面进一步改进等延伸问题,通过一手资料的搜集,培养学生自主探究分析问题的能力。

案例3:参观访问活动

在对必修3单元总议题"为什么中国共产党执政是历史和人民的选择"进行探究时,可以带领学生参观当地的烈士陵园、革命遗址、革命历史展览馆,撰写参观体会来感悟中国共产党执政的历史必然性,增强政治认同。

值得注意的是,由于是利用校外社会资源,考虑到安全、时间等因素,需要循序渐进稳妥地推进,并关注以下两点。

第一,在社会实践活动实施前,教师应将活动目的明确告知学生,并提供给学生可能需要的活动支持。比如指导学生根据活动目标利用各种途径查找资料,在小组成员达成活动共识的前提下,小组成员间合理分配任务,进行合作学习。比如在进行校外现场访谈前需要对小组设计的访谈计划书进行指导,特别是访谈提纲需要教师指导学生修改完善,以便使得访谈对象有话可说并能聚焦访谈目的。这样学生既能进行社会实践活动中的深入思考和学习,又能在活动中感悟学习方法策略,培育学科核心素养。

第二,加强师生之间的互动与合作。在社会实践过程中,教师发挥着主导作用,教师对学生社会实践活动指导的深入程度直接影响实践教学的效果,但教师的指导不能代替学生的自主,要充分挖掘和调动学生的积极性和创造性,理顺教师指导与学生自主的关系。教师主要充当社会实践活动引导者的角色,在社会实践活动中对学生进行及时有效的指导与提示,与学生及时互动。

以上两种针对问题探究的活动要灵活运用并相互配合。活动型学科课程通常会采取课内与课外相结合的方式,先通过实际考察、随机采访、现场调查等形式,使学生掌握社会实践中的丰富材料,再通过课堂教学的辩论、思考与深化,成为活动型学科课程落在教学中的主体。① 不管是思维活动还是社会实践活动,都不是孤立存在的活动,而是作为序列化活动中的有机组成部分,需要在单元教学的议题总领下有序进行。

总之在对问题解释与归因的过程中,要把社会实践活动大课堂和课内小课堂融合在一起,促进学生知行合一,凸显活动型学科课程的实践性和参与性,在此过程中提高沟通交流和公共参与能力,进而提升学科核心素养。

(上海市川沙中学　杨婷婷)

---

① 李晓东.活动型学科课程辨析与实施研究[J].教育参考,2019(03):12—18.

第二节　建构逻辑

逻辑链条是"由一串语句构成的判断序列",包括逻辑起点、逻辑中介、逻辑终点三个基本要素。建构逻辑链条应当满足同一性、因果性、连贯性三项基本原则。在中学政治课中,"建构逻辑链条"有诸多应用与表现,是指向课程标准、学科核心素养、关键能力与必备品格的关键学习行为。参照课程标准编制该项学习行为的评价体系,据此展开观察后发现,中学思想政治课中,学生建构逻辑链条的学习行为存在逻辑链条不完整、层次混乱、链条单薄、思维固化等问题。究其原因,教师的主导作用过强、课堂提问质量不高、未能创设恰当的探究情境等是影响学生学习行为表现的重要因素。实践证明,通过构建以培育思想政治学科核心素养为导向的活动型学科课程,可以优化和改进教师的教学行为,促进学生学习行为能力水平的不断提升,推动学科核心素养的有效落实。

一、 逻辑链条的概念界定

逻辑是思维的必要工具,就其分类而言,主要包括形式逻辑、数理逻辑、经验逻辑等。不同的逻辑体系有不同的思维方法,如逻辑思维、辩证思维、形象思维、抽象思维等。无论哪一种思维方法,都可以借助逻辑链条的建构及传导来实现思维过程与结果的直观呈现。因此,有必要先对"逻辑链条"这一关键媒介进行必要的概念界定。

(一) 逻辑链条的构成要件

逻辑链条是"由一定的思维结构组成的系统",可被定义为"由一串语句构成的判断序列"①。就其构成要件来看,任意一条逻辑链条都应当同时具备以下三个基本要素。

1. 逻辑起点

逻辑起点是思维展开的起点,也是逻辑链条的开端。从内容上看,逻辑起点可以是抽象的概念或理论,也可以是具体的现象或问题;从性质上看,逻辑起点蕴含着应然的、潜在的或实在的逻辑关系,是演绎或生发出后续内容的前提和基础。

2. 逻辑中介

逻辑中介是思维展开的具体过程,也是联结逻辑起点和逻辑终点的中间环节。在逻辑链条中,逻辑中介发挥着媒介作用,引导思维由逻辑起点出发、逐步指向并最终到达逻辑终点。一条逻辑链可以仅包含一个逻辑中介,以"短链条"的方式揭示研究对象之间的本质关系;也可以包含多个逻辑中介,以"长链条"的方式阐释研究对象之间的本质关系以及形成这种关系的作用过程。

3. 逻辑终点

逻辑终点是思维展开的暂时终点,也是逻辑链条的末端。从内容上看,逻辑终点可以是某一结论性判断,也可以是具有许多规定的丰富的总体。

(二) 逻辑链条的表现形式

借助于逻辑公式,可以将逻辑链条更为清晰地表现出来。若一条逻辑链条仅包含一个逻辑中介,其形式可表达为:$S \rightarrow M \rightarrow E$②,例如:生产力决定生产关系;如果一条逻辑链条包含两个或两个以上逻辑中介,其形式可表达为:$S \rightarrow M_1 \rightarrow M_2 \rightarrow \cdots\cdots M_n \rightarrow E$,例如:实行按劳分配的分配方式,有利于调动劳动者的积极性和创造性,激励劳动者努力学习科学技术、提高劳动技能,促进社会生产的发展。通常来说,逻辑中介的数量越多,逻辑链条越为复杂。

(三) 逻辑链条的建构原则

逻辑链条的建构必须遵循一定的原则,满足特定的关联和条件。杜威曾对逻辑链条有过精彩描述:"反省的思维不只是包含连续的观念,而且包含着它的结

① 李衍华.言语链与逻辑链[J].人文杂志,1987(2):28.
② 在这一逻辑公式中,"S"代表逻辑起点,"M"代表逻辑中介,"E"代表逻辑终点,"→"代表联结词。

果——一种连续的次第,前者决定后者,后者是前者的正当的结果,受前者的制约,或者说,后者参照前者,反省思维的各个连续的部分相因而生,相辅相成,它们之间来往有序而非混杂共存……事件的连续流动构成为思想的一系列的链条。"①由此,可以推论出建构逻辑链条应当满足的三项基本原则。

1. 同一性

在同一思维过程中,使用的概念和判断必须是明确而一致的。因此,在建构逻辑链条时必须在同一知识体系内选取概念或理论作为逻辑中介,不能偷换概念、模糊理论;逻辑链条的阐述与表达应当围绕同一个判断予以展开,不能存在矛盾冲突或不一致的情形。

2. 因果性

逻辑链条是以思维网络下各信息之间的因果联系为契机而形成的,构成逻辑链条的各个要件之间必须满足先行后续及引起与被引起的条件。换言之,位于逻辑链条前序的要件作为原因决定后序的要件;后序的要件既作为结果受制于前序要件,又作为原因对其后的要件产生决定作用。

3. 连贯性

思维的推演应当是连贯、完整的,这就要求建构逻辑链条时关注各要件的内在序列,"将要表达的信息按照大小、多少、高低、轻重、远近等不同程度逐层有序地排列"②,使构成逻辑链条的各个要件层层递进,要件之间没有缺失、没有错位、连贯有序。

(四) 中学政治课中逻辑链条的建构与应用

建构逻辑链条的实质即在于解释现象、论证结论。在中学政治课中,这一学习行为可与"解释与论证"的学科基本学习任务结合起来,通过多种形式在课堂教学与试题练习中实现应用。

1. 课堂教学中的应用

课堂教学中,教师可结合材料与情境,通过提问或追问等方式,引导学生以口

---

① [美]约翰·杜威.我们怎样思维·经验与教育[M].姜文闵,译.北京:人民教育出版社,2005:12.
② 官炳才."逻辑链"打通材料作文审题立意通道[J].语文教学与研究,2019(10):103.

头回答或绘制逻辑线索图的形式完成逻辑链条的建构。根据逻辑链条缺失要件及建构方向的不同,其在课堂教学中的应用大致可分为三类:

(1)已知逻辑起点、逻辑终点,要求学生补足逻辑中介,建构逻辑链条。例如,教师提供1978年以来某村探索农村集体经济发展做法的探究材料,请学生"结合材料,谈谈坚持和完善公有制经济是如何促进该村生产力发展和共同富裕的"。

(2)已知逻辑起点,要求学生根据问题指向,延伸链条,找寻逻辑中介、逻辑终点,明确问题的发生、发展及其影响。例如,教师提问"实行按劳分配、多种分配方式并存的分配制度有何意义"。

(3)已知逻辑终点,要求学生从确定的逻辑终点出发,逆向推导找寻逻辑中介、逻辑起点,找到问题的根源。例如,教师提问"原始社会为何灭亡、奴隶社会是如何产生形成的"。

2. 试题练习中的应用

等级考试题中,对于学生"解释与论证"能力的考察频率较高,题型式样也较为多样,涵盖了选择题、材料题、论述题等。就其考察内容及设问方式来看,主要可分为三类:

(1)根据给出的各逻辑链条要件,理顺前后次序,建构逻辑链条。例如,"习近平在全国抗击新冠肺炎疫情表彰大会上的讲话中指出……基于这一主旨,按照正确的逻辑顺序对下列材料排序……"[1]

(2)根据已知的逻辑起点,合理推导,分析影响,建构逻辑链条。例如,"……对该政策影响我国经济的传导路径理解正确的是……"[2]

(3)根据给定的逻辑起点、逻辑终点,结合材料,补足逻辑中介,论证其内在关联。例如"结合材料,从经济发展方式和宏观调控的角度,论述浦东进入高质量发展阶段。"[3]

---

[1] 本试题来源:上海市浦东新区2020学年度第一学期期末教学质量检测,高三政治试卷,第6题。
[2] 本试题来源:上海市浦东新区2020学年度第一学期期末教学质量检测,高三政治试卷,第8题。
[3] 本试题来源:2020年上海市普通高中学业水平等级性考试,思想政治,第22题。

二、 中学思想政治课中建构逻辑链条学习行为的价值指向

在新课程标准、新教材推行的背景下，如何有效推进课堂教学、落实教学目标、培育学科核心素养等问题被摆在了重要位置，建构逻辑链条学习行为的价值意义也因此愈发突出。

（一）指向课程标准的应然追求

《普通高中思想政治课程标准》中指出，思想政治学科应当"通过一系列活动及其结构化设计"，构建"学科逻辑与实践逻辑、理论知识与生活关切相结合的活动型学科课程"。其中，教师"围绕议题展开的活动设计，包括提示学生思考问题的情境、运用资料的方法、共同探究的策略，并提供表达和解释的机会"。① 建构逻辑链条的学习行为重点关注学生在具体情境中运用学科知识分析问题、阐明观点时的科学性、逻辑性与条理性，高度适应了这一活动设计要求，成为有效推进议题式教学、高效达成学科任务、构建完备知识体系的关键环节。

（二）指向学科核心素养的培育方向

学科核心素养是学科育人价值的集中体现。思想政治学科的核心素养主要包括政治认同、科学精神、法治意识和公共参与，四个方面相互交融、相互依存，构成了一个有机整体。建构逻辑链条的学习行为强调运用科学的思维方法解释问题、论证观点，为学生正确观察和理解社会现实、处理学习和生活中遇到的问题奠定了基础。这一学习行为的达成对于培育科学精神、增进政治认同、培养"有信仰""有思想""有尊严"的中学生有着重要意义。

另一方面，"核心素养作为人的内在品质和能力，不可直接观测和度量，但它会通过各种具体任务的执行，外显为行为表现特征，从而借助这些行为表现评价思想政治学科核心素养发展水平"②。通过观察学生建构逻辑链条的学习行为，也可为衡量学科核心素养达成情况、明确培育方向提供有力依据。

---

① 中华人民共和国教育部.普通高中思想政治课程标准[S].北京：人民教育出版社,2020：43.
② 中华人民共和国教育部.普通高中思想政治课程标准[S].北京：人民教育出版社,2020：49.

（三）指向关键能力与必备品格的发展要求

"逻辑链是思维的痕迹，也是思维的表现形式"，在思维场域中，"逻辑链就是思维链，它承载着连接、引导和规范'微思维'的重任"。[①] 通过建构逻辑链条的学习行为训练，学生可以进一步提升从抽象上升到具体的辩证思维能力，并不断完善以因果关系链条为载体的思维网络，促进学科关键能力与必备品格的持续发展。

三、 观察与评价： 中学政治课中学生建构逻辑链条学习行为的既有表现

学生的学习行为表现"是在任务完成过程中展现出来的"[②]。在完成"解释与论证"这一基本学科任务的过程中，学生置身于特定的情境，需要运用相应的学科知识解释现象、论证结论。这样一来，其内在、隐性、复杂的思维活动便通过建构逻辑链条的学习行为转化为有一定逻辑与内涵的言语表达结果，具备了观测和评价的可能。而要正确评估这一学习行为背后所蕴含的学科素养及学习能力的水平，则需要教师在评价过程中，"关注学生在结论与根据之间的因果论证，结合思维的逻辑性、表达的准确性等方面作出判定"[③]。

（一）学生建构逻辑链条学习行为的评价维度与水平分级

根据《普通高中思想政治课程标准》中对于教学评价的实施建议，教师在评价中"应关注学科核心素养的行为表现，采用'求同'取向与'求异'取向相结合的验证思路"。这意味着，在对学生建构逻辑链条学习行为的评价中，教师应当设置统一标准、关注特定维度上学生行为的表现及水平，而不限定标准答案、局限学生的思维方式与思维内容；教师应当在以基本观点为统一标准的评价前提下，鼓励学生运用相关学科知识和技能，基于不同经验、切入不同视角、利用不同素材，表达不同见解、提出不同思路。

---

① 王仕杰.解构与建构：教学思维场的哲学审视[J].中国教育科学,2020(3)：77.
② 中华人民共和国教育部.普通高中思想政治课程标准(2017 年版 2020 年修订)[S].北京：人民教育出版社,2020：50.
③ 中华人民共和国教育部.普通高中思想政治课程标准(2017 年版 2020 年修订)[S].北京：人民教育出版社,2020：46.

那么如何确定合理的评价标准呢？根据逻辑链条的表现形式与建构原则，结合思维活动的基本特征，参照《普通高中思想政治课程标准》中对学生在学习活动中行为表现的评价维度与等级划定方式、等级性考试相关试题的评分标准与细则要求，可尝试将学生建构逻辑链条的学习行为表现纳入下述编制的评价体系之中：

表2-2-1 学生建构逻辑链条学习行为的评价体系

维度	水平及描述			
	水平一	水平二	水平三	水平四
逻辑起点与逻辑终点的识别与判定	经过教师的指点后能够正确识别与判定逻辑起点、逻辑终点	能够根据情境材料及设问，正确识别与判定逻辑起点、逻辑终点	能够根据情境材料及设问，正确识别与判定逻辑起点、逻辑终点，并能将逻辑起点或逻辑终点与具体情境结合起来进行合理解读	能够根据情境材料及设问，正确识别与判定逻辑起点、逻辑终点，并能将逻辑起点和逻辑终点与具体情境结合起来进行合理解读，实现从抽象到具体的转化
逻辑中介的数量及其层次关系	逻辑链条中包含1个逻辑中介；该逻辑中介能够将逻辑起点与逻辑终点正确联结起来	逻辑链条中包含1个逻辑中介；该逻辑中介能够将逻辑起点与逻辑终点正确联结起来，建构起由逻辑起点出发指向逻辑终点的逻辑链条，逻辑链条显现出一定的层递关系	逻辑链条中包含2个或2个以上逻辑中介；这些逻辑中介能够将逻辑起点与逻辑终点正确联结起来，建构由逻辑起点出发指向逻辑终点的逻辑链条；部分逻辑中介之间层递性不强，存在并列甚至倒置的情形	逻辑链条中包含2个或2个以上逻辑中介；这些逻辑中介能够将逻辑起点与逻辑终点正确联结起来，建构起由逻辑起点出发指向逻辑终点的逻辑链条；各逻辑中介之间层递性强
逻辑链条内在的因果性	逻辑起点、逻辑中介、逻辑终点之间不存在正确的因果关联，或建立起的逻辑链条不符合设问要求	逻辑起点、逻辑中介、逻辑终点之间存在间接的因果关联，各部分关联度较弱；部分逻辑要件间存在因果颠倒的情形	逻辑起点、逻辑中介、逻辑终点之间存在直接的因果关联，部分逻辑环节之间因果联系弱	逻辑起点、逻辑中介、逻辑终点之间存在正确的因果关联，各逻辑环节之间因果联系强

维度	水平及描述			
	水平一	水平二	水平三	水平四
逻辑链条的同一性	逻辑链条不能够围绕同一判断展开,部分逻辑中介与逻辑链条的核心判断相悖	逻辑链条能够基本围绕同一判断展开,部分逻辑中介与逻辑链条的核心判断关联度不强,存在无效逻辑中介	逻辑链条能够围绕同一判断展开,各逻辑中介与逻辑链条的核心判断关联度较强	逻辑链条能够围绕同一判断展开,各逻辑中介与逻辑链条的核心判断关联度强,逻辑高度自洽,不存在无效逻辑中介
学科知识运用的准确性	能够理解逻辑起点与逻辑终点之间的部分内在逻辑,但缺乏学科知识支撑,无法准确阐述,表述有明显错误	能够运用部分学科知识,阐述逻辑起点与逻辑终点之间的部分内在逻辑,表述欠规范	能够结合特定的情境,准确地运用学科知识,阐述逻辑起点与逻辑终点之间大部分的内在逻辑	能够结合特定的情境,准确地运用学科知识,完整阐述逻辑起点与逻辑终点之间的内在逻辑,表述规范
逻辑链条表述的连贯性与流畅性	逻辑链条中缺少逻辑起点或逻辑终点,逻辑链条不完整;逻辑中介单一,且与逻辑起点、逻辑终点无明确关联,逻辑链条断裂	逻辑链条中包含逻辑起点和逻辑终点,逻辑链条完整;逻辑中介单一,缺少关键逻辑中介,逻辑链条不连贯	逻辑链条中包含逻辑起点和逻辑终点,逻辑链条完整;逻辑中介中包含关键逻辑中介,逻辑链条较连贯;部分非关键逻辑环节缺失,逻辑链条细节处单薄,整体较流畅	逻辑链条中包含逻辑起点和逻辑终点,逻辑链条完整;逻辑中介丰富,包含关键逻辑中介,逻辑链条连贯;各逻辑中介联系紧密,逻辑链条流畅

(二) 中学政治课中学生建构逻辑链条学习行为的能力水平

对照上述评价体系,对中学政治课程中学生建构逻辑链条的学习行为进行评估,可以发现:就个体而言,同一个体在该学习行为不同维度上的水平能力并不均衡,影响了个体综合能力的提升;就整体而言,学生建构逻辑链条学习行为的能力水平大多集中在水平二、水平三的层次,有待进一步提高。并且,不同学生个体之间也存在着一定的能力水平差异。

逻辑链条作为思维链条的外显载体,与思维活动的能力水平密切相关。从学生逻辑链条的建构过程与建构结果来看,学生的学习行为表现亦反映出思维领域的若干问题。

1. 逻辑链条不完整、不连贯，思维"碎片化"

部分学生在分析问题时缺乏主动建构逻辑链条的自觉意识，经常忽略逻辑起点或逻辑终点，造成逻辑链条的基本要件缺失和内在关联断裂。这不仅影响逻辑链条的完整性、连贯性，阻碍了思维逻辑的有效推进，也使得表达结果不严谨、不规范，反映出思维层面"碎片化"的特征和语言表达中的过度随意性。例如，在面对"原始社会为何最终走向解体"的课堂提问时，部分学生会以"生产力水平提高""贫富分化""出现阶级斗争"等短语、短句进行回答，缺乏对问题原因的系统分析，没有能够建构起完整、连贯的逻辑链条。

2. 逻辑链条层次混乱、因果倒置，思维品质不高

部分学生在建构逻辑链条时无法正确把握各要件之间的因果关联，出现原因或结果推导错误、因果倒置、逻辑起点与逻辑终点混淆、逻辑中介之间次序混乱等问题，使得逻辑链条松散、逻辑性弱，反映出学生思维逻辑水平欠佳、思维品质不高的"短板"。例如，在分析市场的运作机制时，面对"一般情况下，价格上升会对供求产生怎样的影响"的问题，有不少同学得出了"一般情况下，价格上升会导致需求下降及供给下降"的结论，未能正确把握价格机制的运作逻辑，使得逻辑链条缺乏科学性。

3. 逻辑链条单薄，逻辑中介缺失，缺乏深度思维能力

一方面，学生在建构逻辑链条的过程中使用的逻辑中介数量大多较少，逻辑链条往往表现为"短链条"的形式，逻辑链条单薄，思维活动中一知半解、不求甚解的情况较为普遍。例如，在分析消费的作用与意义时，有同学提出"促进消费能够拉动经济增长"的观点，但无法解释消费的这一作用具体是如何实现的，缺乏对问题原因的深入思考。

另一方面，学生在解释现象、论证结论时，会遗漏部分逻辑环节，甚至缺失关键的逻辑中介。这就削弱了逻辑链条的内在关联，影响了逻辑链条的逻辑性和层递性，阻碍了思维逻辑的有序展开，反映出思维"跳跃性"过强、思维深度不足的缺陷。例如，浦东新区2019学年度第一学期期末教学质量检测试卷中的论述题以"中欧班列谱写丝路新传奇"为背景材料，要求学生"结合材料，从资源配置和劳动就业的角度，论述开通中欧班列有助于实现人民福祉"。部分同学以"开通中欧班

列有利于促进对外开放,推动相关产业发展,从而有利于实现人民福祉"为逻辑线索加以分析,没有把握住"产业发展"有助于"增加就业"、进而有利于"增加人民收入"的关键作用,未能理顺"产业发展"与"实现人民福祉"之间的内在关联,削弱了逻辑链条的论证力度。

4. **无法建立起知识与情境的有效关联,思维固化**

面对较为抽象的思维问题,部分学生无法准确理解设问的内容与要求,无法将抽象问题回归到具象的情景材料中,也无法建立起抽象问题与学科知识之间的必要关联。这部分学生在思考的过程中常常囿于固化的思维路径,无法突破既定思维的局限,在建构逻辑链条时失去目标、迷失方向。例如,浦东新区 2020 学年度第一学期期末教学质量检测试卷中的论述题以"RCEP 来了!"为背景材料,要求学生"结合材料,运用构建开放型经济新体制和转变经济发展方式的相关知识,阐述加入 RCEP 将为我国经济发展注入新动力"。部分同学对于"为我国经济发展注入新动力"的理解较为局限,难以从不同视角进行思考,阻碍了逻辑链条的有效建构。

四、 解构与反思: 中学政治课中学生建构逻辑链条学习行为的改进与提升

发现问题、分析问题、解决问题,这是科学研究的基本逻辑,也是达成改进、实现提升的核心要义。从这个角度出发,要增强学生建构逻辑链条学习行为的能力水平,必须从现有的问题与不足出发,在解构中透视原因,在反思中探寻对策。

(一)影响学生建构逻辑链条学习行为能力水平的因素分析

学生的学习行为是在特定环境中由师生共同作用的结果。影响学生建构逻辑链条学习行为能力水平的因素中既包含学生自身的内在因素,也包含教师行为的外在因素。

1. **学生自身的内在因素**
一方面,学生既有的思维习惯直接影响着逻辑链条的建构方式,其自身的信

息提取能力、语言表达能力与逻辑思维水平等也在很大程度上决定了所建构逻辑链条的逻辑性与连贯性。另一方面,学生对学科知识的掌握和理解程度与逻辑链条的准确性、科学性、规范性等高度相关,缺乏学科知识支撑或对学科知识把握错误会导致逻辑链条单薄、缺乏理论依据,导致环节缺失、内容空洞,甚至导致因果倒置、逻辑链条断裂。除此之外,学生在学科学习过程中所展现出的学习态度、参与程度与学习动力等也会对建构逻辑链条的学习行为产生一定的影响。部分同学在课程学习中由于态度不端、动力不足、缺乏探究精神等问题而影响了学习行为的水平,在学习活动中往往表现为"懒"于思考,或是仅仅满足于问题结论的获得而忽视了分析与论证的过程。

2. 教师行为的外部影响

积极有效的教师教学行为可以激发学生的学习兴趣、调动学生的参与积极性,并能够通过开展恰如其分的学习活动帮助学生更好地理解基本概念与原理,把握问题的内在关联,形成对正确价值取向和价值观念的认同。

从这个意义上看,教学情境的设置、问题的提出与引导、教师课堂教学的形式等因素都会对学生建构逻辑链条学习行为的水平产生影响。这首先是因为,教师所创设的教学情境是否"生活化"、内容是否详实、信息是否明确等问题,直接影响着学生对有效信息的提取筛选、对内容关联的理解把握以及对问题实质的分析判断,进而影响逻辑链条的建构过程与建构结果。其次,建构逻辑链条学习行为的本质即在于解释问题、论证结论,该行为的发生、发展都是以"提出问题"为前提的。作为催生建构逻辑链条学习行为的重要学习场景,教师的提问是否清晰、指向是否明确、难度是否合适、必要的提示引导是否到位、对学生作答的预设是否充分、有无连贯的问题链等,都会影响学生的思维逻辑和思维深度,进而影响逻辑链条的逻辑性和连贯性。第三,教师在课堂中是否给予学生充分表达的机会、是否鼓励学生从多个角度理解和分析问题也起着重要的影响作用。在"一言堂""满堂灌"的以教师为主体的课堂中,学生缺乏畅通的表达渠道,无法脱离教师给定的思维模式独立建构逻辑链条;部分学生还会受制于教师给定的"标准答案",陷入固化的思维路径,丧失了思维活力,这就会阻碍逻辑链条的多样性。最后,教师的教学行为在很大程度上对学生的学习行为起着示范作用,其言行、表达习惯等常常成为学生的模仿对象。教师在课堂讲授、课外辅导等过程中是否能够有逻辑地对课程知识、议题内容、情景问题等加以阐释，也影响着学生思维活动与语言表达的逻辑性。

(二) 中学政治课中教师教学行为的一般表现与改进策略

教师的教学行为与学生的学习行为之间有着密切的联系，要提升学习行为的水平，应当从现有的实际出发，首先着眼于改进教师行为，努力突显教师行为对学生行为的积极效用。据此，反思现阶段中学政治课中教师教学行为的一般表现，可以发现以下几项不足和问题。

1. 教师的主导作用过强，学生参与度较低

在课堂教学中，部分教师仍然习惯于传统的讲授模式，将教师的讲解作为课堂教学最主要的推进方式。具体表现为，一方面，在一些抽象概念、原理的学习中，教师更倾向于采取"灌输式"的讲授方式，而未给予学生充分参与和表达的机会，使得学生习惯于被动接受而非主动思考，从而逐渐失去独立思考、深入探究的意识与能力，思维活力减弱；另一方面，在涉及概念之间逻辑关系或某些社会生活实际问题的学习时，教师或未给予足够的重视，"一笔带过"，或用自己的讲解分析替代学生个体的自主逻辑推导，剥夺了学生的逻辑思维训练机会，使学生的思维水平停滞不前。

2. 课堂提问质量不高，未对学生提供必要引导

在课堂提问中，部分教师所提问题质量欠佳，具体表现为：

（1）问题表述不清晰、指向不明确，给学生的分析和理解制造了不必要的障碍；

（2）问题过于简单，缺乏思考难度，不具备建构逻辑链条的基础；

（3）问题难度过大，超越了学生既有的能力水平和知识范围，而教师又未能给出有效的指导和提示；

（4）对课堂中即时生成的学生作答预判不足，无法根据实际情况及时采取启发、提示、追问、补充发问等行动；

（5）问题孤立、单一，未能形成有逻辑的问题链，对学生思维活动的导向作用不明显，削弱了教师行为对学生建构逻辑链条学习行为的正面影响和示范作用。

3. 未能创设恰当的探究情境，对学情认识不足

部分教师在教学过程中未设置探究情境，仅围绕知识进行讲解，造成了学科知识与社会生活实际的"断层"；部分教师设置的探究情境与学情不相匹配，或是过于简单、直接，缺乏足够的思辨价值，或是过于复杂、庞大，学生难以在短时间内消化吸收。

在这些不足与问题的背后，折射出的是教师在教学思维乃至评价模式中的局限性。要破解这些困境，必须更新教育教学理念，坚持以学生为中心的原则，在关注学科任务达成情况的同时，积极探索各类鼓励学生自主表达、调动学生积极参与、促进学生深度思考的途径和方法，鼓励学生自主学习、合作学习和探究学习。必须立足学情，增强教育教学本领，通过改进提问、优化情境、加强引导等方式，提升教学效果。必须完善教学目标，整合知识与技能、过程与方法、情感态度价值观，聚焦学生思想政治学科核心素养的发展。必须革新评价模式，将过程性评价与终结性评价结合起来，关注增值性评价，着重评估学生在解决问题过程中能力的变化与提升及其解决情境化问题的过程与结果。而这些要求都无一例外的指向了活动型课程。

五、 重构与实践：搭建活动型课程助力中学政治课学生学习行为升级

（一）基于活动型课程的中学政治课教师教学行为

活动型课程强调将学科逻辑与实践逻辑、理论知识与生活关切紧密结合起来，努力实现"课程内容活动化""活动内容课程化"。在其实施过程中，教师应当选取既包含学科课程具体内容、又能够展示价值观判断基本观点的议题，并围绕议题、明确目标、理清线索、统筹知识，立足学情，开展活动设计，创设丰富多彩的教学情境，为学生提供表达和解释的机会。

具体来说，教师在活动型课程中的教学行为及其行动逻辑可在下述教学案例中窥见一斑。

《思想政治·经济与社会（必修2）》（人民教育出版社，2020年7月第2版）第一单元"生产资料所有制与经济体制"共设置了两课内容，其中，第一课《我国的生

产资料所有制》阐述了我国基本经济制度的内涵及坚持和完善我国社会主义基本经济制度的相关内容。在讲授该课第二框"坚持'两个毫不动摇'"的内容时,笔者结合课程标准要求、教材内容及学情实际,确定以"为什么要坚持'两个毫不动摇'"为议题探究我国社会主义经济制度的优越性,并在此议题之下分设了"发展壮大农村集体经济有何意义"等若干分议题。

在推进这一分议题时,笔者选取了某村通过实施多种多样的经营方式,壮大农村集体经济,促进村民实现共同富裕的案例,将学科理论知识的学习与社会生活中的真实场景有机融合起来,引导学生在教师所创设的真实、丰富的社会情境中思考和分析问题。

考虑到农村、农民、集体经济等问题与学生的日常生活有一定的距离,加之农村集体经济经营方式的相关内容又比较抽象、高一学生在理解和把握上存在一定困难,笔者没有采用长篇的文本材料,而是采取了更为直观、具体、生动的视频素材作为载体。这也可以起到激发学生兴趣、调动学生思维的作用。

在播放视频之前,教师首先就学习任务作简要说明:"请同学们观看视频并思考:发展壮大农村集体经济是如何促进实现共同富裕的?"引导学生带着问题观看视频,激活学生思维;学生在观看了视频《河北晋州:抱团发展梨果产业　合作社带动农民增收》[①]后,教师对学习任务的内容及要求作进一步补充说明:"请同学们根据视频内容,通过绘制逻辑线索图的形式,分析说明发展壮大农村集体经济是如何促进共同富裕的。"进一步明晰学习任务。学生完成学习任务的过程中,教师巡视,并适时地通过提问、追问的方式对学生进行指导。

学生完成学习任务后,教师将有代表性的作业作品向班级同学展示,并请相应作者简要阐述其所建构的逻辑链条,重点说明背后的逻辑生成过程;接下来,班级同学可就此进行评论,提出补充或修改建议;最后,由教师对学生作品进行点评,总结归纳建构逻辑链条时的一般思维方法,并结合学习任务引导学生认识和理解社会主义经济制度的优越性。

---

① 本视频节选剪辑自中央电视台新闻频道《朝闻天下》栏目,视频播出时间为 2020 年 8 月 17 日.

（二）活动型课程模式下中学政治课中学生建构逻辑链条学习行为的能力水平

在上述教学案例中，学生建构逻辑链条的学习行为有如下表现：

1. 绝大部分同学在绘制逻辑线索图时，会将"发展壮大农村集体经济"放置在链条的开端，将"促进共同富裕"放在链条的末端，说明绝大部分学生能够根据视频内容及设问要求，正确识别和判断逻辑起点、逻辑终点。

2. 绝大部分同学能够将发展农业合作社等农村集体经济经营方式与"发展壮大农村集体经济"这一逻辑起点有机关联系起来，具备了将抽象问题与具体现实相结合的思维能力。

3. 大部分同学能够结合视频中关于农业合作社经营运作方式的具体介绍，总结概括出农业合作社在提供专业技术指导、促进产品增收、集中生产形成规模、统一收购保障稳定销路、提供新工作岗位、促进产业规模化扩张及标准化生产、提高产品附加值、延长产业链等方面的 1—2 个作用，并将其作为逻辑中介，以正确的因果次序放置于逻辑起点与逻辑终点之间。这说明大部分同学能够结合情境把握逻辑起点和逻辑终点的内在关联，有意识地关注逻辑链条核心判断的同一性，并能够关注各要件之间的先后次序及作用关系。部分同学能够概括出 3 个或 3 个以上的作用，但在各逻辑中介的先后顺序问题上比较犹豫，反映出逻辑链条还不够严谨、学生的深度思维能力还有所欠缺。

4. 大多数同学能够建立起一条较完整的逻辑线索，并简要阐明理由；部分同学能够建立起两条较完整的、不同的逻辑线索，并阐明理由及思考过程；个别同学能够结合材料，将农业合作社的作用概括为"促进生产"与"促进销售"两个维度，并能从这两个不同维度分别建立起多条不同的逻辑线索，思路清晰、逻辑严密。

5. 在逻辑中介的选取上，大部分同学的逻辑链条中含有关键逻辑线索，部分同学逻辑环节跳跃跨度较大，逻辑线索的连贯性不强。

6. 个别同学还能够对他人的逻辑线索图提出精准的评价和有效的改进意见。

总体来看，在活动型课程下，学生建构逻辑链条学习行为的能力水平有了较大提升。学生的学习行为在各观测维度上的表现更加均衡，逻辑断裂、逻辑混乱等情形较少出现，无效链条、要件缺失等情形鲜少可见，逻辑链条过于单薄的问题明显减少,思维逻辑的综合表现亦有所改观。

实践证明,通过构建以培育思想政治学科核心素养为主导的活动型学科课程,可以优化和改进教师的教学行为,促进学生学习行为能力水平不断提升,推动学科核心素养的有效落实。

(上海市浦东复旦附中分校　许文超)

第三章

预测与选择：可以怎么做

第一节　问题预测

"双新"课改背景下,如何提升学生的思维品质,通过思维品质的提升助力学生学习行为的转变? 笔者认为,在高中思想政治课中通过设计预测(推测)的情境问题有利于激发学生的思维力,有助于学生学习行为的转变,实现学生学习行为的良性发展。

"人生最终的价值在于觉醒和思考的能力,而不只在于生存。"这是伟大的哲学家柏拉图给予人类的建议和提醒。觉醒和思考对于每个人的一生意义之重大,培养学生的觉醒力和思考力也是教育工作者的使命和担当。作为教师如何利用课堂的主阵地激发学生的觉醒力和思考力,让有思想的"芦苇"绽放,从而实现对个人、社会、国家、世界,乃至人类社会都产生重大的价值,这是值得每一位教师思考的命题。思想政治课作为一门落实立德树人根本任务的关键课程,教师如何把社会大课堂的情境植入到思政小课堂中,激发学生对人类社会的思考,做到学思用贯通、知信行统一,实现引导学生立鸿鹄志、做奋斗者,真正成为对社会有责任、有担当的有志青年,这是要下力气探究的。要实现思想政治课这一价值目的,需要在课堂中有唤醒和点燃学生热情的情境任务驱动,通过良好的课堂任务驱动引导学生发现问题、思考问题、分析问题和解决问题,从而实现助推思政课改革创新,使学生在独立思考和思维碰撞的学习活动中实现立德树人和思维品质的双重收获,给学生一生的发展留下坚实亮丽的底色。

思想政治课要想设计出有高度、有深度、有宽度、有温度、有力度的情境任务驱动,实现吸引学生积极参与课堂继而达到唤醒学生、铸魂育人、激发学生的思维力,问题预测(推测)的任务驱动是一个可以收到良好效果的实践探索。

在思想政治课中问题预测(推测)是什么模式? 以 2017 年上海思想政治课高

考试题①为例,如下:

晨曦中、暮色里的跑步者,成为城市一幅流动的画卷,他们中不乏马拉松运动爱好者。

（万）　2011—2016年我国马拉松赛事相关统计

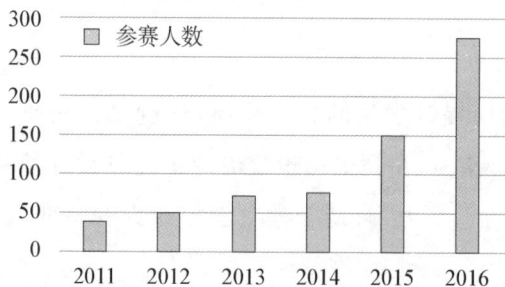

补充资料:2015年和2016年的主办城市分别为79个，133个。

问题:马拉松赛事可以带动旅游等产业。未来几年我国人均 GDP 将进一步提高,结合材料,运用生产与消费关系的相关知识预测我国马拉松赛事参赛人数、主办城市数量的变化趋势并简要说明理由。

这道题目从真实、现实的马拉松情境出发,同时运用生产与消费的关系原理进行问题预测(推测),使得问题的预测(推测)有了科学的方向性,同时对理由的合理说明对于培养学生的科学逻辑思维有重要的价值引领。这道高考试题也给了我另一种思考:如果从人民对美好生活的向往即从生活水平和生活质量的角度做预测(推测)会有怎样的现实意义。然而针对在 2021 年甘肃举办马拉松赛事突遇极端天气造成的惨痛事实,我在思政课堂中又做了新的尝试:预测未来城市举办马拉松赛事的积极性和市民的参赛热情并说明理由。这是在原有问题预测的基础上依据新情境新变化做出的一个新突破,通过这样一系列问题预测链有利于培育学生思维的活力和张力。

这样的命题模式给了我莫大的启示:一节课完整的教学设计和教学任务包括主题、情境和问题的任务驱动等,通过对几者的融合达到引领学生德和思的融合,

────────────

① 2017 年上海高中思想政治高考试卷。

而通过有价值有意义的问题预测(推测)的任务驱动能够落实思政学科的核心素养,培育科学精神,提升思维品质。

一、 对问题预测的理解

所谓预测,即预先测定或推测。雅各布·伯努利(1654—1705)创立的预测学[①],目的在于减少人类生活各个方面由于不确定性导致错误决策所产生的风险。20世纪50年代以来,预测学渐渐地形成了一门独立的学科,国内外各部门、各行业不断应用各种预测理论和方法来进行社会预测、经济预测、科学预测、技术预测、军事预测等。在我国高中课程教学中,并没有预测学这门课程,然而问题的预测(推测)即从已知预测(推测)已知或从已知预测(推测)未知,这是一条坚持马克思主义科学的辩证唯物主义和历史唯物主义生动实践的路径,是归纳与演绎相结合的科学思维体现。在预测(推测)的过程中坚持从客观存在的事实、规律出发,坚持实事求是,在这一基础上反映了思维对客观物质的认识即追求真理的过程。把科学唯物论和认识论有机结合的高阶思维课堂模式有利于培养学生的思维能力和思维品质,从而激发学生对宇宙世界和人类社会的探索热情。

基于此,在高中思政课堂的实践中,我通过问题的任务驱动引导学生进行预测(推测),发挥了学生的主体参与意识,创新了课堂模式,激发了课堂活力,促进了学生的觉醒和思考,有利于培养学生独立的思维品质和思维素养。

在高中学科教学中,思想政治课作为一门相对比较综合的学科,既有《中国特色社会主义》《经济与生活》《政治与法治》《哲学与文化》,还包括《当代国际政治与经济》《法律与生活》《逻辑与思维》。如《中国特色社会主义》作为高中思想政治课的核心和灵魂,旨在引领学生认清中国从哪里来,现在在哪里,未来将向哪里去。在课堂的教学实践中,教师的职责是引领学生坚定中国特色社会主义的道路选择,牢牢心系祖国的命运,帮助学生树立为共产主义远大理想和中国特色社会主

---

① [美]Victor J. katz.数学史通论[M].李文林等,译.北京:高等教育出版社,2004.

义共同理想而奋斗的信念。在课堂教学设计中可依据中国特色社会主义进入新时代，引导学生在历史逻辑中预测中国在经济、政治、文化、社会和生态领域等的发展趋势。在这一问题预测的任务驱动中增强学生对中国特色社会主义道路、理论、制度和文化自信，达到情感和政治的认同，最终引导学生成长为具有担当中华民族伟大复兴大任的时代新人。

（一）高中思政课进行问题预测的实施路径

怀特和冈斯通于1992年正式提出POE教学策略[①]，POE是predict（预测）、observe（观察）和explain（解释）这三个英文首字母的组合。POE教学策略是由探究学生理解科学的研究方法演化而来的、建立在"观察渗透"理论哲学观念和建构主义、前概念、概念转变等教育理论基础上提出的一种新型演示策略。POE策略的基本程序是：首先设计某一情景，让学生根据自己已有的知识"预测"会有何结果或者现象发生；接着通过实际操作让学生"观察"有何结果或者现象发生，并记录观察结果；如果与预测的不一样，让学生"解释"原因或理由。课堂中通过给学生提供预测任务单从而实现预测任务，任务单包括（1）预测结果；（2）提供理由（权衡多面）；（3）得出结论。见下图：

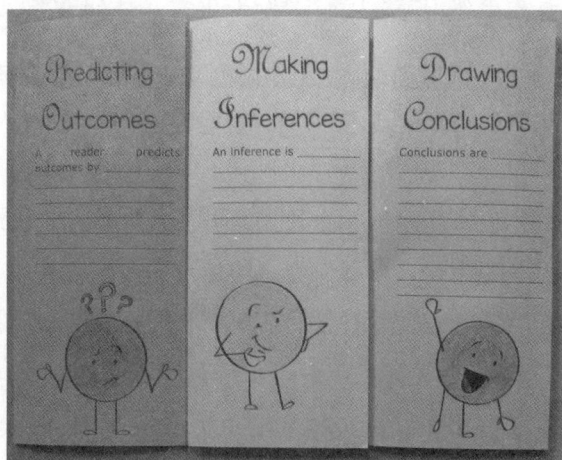

图 3-1-1 任务单

---

① 梁彦庆.实施POE教学策略，培养地理实践素养[J].地理教育，2020(12).

这一教学策略为问题预测(推测)的教学设计和教学实施提供了方法论的指导。在具体实际使用中,有一些预测的结果是可以通过数据或者事实结果检测其预测(推测)的合理性的,当然有些对未知的预测需要随着时代的变化发展接受实践的检验。

(二) 问题预测(推测)在高中思想政治学科评价中的地位

"双新"背景下,随着新课程新教材的推进,思想政治学科坚持学科核心素养导向下教、学、评一体化。在评价的环节中,无论是改革前还是改革后,对问题预测(推测)的能力要求从未改变。在高中思想政治学科的学业水平考试和选拔性等级考试中,对高中生的要求之一如下:综合运用所学内容,预测问题情境所反映社会现象的发展趋势、可能结果并说明理由。这一评价机制给高中思想政治课教师的重大启示就是在课堂教学实践中善于注重培养学生的问题预测(推测)能力,通过对学生的能力培养实现立德铸魂和思维养成的有机统一。

(三) 高中思想政治课通过问题的任务驱动进行预测(推测)的价值意义

1. 实现立德树人的价值意义

高中思想政治课最大的价值意义是实现立德树人,帮助青年学生扣好人生的第一粒纽扣。在课堂实施中,通过问题预测(推测),激发学生参与课堂,把枯燥的理论知识通过问题预测(推测)从而使课堂鲜活、立体起来。在思想政治学科统编教材中的选择性必修1《中国的外交》这一课中,"独立自主的和平外交政策"这一主题是高中思政课教学的重点和难点。如何突破这一重点和难点,实现育人目标,我进行了如下的问题预测驱动:

表 3-1-1　问题预测驱动

主题	育人任务	情境选取	问题预测任务驱动
独立自主的和平外交政策	实现帮助学生了解我国外交政策的发展历程;明确我国奉行独立自主和平外交政策的立场;阐述我国对外活动中坚持独立自主的原则。通过这一课程内容的学习帮助学生认识、了解和认同我国独立自主的和平外交政策,培育和引导学生在实践中坚定维护国家主权、国家利益和国家安全	中法关系的发展历程	展示中法关系跌宕起伏的历史事实。预测(推测)中法关系的未来走势并说明理由

通过这样一个任务驱动,调动学生运用已有学科内容找到理论依据进行预测(推测)中法关系未来的走向。经过小组的合作探究,学生预测(推测)有三种情况:

表 3-1-2　小组合作探究后得出的三种情况

三种情况	中法的关系线在波浪中向下,即中法关系会持续低谷	中法关系持续恶化一段时间后未有明显改观,即波浪线波动不明显	中法关系的走势会在曲折中走向发展,即呈现波浪式前进或螺旋式上升
人数比例	班级的4%左右	班级的7.5%左右	班级的88.5%左右
理由分析	法国统治者只单方面考虑自己本国的国家利益和国家需求,而我国坚定奉行独立自主的外交原则	双方在较长的一段时间都恪守各自的信条和原则	经济全球化成为不可逆转的时代潮流,世界格局多极化,和平与发展是时代的主题,中法两国有着深厚的感情文化基础,基于此,两国政要会从长远和大局出发寻找双方利益的共同点进而继续走向合作

这一问题预测(推测)其实是一个从已知到已知的预测类型,在学生们时政关注度还不够高的学情下,他们并不了解中法关系的现实状态。但事实证明,学生们可以根据已有学科内容得出合理科学的预测结论。在学生们给出预测(推测)的理由和结果后,我追问了以下问题:中法两国有共同利益,是不是意味着我国可以不顾国家主权、安全和利益从而选择与法国友好合作? 学生们表示否定,国家主权是我们国家的生命和灵魂,坚守国家的主权和领土完整是我国的原则和底线。在得到学生的答复后,我展示了法国政府对中国态度和政策的转变:即坚持一个中国的原则。在这样的原则下中法关系在曲折中走向前进和发展。课堂中通过这样一个问题预测的任务驱动,实现和引领了学生对于我国外交政策的理解和认同,同时明确了我国坚持独立自主的和平外交政策的基本立场,即坚决捍卫国家的主权、安全和领土完整,在涉及民族尊严和国家利益问题上,绝不屈服于任何外来压力。我国坚持处理一切对内对外事务的独立自主权利神圣不可侵犯,绝不允许别国以任何借口侵犯我国主权、干涉我国内政,在这一基本立场和原则下,共同利益是国家间合作的基础。正是在坚持以问题预测(推测)的情境任务驱动

下落实了思想政治学科的核心素养,实现了立德树人、铸魂育人的目的,培育学生家国情怀的精神涵养。

2. 思想政治课堂中问题预测(推测)有助于提升学生的思维品质

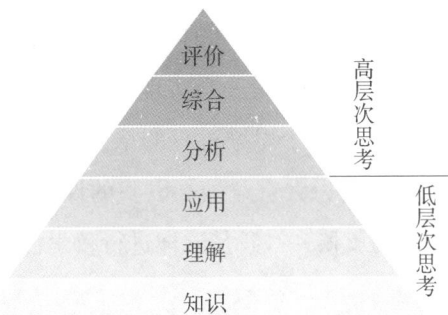

图 3-1-2　布鲁姆教育目标分类

布鲁姆教育目标分类法是一种教育的分类方法。按照布鲁姆教育目标分类法[1],教育目标可分为三大领域:认知领域、情感领域和动作技能领域。在认知领域中,知识、理解和应用属于低层次思考的认知;而分析、综合和评价是属于高层次思考的认知。这一金字塔式的教育目标分类符合人类的认知规律,其底端是大厦的基石,也是撰写教学目标的理论依据。随着时代的变化发展,人类还有很多未知领域等待我们去发现、去探索,所以今天的教育必须适应时代的发展,担负起为时代发展培育人才的重任。基于此,教育培养的目标不应该仅限于低层次思考,还需要在思维领域即高层次思考上上一个台阶,为此课堂生态就需要有更高的价值追求,实现从固定型思维向成长型思维转变,从低阶思维能力向高阶思维能力转变。未来当我们的学生从课堂内走到课堂外并且还能够一直在好奇、思考和探索中前行,社会才会不断发展,国家才会不断前进,人类社会也才能永葆生机与活力。基于此,高阶思维的培养势在必行,这是教师留给学生最有意义的教育实质。那么如何培养学生的高阶思维,提升学生的思维品质?问题预测(推测)的任务驱动有助于提升学生的思维品质。在教学活动中,问题预测(推测)不同于普

---

[1] 黄莺,彭丽辉,杨心德.布鲁姆《分类教学法》:知识分类在教学设计中的作用——论对布鲁姆教育目标分类学的修订[J].教育评论.2008(05).

通一般问题,问题预测(推测)需要综合调动学科内容,甚至所有学科内容,同时对学科内容进行综合分析,经历复杂的逻辑思维即分析与综合、归纳与演绎等相结合才能达到合理科学的预测(推测)结果。对于复杂问题的预测(推测),除了需要借助固有的学科内容之外,还要有很多自然、科学、地理等其他学科内容,所以问题预测(推测)对学生的起点要求较高,同时对学生未来的思维品质培养有益。问题预测(推测)其趋势、结果或影响,是一个实现从已知内容到达已知结果,或从已知内容到达未知结果的过程,这个思维过程的培育非常复杂和漫长,但对于培养学生的好奇心、想象力和实践力大有益处。以我的课堂为例,在高中思政教材必修4中第四课《探索认识的奥秘》中,我是这样进行教学设计的:

表 3-1-3　教学设计示例

主题	育人目标	情境	问题预测(推测)的任务驱动
探索认识的奥秘	勇于探索、敢于追求真理的思维品质	新冠病毒的突袭	预测(推测)新冠疫情最后的结局走势并说明理由

这是我以2020年新冠病毒突袭为情境载体进行的一个片段设计。新冠疫情爆发后,科学家们经过一步步实践探索获得对新冠病毒的阶段性认识,这也印证了实践是认识的基础,认识具有反复和无限性。据此,我尝试进行了这样的问题预测,即预测新冠病毒最后的结果走势。这是一个非常宏大的命题推测,即便相关领域的科学家目前也没有定论。对于这样一个暂时还没有科学结果的问题预测,最重要的是培养学生在预测(推测)的过程中表现出对未知的好奇心、探索欲和兴趣,从而激发学生勇于探索、敢于追求真理的思维品质。在预测(推测)的过程中,学生调动了生物等学科知识,用认识过程的反复和无限性进行解释,了解了人类孜孜不倦地对科学真理的追求过程,理解了马克思主义的认识论。通过这样一个问题预测的设计,激发调动了学生对未知世界的探索欲望,提升了学生的高阶思维品质。

3. 落实思政学科的核心素养

什么是核心素养? 是个体在解决复杂现实问题中所表现出来的综合性品质。学科核心素养是指个体在面对复杂的、不确定的现实情境时,能够综合运用特定学习方式所孕育出来的必备品格和关键能力。[①] 它是把三维目标整合起来的用于提出、分析和解决问题所表现出来的综合性品质。而要实现落实思想政治学科核心素养，需要创设一个贯穿单元的真实情境和驱动性任务，在真实的情境下通过有价值的任务驱动激发学生的探究兴趣。有价值的问题预测（推测）可以作为任务驱动链推动整个教学环节的层层递进，在问题预测（推测）其趋势、结果或者影响中，学生要具备基本的学科核心素养，同时在分析和解决问题中落实更高要求的学科核心素养。在必修 2《经济与社会》中，第二大单元《我国的社会主义市场经济体制》中，我以"猪肉市场价格的变动"为情境推进本单元的教学，通过这一真实情境，探索市场决定资源配置是市场经济的一般规律。在情境为载体的推进活动中，我做了这样的问题设计：（1）预测（推测）生猪市场的未来价格变化；（2）假如你作为生猪生产者，在未来一段时间内，对生猪生产量作何调整，说明理由。问题抛出后，小组同学之间展开了热烈的讨论。在各小组的预测和理由中，围绕着价值规律，即市场价格、供求和竞争三大机制的交互作用进行预测，还有的同学借助网络寻找数据支撑，也有同学想到了市场调查，还有的同学想到了国际市场的影响。通过学生们课上和课下角色转换的合作探究活动，依据经济规律进行科学的预测，实现和落实了思政学科科学精神的核心素养。在整个环节中，我通过引导学生以生猪价格为情境载体，和学生一起勾画市场中商品价格与供给、需求之间的关系：

| 生猪生产供不应求 | → | 生猪价格上涨 | → | 生产者增加产量，消费者减少其相关支出 | → | 生猪供求平衡 |

图 3 - 1 - 3   商品价格与供给、需求关系

以上和学生们共同总结出的逻辑图为商品生产者（养猪者）在市场经济规律下找到最佳平衡点，实现资源合理配置的同时实现自身发展的价值。这一情境下的问题预测实践，对学生在真实具体情境下提出、分析和解决问题的综合性品质

---

① 杨向东《核心素养》：发表于由教育部人文社会科学重点研究基地华东师范大学课程与教学研究所主办的第 15 届上海国际课程论坛，2017 年 11 月 3—4 日。

的提升具有导向性,对学生以后走上工作岗位也大有裨益。

4. 问题预测(推测)有利于实现学生学习方式的转变,培养良好的学习行为

什么是学习行为?问题预测与学习行为之间的关系如何?在教育心理学领域,对"学习"的界定已达成共识,学习是指学习者因经验或练习而产生的行为或行为潜能的较为持久的变化。学习行为是与学习活动同义的概念,是学习者在主客观因素的影响下在学习过程中表现出来的运动、动作和反应的总和,是学习者的思想、情感、情绪、态度、动机、能力等内在心理素质的外在表现。在对学习行为进行研究时,不能孤立地就行为论行为,要关注支撑学习行为的学习者内部状态,并可以借助对外显行为动作表现的考察、指导和优化,去了解、研究和改进当前学生的学习状态、生存状态和生活状态。中学思想政治课学生的学习行为是在思政课教学和学生学习活动中,通过思政学科的学习所获得的行为表现。在思政课的教学实践中,通过问题预测(推测)的任务驱动,能够激发学习者通过自主学习或合作学习从而进行积极行动的探究,使其在思想上进行碰撞、情感上达成共识、行为上有所表现;使学生能够在思维冲突中保持良好的情绪态度,在小组合作中动机明确,在学习方式的转变中实现学习行为的优化。在必修3《政治与法治》第三单元《全面依法治国》中,我用了2020年通过的民法典为情境依托,通过这个情境使学生理解法治使社会更和谐、法治是先进的国家治理方式,警示和引导学生认识到法律是不可逾越的红线,秉持自由、平等、公正、法治的价值取向。通过民法典的情境素材,我进行了这样的问题预测:随着民法典的颁布,预测(推测)未来中国人民生活品质的变化趋势,并说明理由。其实这个预测趋势结果比较清晰,学生能够很快给出预测结果,即人民生活的品质在法律的保障下会不断提升。但理由支撑需要合力搜集民法典的内容,合力寻找大量的案例,合力碰撞思维的火花,最后通过展示汇报的方式给出预测的理由依据。在这个环节过程中,我把社会时政热点与我们息息相关的生活情境材料进行融合,通过问题预测(推测)的方式实现学生学习方式和学习行为的转变,使学生的学习由被动到主动、由消极到积极、由平淡到热情,打造思政学科积极、主动、活跃的生态课堂,激发学生探索的活力和动力。这整个的合作过程对于培养学生良性的学习行为大有裨益,通过一系列内在和外在学习行为的相互交融最终实现学生对民法典的价值认识并作出正确

的价值选择,弘扬法治精神。

当然,问题预测在实践课堂操作中还有很多的价值意义,如激发学生关注社会,做社会的主人;引领学生理性思考,拓宽新思维;形成新观点、新认知等等都具有重大的价值意义。基于此,问题预测(推测)在高中思政课堂的教学实践中值得探索和推广。

二、 问题预测(推测)在实践课堂操作中需注意的问题

(一) 问题预测(推测)作为任务驱动是通过活动型学科课程实现的

随着时代形势的变化,新课程改革进入关键阶段,而活动型学科课程是教学改革的亮点。活动型学科课程的实施使活动设计成为教学设计和承载学科内容的重要形式。教学设计能否反映活动型学科课程实施的思路,关键在于确定开展活动的议题。而议题既包含学科课程的具体内容,又展示价值判断的基本观点;既具有开放性、引领性,又体现了教学重点、针对教学难点。问题预测作为任务驱动的议题具有很大的开放性,问题预测设计得合理巧妙可以使活动型课程开展得更有序有效,它能够把承载学科内容融入活动中,实现学科内容和活动型学科课程的有机统一。例如在哲学教学中,我善于挖掘现实情境,同时通过问题预测来实现活动型学科课程的实施。如有意义的影视现实情境《夺冠》,我把它植入哲学教学中,是这样实施操作的:

表 3-1-4 教学中挖掘现实情境的示例

单元名称	《培养我们的科学精神》
活动情境资源	《夺冠》影像和文字资料
活动内容	哲学相关知识
活动议题任务	预测(推测)中国女排未来的发展
活动目标	领悟马克思主义科学的世界观和方法论,培育具有科学精神的时代新人,落实学科核心素养
活动合作形式	以班级小组为单位
活动空间	课内和课外相结合

活动成果提交方式	演示汇报
活动评价	附评价量表
活动反馈	课上反馈

　　这个问题预测(推测)的活动型课程我是利用课内和课外相结合的方式完成的,课内主要是通过故事情境的观看激发学生对问题预测(推测)的热情,课外小组共同合作探究的是故事情境背后哲学学科领域的学科内容。学生小组活动开展得如火如荼,最后形成了自己本组对中国女排未来发展的结果预测(推测),其中,学生们用马克思主义科学世界观和方法论对预测做出了合理解释,如中国女排作为一个整体必须优化组合,同时发挥每一个女排姑娘们的长处和优势,女排姑娘们在未来的发展路上一定会经历挫折和坎坷等等。通过预测(推测)中国女排的未来,学生们对哲学科学精神的内涵有了更加深刻的认识,同时对如何实现自己的未来有了科学的滋养和指导。

　　(二) 问题预测(推测)必须处理好情境资源与学科核心素养的关系

　　学科教学最终的目的是落实学科核心素养,思政学科教学的最终目的是培养具有政治认同有信仰、科学精神有思想、法治意识有尊严和公共参与有担当的综合品质人才。如何在一节课,乃至整个思政课系统的教学中实现这一目标,就需要每一单元有现实情境的依托,有议题任务的驱动。问题预测作为议题任务的驱动起到核心和灵魂的作用,是助推教学的线索和导引,通过问题预测的解决最终实现落实思政学科的核心素养。我在每一单元的主题教学活动中,都会通过架构逻辑主线即主题——情境——问题预测(推测)的任务驱动——学科核心素养这一逻辑线索,明晰思政学科的学科核心素养。

　　(三) 问题预测(推测)在教学推进中需要设计教学评价量表

　　教学评价,应专注学科核心素养的行为表现,一般采用"求同"取向与"求异"取向相结合的验证思路。这是一种有统一标准、无标准答案的评价。评价量表的目的是鼓励学生运用相关学科知识和技能,基于不同经验、运用不同视角、利用不同素材、表达不同见解、提出不同问题的解决方案。以问题预测(推测)为线索的教学过程需要有相应的教学评价得以实施。教学评价是动态的,可以根据学生的不同能力有所侧重。如我在问题预测的教学中为了保证小组合作的方向和成效，鼓励学生积极参与，和学生一起制定以下评价量表（见表3-1-5）。

通过评价量表，使得以问题预测为任务驱动的活动有了标准和方向，但同时量表给予学生充分的表达权，不拘泥于固定的学科内容，这样的评价量表更有利于激发学生的参与和表达。

表 3-1-5 评价量表

维度	分值
有预测或推测结果、趋势	10
有预测或推测结果的理由支撑	20
是小组团结协作的成果	10
小组同学勇于表达观点	10
善于倾听，尊重他人观点	10
表达流畅，观点清晰	10
指出有疑惑的观点	10
阐述内容有理有据	20

量表的分值可以根据要考察的实际需要进行调整，从而达到有效评价的作用。

（四）在设置问题预测（推测）时，要注意其预测问题的价值意义

思想政治课堂教学是实现立德树人的主阵地，在课堂教学的推进中，问题预测要设计得有价值意义。问题预测不等于胡乱猜测，设置问题是建立在科学规律的前提下，坚持核心的价值取向，紧跟党和国家的方针政策。在对国际关系的走势进行预测时，往往还会涉及各国政要的执政风格等。总之，只有有较高价值意义、能体现时代特色的问题才值得师生共同探索。在2020版高中思政课选择性必修1《当代国际政治与经济》第四单元《国际组织》中，教材给出了这样一道具有价值意义的问题预测：

澜沧江—湄公河合作（简称"澜湄合作"）是我国与湄公河五国共同发起和建设的新型次区域合作平台，旨在深化六国睦邻友好合作，促进次区域经济社会发展,缩小地区国家发展差距,助力东盟一体化建设和地区一体化进程,为推进南南合作、落实联合国"2030年可持续发展议程"作出新的贡献。澜湄合作各方将为建设澜湄国家命运共同体,把澜湄合作打造成为亚洲命运共同体建设的"金字招牌"和共建"一带一路"的重要平台而共同努力。

澜湄合作启动以来,六国强化合作,创造了令人瞩目的澜湄模式。各国共同打造了"领导人引领、全方位覆盖、各部门参与"的澜湄格局,创造了"天天有进展、月月有成果、年年上台阶"的澜湄速度,培育了"平等相待、真诚互助、亲如一家"的澜湄文化。澜湄合作已成为次区域最具活力、最具发展潜力的新机制之一。

（1）中国为什么倡导建立澜湄合作机制?这个倡议为什么会得到相关国家的积极回应?

（2）澜湄合作打造了澜湄格局,创造了澜湄速度,培育了澜湄文化。引述实例,阐释澜湄格局、澜湄速度和澜湄文化。

（3）澜湄合作起步不久,仍十分年轻。预测其发展前景,并说明理由。

通过（3）这一问题的预测,引导学生认识和理解当代一些重要国际合作的价值意义,这样的问题预测实现情境、问题驱动和活动课程等的融合,具有时代性和引领性。

综合以上,是我在思政课教学实践中关于问题预测（推测）在课堂中的探索和思考,还不够完全成熟,以后会继续完善这一具有重大价值意义的课题。

杜威指出,"教学是一种艺术,而真正的教师就是艺术家"[1]。教师要充分利用学生的天赋资源培养学生思维的灵活性、深刻性、条理性。教师应该利用教材促进学生思维的发展,不要让教材成为束缚学生的工具。要注意培养学生的独创性,给学生足够发展自己的思维空间,让学生有充足的时间实现逻辑思维规律,而不是破坏、扼杀学生独立的思维能力。如此才能养成学生良好的思维习惯,在思维的发展中成为一个独立的、有真正思想的人。思想政治课堂的问题预测（推测）就是通过一系列的设计实现学生思维的发展,发挥学生想象的空间,最终实现学

---

① [美]约翰·杜威著.我们如何思维[M].伍中友,译.北京：新华出版社.2015.

生思维品质的提升和养成。思想政治学科的问题预测（推测）在高中思政课堂的理论研究中相对还是空白，但现实中的价值意义却特别重大。希望思想政治课堂作为一个活的有灵魂的课堂，通过问题预测（推测）给学生提供更多的思维空间，这样的教学设计不求结出丰硕的成果，只要能够开出绚丽的花朵足矣。用我们的实践和思考践行习近平总书记对新时代教师提出的要求，为学生未来的发展筑梦，为新时代的发展铸魂，为国家的建设育才。

（上海市洋泾中学　邢艳利）

第二节　设计方案

项目化学习(简称 PBL)已是当今全球教育领域的一个热点话题,也成为落实学生核心素养的重要方式之一。高中生处在智力迅速发展的阶段,逻辑抽象思维能力占主导地位,自我意识强,乐于独立思考,具有明确的道德意识和较强的社会参与性。开发和利用校内外各类教育资源,与思政课学科教学相结合,作为开展项目化学习的素材与物料,不但可以丰富教学形式和内容,转变教学模式,调动学生的学习积极性和参与感,让学生融入情景、创造性学习,由意向、情感带动学习行为转变,改善学习行为、提高综合能力,而且对增强思想政治课的吸引力,对学生学科学习行为养成、学科核心素养培育、职业生涯体验都具有积极意义。

一、 关键词解读

(一) 什么是高中思想政治学科

高中思想政治学科是以立德树人为根本任务,以培育社会主义核心价值观为根本目的,是帮助学生确立正确的政治方向、提高思想政治学科核心素养、增强社会理解和参与能力的综合性、活动型学科课程。① 高中思想政治课程不但需要紧密结合社会实践,讲授马克思主义基本原理,特别是马克思主义中国化最新成果,引导学生经历自主思考、合作探究的学习过程,理解中国特色社会主义进入新时代的历史方位,了解新时代中国特色社会主义经济、政治、文化、社会、生态文明建

---

① 中华人民共和国教育部.普通高中思想政治课程标准(2017 年版 2020 年修订)[S].北京:人民教育出版社.

设和党的建设进程,更要培育政治认同、科学精神、法治意识和公共参与等核心素养,逐步树立起共产主义远大理想和中国特色社会主义共同理想,坚定中国特色社会主义道路自信、理论自信、制度自信、文化自信,形成正确的世界观、人生观、价值观。要打破原有老师唱主角、师生互动难、教育教学手段单一、教学资源匮乏,以及师生被牢牢地围困在课本上,与真实的生活割裂开来的窘境,就必须提高思政教师的素养和能力。改变原本仅凭一己之力"满堂灌"的模式,使思想政治课真正成为一门实践性、活动性课程,将培养学生学科素养和提升学习能力作为人才培养模式的改革创新点。

(二)什么是高中思政课项目式学习

在教学实践中我们发现项目化学习具备很强的实践性,作为当今全球教育领域的一个热点话题,项目化学习已成为落实学生核心素养的重要方式之一。如何组织开展项目化学习?如何让学生在参与项目的同时学会解决问题的方法,提升学科素养?上海市教育科学研究院普通教育研究所课程与教学研究室主任夏雪梅博士提到:"素养视角下的项目化学习是学生在一段时间内通过对真实有挑战性的问题进行持续探究,达到对核心知识的再建构和思维迁移。项目化的学习活动更多趋向于是一种体验式学习、探究式学习、问题解决式学习,而主题式课程、探究式学习、STEM 等并不特别强调最后的成果,最后的结论可以是开放的。"①

(三)什么是方案设计

方案是从目的、要求、方式、方法进度等部署具体、周密并有很强操作性的计划。方案设计本身是一个十分复杂的问题,富有创造性,涉及设计者的知识水平、经验、想象力等。它包括从分析需求出发,运用自己掌握的知识和经验,选择合理的方法,构思满足要求的解答方案。在做一个方案时,首先要考虑问题是什么,方案设计就是用来解决问题的。

(四)什么是问题解决

问题是指在目标确定的情况下却不明确达到目标的途径或手段的命题。而问题解决就是要把问题的给定状态转化为目标状态。在问题解决过程中,为了达

---

① 夏雪梅.项目化学习设计:学习素养视角下的国际与本土实践[M].北京:教育科学出版社 2018.

到特定目标，人们会运用既有的知识、经验、技能，借助于各种思维活动和行动分析，使问题得以解决。问题解决的过程非常复杂，它包括情境浸入、问题认知、条件分析、学科转换、策略运用、知识迁移、实践尝试、价值评估、经验积累等环节，包括情绪意志因素，思维活动。根据以上定义，在学科项目化学习中问题解决能力定义为在真实情景中，学生面对问题时的情感态度和处理问题的能力。这种能力体现在学生能发现问题，并且在遇到问题时，可以整合学科中多个领域和多种学习方法，自主、主动地谋求解决，能有规划、有方法、有步骤地处理问题，并能合理有效地解决问题。

二、 实践案例分析

以下，本文将结合中学思政教师承接的一个项目式学习案例进行步骤解读。此案例在项目规划、开展、完结等方面都较为系统，能充分展示项目式学习给学生带来的成长和收获。学生通过项目活动，在任务驱动中不断巩固完善学习行为，应用方案设计提高解决问题的能力。此外，项目式学习对提升学科素养和获得职业体验、推进生涯规划等方面都具有积极的作用。

此案例，以学校参加浦东跨文化素养培育课程及境外课程研究与实践项目中的"校园大亨创业体验实践项目"为契机。由于此项目是一个商赛，学校根据学科特点，最终由思政老师带队，组织学生参与此项目。这个项目最初由英国企业家皮特·琼斯（Peter Jones）爵士设立，给来自全球各地的孩子们提供经济支持，使他们有机会把自己的创业想法付诸实践。整个项目分为注册阶段、商业计划书、贸易阶段、评估阶段、全国展评、颁奖典礼等阶段。整个项目，能让参与的学生充分体验项目化学习的过程。在项目活动中需要不断设计方案、解决问题，产生可见的公开成果，引导所有参与者和公众对成果进行评论和分析，成果的修订、完善、公开报告的过程被看作学习的重要组成部分。学生在参与项目过程中，不断实践体验，提升学科素养。

（一）项目激发学科兴趣，设计方案解决实际问题

要成功启动一个项目，首先要将学生吸引进来。项目组织者可以通过校园广

播及海报的形式,介绍项目内容和意义,提高学生对项目的知晓度,激起学生参与项目的兴趣,也可以让更多学生在第一时间了解项目内容,为后续项目推进奠定人员基础。我们的做法是面向高一高二学生做了集中项目介绍及动员,一周内就收到近30份创业设想,参与学生数达200人左右。鉴于很多学生是第一次接触商业计划书,活动为大家准备了模板,并通过学校思政老师,向学生介绍形成商业计划书的要素,指导撰写。学生通过完成商业计划书,就会知道完成每一部分需要做些什么,能将课堂上所学的理论知识真正在实践环节中运用起来。在最初的计划中,学生需要找到商业基础、合作伙伴、市场调研、市场营销、财务计划。在设计方案时,教师会指导学生运用市场经济的原理,在市场调研的基础上分析供求,制定销售计划。在寻找合作伙伴时,教师会引导学生思考分析创业的条件。在教师的指导下,学生开始寻找市场的空缺,思考该空缺是否有市场?项目化学习引导学生思考自己的创业项目,开启了创造性学习,很多设计加入了学生自己的创意。最后,学校思政组组织教师对创业创意的独特性、产品的社会价值及影响力、实际可行性等方面进行了综合的考量,组织学生当场答辩,学生课堂内外纷纷追着任教的思政教师了解市场经济运作机制、创新理念、创业者素养等方面的知识,经过多轮比较和筛选,评出了十支队伍分别授予了一、二、三等奖,学生学习积极性高涨,参与度大增。

(二) 任务驱动,促使学习行为发生转变

在高中思政学科日常教学中,教师也会结合课程内容开展模拟政协、模拟人大或模拟联合国等实践活动,但从实际教学效果看,学生参与这些活动虽然能够对这些主题有更多一点的了解,但是还不能在一段时间内通过对真实有挑战性的问题进行持续探究,因此学生的学习行为得不到巩固和稳定,也不能做到对核心知识再建构和思维迁移。而一项真正的项目化学习,它可以看作是一类学习方式,或者指一类课程形态的总称。项目化学习至少包含基于项目(project-based)、基于问题(problem-based)、基于产品(product-based)、基于激情(passion-based),除了基于项目之外,还包括基于问题、基于最终的成果以及基于激情。

什么是学习行为? 向葵花(2014)在其论文中比较概况出是学习者在主客观因素影响下在学习过程中表现出来的运动、动作和反应的总和,是学习者的思想、

情感、情绪、态度、动机、能力等内在心理素质的外在表现。[①] 关于学生学习行为，不同学者有不同的分类方式，可从不同角度出发，划分出不同的类型，国内有划分为个体行为和群体行为，泰勒有行为目标法，布鲁姆有教育目标分类法，加涅有学习结果分类法等。而且学生的行为又因个体家庭、成长环境、心理情绪等千差万别，再加上不同学科教学方式、目标不同而呈现差异。经大量问卷调查的研究，发现学习行为的影响因素是意向和情感＞认知。学习行为的表现不仅限于课堂教学中，因此，对于学生学习行为的培养不能简单地以提高课堂教学有效性为宗旨，应指向让学生成为学习生活的主体，包括学校生活、社会生活，体现在终身学习上；需要上升到学生生活和生命的层次，用生活化理念和视野体现生命关怀和生活关照。在学科教学中尝试引入项目化学习，它本身就是一种"行为导向"，一个项目是计划好的、有固定的开始时间和结束时间的工作。原则上项目结束后应有一件较完整的作品。整个过程，学生的自我认知评估能力也将有很大的提升。结合目前思政课学习方式的转变（自主学习、合作学习、探究学习、体验学习等），更需要教师通过研究学生学习行为得以体现和落实。

在组织参加"校园大亨"项目学习活动中，我们在学科知识上采取"请进来"和"走出去"的方式，请相关的专家和学校思政教师结合市场经济知识对学生进行了辅导，指导他们如何制定和撰写商业计划书，如何使用SWOT分析模型，通过培训明确了各成员的分工及职责，了解了创业的基本条件。在实践环节，指导学生团队定期举行团队会议，由CEO决定会议议程和内容，明确各自的责任，商讨阶段性工作任务，做好产品的定价、制作和销售，记录、更新相关财务数据，及时处理出现的问题等，过程繁复而艰辛。但学生的学习行为在这个创业过程中由原来的被动性、接受性、单科性、统一性转变为差异性、主动性、创造性、综合性、选择性。整个项目活动中，学生个体学习行为——阅读、查询、归纳、分析、聆听等和群体学习行为——讨论、辩论、协商等都有充分体现，并且这些学生行为逐步在课堂内外呈现，在合作小组内外呈现，成为学生日常学习生活的一部分。学生在参与项目化学习过程中，不断反思总结，对自身学习行为进行评估修正。

---

① 向葵花.中小学学生学习行为研究[D].武汉：华中师范大学，2014：23.

(三) 在项目化学习中,提升学科素养

思政学科核心素养是政治认同、科学精神、法治意识、公共参与。要落实学生学科核心素养,结合学科特点,关键是要强调实践环节,引导学生在体验社会生活及自身的思维活动中理解理论的真谛,在践行正确价值观的过程中逐渐形成行动自觉。夏雪梅博士指出素养视角下的项目化学习特征一般有:(1)指向个人价值和社会价值的结合;(2)指向核心知识的再建构和思维的迁移;(3)指向真实而有挑战性的问题;(4)用高阶驱动低阶的学习、有持续的探究与实践;(5)有凝结核心知识的指向驱动性问题解决的公开成果。

在项目化学习的过程中,参加的小组都会积极投入到市场机制、运行规则的学习中,了解掌握市场规律,学习相关法律常识,树立诚信竞争的意识,主动实践,开展调查研究。

在实战环节中,申请到贷款的队伍,经历了长达两个月的商业实战。高二年级的"S.K.T."团队在老师指导下,凭借出色的创意和团队的团结协作,在运营过程中不断通过运用所学的市场经济学知识,调整经营策略,科学管理,适应市场机制,秉承"快准稳"理念,先人一步抓紧市场时机、看准市场趋势、稳住市场地位。他们当初申请获得了 670 元的创业启动资金,经过为期两个月的运营后,最终的盈利已经达到了 5 380 元,实现了 800% 的盈利。此外,当团队在经营过程中发布的一款组件部分编码与其他作者的组件有雷同,险些构成侵权行为时,团队成员立刻作出反应,第一时间制定协商方案,明确目标,秉承市场经济法治与德治的理念,分工协作,在老师的指导和队长的带领下,迅速与原作者联系、沟通、谈判,最终化解了侵权危机,问题得以圆满解决,学生的创业者素质和学科素养也得以充分体现。

(四) 职业体验,促进可持续发展

项目化学习的过程,需要教师指导学生根据项目要求分工合作。此次"校园大亨"项目,团队学生分别担任 CEO、产品经理、艺术总监、售后部主管、财务部主管等;整个项目学习过程,团队通过制定提交商业计划书、获得创业基金、运营商业计划、完成评估报告等环节,最终还需进行现场成果展示。项目化学习过程中,团队不仅盈利了,还完成了关于产品的价格、产量、市场营销、设备投资和研发等

决策,通过实际运营,亲身体验了企业运作的要素,学习了企业经营管理的基本知识;通过职业角色体验和团队合作,了解了企业部门的分工,培养了职业技能和人际交往技能;培养全球化时代企业家精神,了解个人与企业对社会的责任,增强公平贸易、正当竞争、诚信经营等商业道德意识。成员中很多人毕业志愿报考了管理专业,团队中一位擅长编剧摄影的成员,还将此次项目过程制作成了一部微视频,毕业志愿报考了编导专业。

在最终由中国教育学会科创教育发展中心、上海市创业指导专家志愿团指导,上海市中小学博雅教育研究所主办的"2019 Tycoon Enterprise 全国项目化学习展评暨研学活动"中,来自上海、常州等地的 30 支学生创业团队进行了精彩的现场成果展示 PK。我校高二"S. K. T."获得 2019 Tycoon Enterprise 全国项目化学习展评暨研学活动高中组特等奖、"最佳商业利润奖""商界未来之星"高中组亚军。团队受邀至英国白金汉宫参加年度颁奖礼,虽因学习时间冲突,未能成行,但学生们在活动中结识了不少志同道合的朋友,为了同一个目标齐心协力。此次学习活动使他们终身难忘、受益终生。

项目化学习在提高学生的学业成就、相关学科领域的能力和学习主动性、社会交往技能上都有不同程度的效果。这体现了项目化学习最终指向背后的大概念或学科中的最核心最本质问题,一定程度会影响学生职业生涯,会推动他们不断的探索,这个探索甚至可能是持续终身的。

三、 后期思考

(一) 与导师制结合,根据学生特点安排项目化学习内容

通过对项目学习观察,我们发现前期创意计划阶段表现不错的团队,如高一由学业成绩较好的学生组成的"追光者"团队,在实践过程中却表现一般,一方面表现在群体学习行为方面,他们不容易同他人合作;另一方面是表现在个人学习行为上面,这些学生可能考试成绩好,但在面对非常开放的、复杂的情境时,他们的学习行为都以个人行为为主,不知道应该如何去应对社会情境。高二年级由一群学业成绩中等但各有一技之长的学生组成的"S. K. T."团队,他们在创造性、认

知策略和自我调节方面的表现,都令人惊喜,他们的学习行为和能力可能在传统的教育情境中容易被忽视,而群体学习行为在项目化学习中发挥较好。这提示我们教师在今后开展项目化学习过程中,应与导师制结合,根据学生个性、专长等特点指导组队开展合作,这样在项目化学习过程中,每个学生才能更好发挥优势,挖掘出自身的潜力。

(二) 结合单元设计,开发教材中更多项目内容

推进项目化学习,对教学资源、教材的开发利用提出了很高的要求。教师不但要熟悉教材,还要能在单元教学完成后,根据学生实际经验,设计组织好项目活动。人教版教材中,单元内容后的综合探究,可以成为教师设计项目式教学的抓手。教师可以根据班级学生情况,将综合探究内的活动组合、拆分,有序编排后组织学生参与。当然,学生能否在这个过程当中不断学习、不断改善学习行为,养成好的学习习惯,最终获得素养的提升,还需要我们每一位思政教师不断实践探索。"思政课教师,要给学生心灵埋下真善美的种子,引导学生扣好人生第一粒扣子。"这是一个不断学习探索的课题,引导学生运用辩证的思维方法分析问题,形成主流的、积极正面的价值观,这是政治学科的价值体现,也是一名政治教师需要终身思考并努力践行的问题。

附1: 我校商业计划设计一等奖团队资料①
商业计划书——校园创业大亨(初高中组)

执行大纲

商业机会:

你的业务需求点在哪里,你的业务如何满足这一需求?

首先要介绍一下游戏 *minecraft*,这是一款沙盒游戏,整个游戏没有剧情,玩家在游戏中自由建设和破坏,像搭积木一样对元素进行组合与拼凑,轻而易举地就能制作出小木屋、城堡甚至城市,玩家可以通过自己创造的作品来体验上帝一

---

① 杨思高级中学《Tycoon Enterprise Competition 校园创业大亨实践活动》资料.

般的感觉。在这款游戏里，不仅可以单人娱乐，还可以多人联机，玩家也可以安装一些模组来增加游戏趣味性。随着 2017 年中国网易公司买入了游戏 *minecraft* 中国代理版权后，随之而来的中国版玩家数量也日益增加，但很显然许多中国版玩家并不满足于简单的单人生存游戏，而是把兴趣放在了这款游戏的拓展模组、存档等资源上。

网易公司在买进游戏 *minecraft* 的同时，也为国内一些想把自己在 *minecraft* 中制作的组件、地图等发布的玩家，提供了一个专属的"开发者平台"，在这里玩家可以发布自己的作品并设置成付费资源进行售卖。我们的团队在中国版 *minecraft* 上线前就已经有一定的开发经验和作品，且制作出的主题如"中国建筑教程合集""还原绝地求生"等特色模组颇受用户喜爱。

目标市场：

出售给谁？

中国版 *minecraft* 用户。

描述你的主要产品或服务：

1. 通过 *minecraft* 如同乐高一样的搭建机制还原中国传统地区建筑，制作关于这些建筑的教程等。

2. 通过 C++ 对游戏内的物品进行修改，制作新颖的添加资源如钢铁战甲、丧尸等主题模组。

营销策略：

1. 每张作品设置的价格保持在 1—3 元以内，在所有付费资源上线的第一周半价促销。

2. 针对所有作品上线前 3 天购买的用户赠送一份定制建筑教程地图。

需要的贷款金额（￥）：670 元

预计交易窗口利润：3 000 元

团队概述：

我们的团队全名烧烤摊 team，是一个喜爱 *minecraft* 的玩家群体，团队内成员都有一定的制作作品的经验，在创业大亨活动之前，我们也以私人身份用这种形式在 6—10 月份小赚一笔，在营销上也积累了宝贵的营销手段，希望这次"创业大亨"活动我们团队能超越以往,奔向更高的地方。

实施计划和时间表:

12/1—12/7 对这次活动预先囤积的 2 个作品,由团队成员进行美工宣传图的制作打包,并发布至平台设置付费,用微博平台、网易平台公众号发布作品的网络宣传。

12/15 小组会议,总结近 1 周的销售情况和财务报表。

12/17—12/20 为应对亏损情况组织团队成员制作 2 份新作品。

12/22 小组会议,总结销售情况。

12/29 小组会议,总结销售情况。

1/1 发布 1 份应急制作的作品。

1/5 小组会议,总结销售情况,按情况决定是否发布应急制作的作品。

1/12 小组会议,总结销售情况。

1/16 向平台申请 12 月收益结算。

1/19 小组会议,总结销售情况,制作电子宣传海报。

1/24 寒假开始,在校内发布预先制作好的电子宣传海报。

1/26 小组会议,总结销售情况。

2/2 小组会议,总结销售情况。

2/8 进行所有收益统计,结束会议。

2/16 申请 1 月份收益结算。

执行提纲

公司名称:

烧烤摊团队(L.S.F)

用一句话概述你的公司业务:

研发关于游戏 *minecraft* 的建筑存档,用 C++编写添加组件并进行售卖。

你的业务目标是什么?(可以只是赚钱,或者也可以有更广泛的目标)

如果盈利可观,我们将捐献三分之二给上海市残疾人联合会,虽然仅是微薄之力,但我们也希望能出一份力;

剩余三分之一将由学校保留。

团队成员：

姓名	职 责
曹＊＊	组件开发,制作(CEO)
王＊＊	组件开发,制作(产品经理)
陈＊＊	财务统计,收入盈利结算(公司秘书)
陈＊＊	网络平台宣传(市场经理)
任＊＊	作品美工宣传,海报制作
储＊＊	作品美工宣传,海报制作

你们将在什么时候开始大亨业务(制定出一个固定的时间段很关键)?

12/1 日开始所有准备工作。

<u>操作</u>

你将会销售产品和/或提供服务吗?

1. 产品

2. 服务

3. 两者都有

(如果是 1 或 3,每种产品均参照下表列出相应细目)

产品名称	幸运方块——四季版
产品描述	结合自制的四季主题风格的一款 *minecraft* 地图
产品零售价	3 元
每种产品的原材料成本	0 元
	丧尸之国
	以当前火热的丧尸题材为主题,使其在 *minecraft* 中被成功还原的一款组件
	绝地求生——吃鸡行动
	一款还原了游戏《绝地求生》的组件,玩家在 *minecraft* 中也可以体验到吃鸡的乐趣

（如果是 2 或 3，每种服务均参照下表列出相应细目）

服务名称	Click or tap here to enter text.
服务描述	Click or tap here to enter text.
服务零售价	Click or tap here to enter text.
提供的每种服务的原材料成本	Click or tap here to enter text.

去哪里销售，何时销售？

由于是虚拟产品，销售地点也是网络平台，具体是在中国版《我的世界》平台的资源中心处进行销售。

于 12/8、1/1 两天分别发布 4 部作品，作品会持续销售直到网易倒闭那一天。

市场调研

1. 你进行了哪些初步研究，从中学到了什么？

中国版用户对中国传统文化资源了解甚少但大部分却又对此颇感兴趣。

作品资源风格应该适当融入中国元素。

2. 你进行了哪些中级研究，从中学到了什么？

中国版用户 14 岁以下年龄段用户占 70% 以上，作品风格应该偏向少儿适当接受的类型，为防止少儿沉迷，在每个地图内标记推荐游玩时间以及防沉迷系统。

3. 你的目标受众是谁？

客户描述	为何他们是你的客户	你做了哪些针对他们的研究
中国版 *minecraft* 玩家	对于 *minecraft* 有一定了解且热爱拓展组件、地图等资源	其喜爱作品类型风格偏向中国元素，14 岁以下年龄段用户居多
建筑专业学生	可以通过不同类型的 *minecraft* 建筑作品进行建筑交流、学习	目前，国外越来越多的大学开始用 *minecraft* 作为教学软件对学生进行建筑、电路培训 国内部分大学开始效仿

4. 你的竞争对手都有谁？

（1）

名字	雪鱼比工作室
优势	资深的开发团队之一，作品质量优异
劣势	作品价格过高，也因此广收差评，甚至部分作品触及他人版权
你将如何打败他们？	设置合理的作品价格，增加版权意识

（2）

名字	龙艺
优势	国家级建筑师，建筑水平非常高
劣势	专攻建筑并不涉及其他作品类型
你将如何打败他们？	扩大组件等作品类型的数量

营销

你的独特卖点（USP）是什么？

还原了大部分其他电影、游戏、建筑等内容，使玩家们可以在 *minecraft* 中体验到这些元素。

商业口号：

骄兵必败，努力能行！

商业 Logo：

关于营销，你为（产品、服务）发布准备了什么？

微博平台公众号

网易平台公众号

作品反馈 bug 交流 qq 群

定制的作品宣传海报

你打算如何把你的产品推向市场？

如何	为何	费用
网易平台官方宣传	每张新作品都会在首页官方宣传1天	0元
在寒假对校内学生用海报宣传	寒假开始前夕学生空闲时间占多，既不影响学习也可以增加我们的业务	100元
微博、网易平台公众号宣传	在先前几次作品售卖后我们的公众号积累了一定人气和粉丝，宣传将会更有效果	0元

公司网站：

商业社会媒体：

供应商	名　字
晓黑板	烧烤摊 team
微信	指橘为枳
微博	Click or tap here to enter text.

财务

启动贷款

下表注明你需要从校园创业大亨中国区组委会获取多少贷款。

条目（描述）	数量	总成本
作品押金缴纳	1	670

财务预测

条目	单位收入	预测销售数量							
		第一周	第二周	第三周	第四周	第五周	第六周	第七周	第八周
丧尸之国	3元	130	100	40	40	40	40	40	
幸运方块大冒险——四季	2元	130	100	40	40	40	40	40	
绝地求生 addons——吃鸡行动	3元	130	100	40	40	40	40	40	

总收入＝3 440 元

总的额外费用(不包括贷款)200 元(海报制作打印等)

总的贷款＝670 元

总利润＝3 000 元

你将如何处理这些利润?

如果盈利可观,我们将捐献三分之二给上海市残疾人联合会,虽然仅是微薄之力,但我们也希望能出一份力;

剩余三分之一将由学校保留。

应急情况

如果你的产品/服务销售情况不好,你能制定什么应急计划?

12/17—12/20 为应对亏损情况组织团队成员制作 2 份新作品。

1/5 小组会议,总结销售情况,按情况决定是否发布应急制作的作品。

你将如何使得你供应的产品、服务多样化,从而增加收入?

1. 每张作品设置的价格保持在 1—3 元以内,在所有付费资源上线的第一周半价促销。

2. 针对所有作品上线前 3 天购买的用户赠送一份定制建筑教程地图。

附2: 我校一等奖团队评估资料

上海市杨思高级中学 烧烤摊 团队评估

你要完成下面的方框,说明你们作为一个团队是如何展示每一种企业能力的。每个框中最多可以写 300 个字。

创造性	团队运用JAVA语言开发游戏组件,通过自学建筑学相关知识,在游戏中还原具有文化特色的各类名胜古迹,自行研发建筑教程组件,并通过网络平台对成品组件进行宣传售卖,获得企业营运经验和利润
解决问题	在组件《丧尸国度》中,团队一成员在武器控件编程中与他人制作的组件出现雷同,导致作品部分侵权。团队及时联系了对方作者,通过沟通协商取得了对方的谅解,获得授权并给予相应的补偿,修复重复部分并重新分配收益分成,有效化解了这一突发侵权矛盾。在此过程中我们获得了宝贵的教训和经验,增强了知识产权保护意识,提高了及时解决问题的能力

目标长远	由于团队目标是带动国内玩家自己编程组件,提高国内玩家对我国特色文化建筑的兴趣,团队对每一位购买组件的玩家(自愿)提供免费的基础编程教程和建筑教程,并且为其提供作品宣传、技术咨询等免费服务,拓展其对编程组件的兴趣
态度积极(坚韧)	团队完成任务态度认真,分工明确,效率极高,团队能够齐心协力,在遭遇困难出现问题时不退缩,及时地冷静理性沟通,本着双赢的态度处理问题,克服了重重困难
倾听、理解	团队对于售卖作品组件的反馈评论极其重视,耐心整理玩家体验过后的反馈,针对差评等进行调查研究,对编程教程、建筑教程有疑问的玩家,团队也会积极耐心地指导,为其解决问题
展示(面向团队和个人)	团队在展示环节中将借助媒体技术向观众展示公司团队作品创作过程、宣传海报、宣传视频、玩家反馈信息、解决问题、公司营运过程会议照片,以及当时的实时收益表,向观众们全面展示作品的制作和获取收益的全过程,得到评价的整个过程
团队合作	团队分工明确,由组件制作、美工、后期宣传、财务部 4 个部门组成,团队成员共 6 人,团队制作作品的流程由组件制作到海报宣传美工,到后期网络宣传,最后到统计收益的财务部,工作严谨有序高效,一般一张作品从制作到发布的时间仅需 5 天左右
领导(团队或项目)能力	团队队长领导能力强,根据团队人员不同特长分配工作,使团队制作效率大大提高,在遭遇"组件侵权"问题时积极安排各成员工作,有效地完成了获得授权及进行相关赔偿等工作,领导力优异

（上海市杨思高级中学　傅明珠）

第三节　比较优劣

　　本节通过问卷调查中学政治课"比较方案优劣"学习行为的教学现状和存在的问题,以比较"高空抛物民事权利维权方案"教学案例优劣为例,呈现"比较方案优劣"学习行为的一般规程和意义。归纳"比较方案优劣"学习行为的教学策略:立足新课标新教材,挖掘方案情境;注重比较方法指导,培养比较思维;优化比较流程,提升比较能力;突出学生主体,引导学生参与。

一、"比较方案优劣"的一般性研究

(一)"比较方案优劣"中的"比较"

　　《现代汉语词典》中对"比较"的解释是:就两种或两种以上同类的事物辨别异同或高下。比较是对目标物即事物或者现象,通过研究分析确定目标之间的异同点和关系的思维过程。比较思维是人们在认识过程中确定研究对象的共同点和不同点,利用科学思维对搜集到的信息材料进行加工的方法,是确定事物异同关系的思维过程及方法。关于比较方法的分类可谓相当丰富,本学习行为"比较方案优劣"最常见的比较方法有:求同比较、求异比较和异同综合比较;定性比较和定量比较等(比较方法的介绍见本书第一章第三节)。学生可以综合运用上述比较方法分析比较不同方案的异同,从而比较不同方案的优劣。

(二)"比较方案优劣"中的"方案"

　　方案是从目的、要求到步骤、方法、进度等部署具体、周密,并有很强可操作性的计划。方案是计划中内容最为复杂的一种,方案是一个体系,具有可行性、完整性和系统性。其中"主要目标""实施步骤""实施办法"这三项必不可少。

在"主要目标"中,一般还要分总目标和具体目标;"实施步骤"一般还要分基本步骤和关键步骤;"实施办法"一般包含"法律制度""政策保证"和"具体措施"等。人们在工作、学习和生活中广泛运用制定方案的办法使某项具体的目标任务由可能性转化为现实性,如农场主制定一份现代农业观光旅游方案、企业制定一份公司上市方案、医生制定一个复杂详实的手术方案、教师制定一份单元教学方案等。

中学政治课中的方案从内容领域上大致可以分为:经济生活领域,如比较消费者维权方案的优劣等;社会生活领域,如比较老旧小区加装电梯方案的优劣等;政治生活领域,如比较模拟政协提案——时间银行养老模式方案的优劣等;法治生活领域,如比较民事权利维权方案的优劣等;生态领域,如比较不同班级的垃圾分类实施方案的优劣等。

(三) 中学政治课中的"比较方案优劣"

结合上述"比较"的含义和"方案"的含义,本文所述的"比较方案优劣"是指:就某项具体的目标任务,运用一定的比较方法、依据一定的比较标准以辨别不同实施方案的异同和高下。中学政治课中的"比较方案优劣"是指:在中学政治课的教学过程中,师生共同完成的辨别经济生活领域、社会生活领域、政治生活领域、法制生活领域或生态领域中某实施方案高下的教学行为和学习行为。中学政治课中的"比较方案优劣"学习行为是指:在中学政治课学习中,学生在教师的引领下辨别某实施方案高下的学习过程,这一过程包含:选择比较方法、确定比较标准、呈现比较结果、优化方案等一系列关键环节。

二、 中学政治课"比较方案优劣"学习行为现状调查

(一) 调查目的

为了有针对性地开展基于活动型课程构建的中学政治课学习行为研究,了解当前上海市中学(含初中和高中)政治课"比较方案优劣"相关学习行为的设计与实施的现状,促进中学政治课积极学生行为的培养,促进学科思维和能力的提升,从而培育学生核心素养。

(二) 问卷调查结果(本次调查有效填写人数 919 人)

1. 你所在的学段是?〔单选题〕

选项	小计	比例
A. 初中	248	26.99%
B. 高中	671	73.01%

2. 你是否经历过"方案设计"的相关学习行为? 如:设计一条红色旅游路线、设计一个消费者维权方案、设计一个电影院不同时段的定价方案等。〔单选题〕

选项	小计	比例
A. 是的	454	49.4%
B. 没有	465	50.6%

3. 你是否经历过"比较方案优劣"的相关学习行为? 如:比较红色旅游路线方案的优劣、比较消费者维权方案的优劣、比较电影院不同时段的定价方案优劣等。〔单选题〕

选项	小计	比例
A. 是的	435	47.33%
B. 没有	484	52.67%

4. 如果你面临一个"比较方案优劣"的学习任务,你希望是什么领域的?〔多选题〕

选 项	小计	比例
A. 经济生活领域(如:比较消费者维权方案的优劣等)	541	58.87%
B. 社会生活领域(如:比较老旧小区加装电梯方案的优劣等)	616	67.03%
C. 政治生活领域(如:比较模拟政协提案——时间银行养老模式方案的优劣等)	312	33.95%

选　　项	小计	比例
D. 法治生活领域(如：比较民事权利维权方案的优劣)	377	41.02%
E. 其他领域(如：文化和生态领域等)	405	44.07%

5. 你所了解的比较的方法有：[多选题]

选项	小计	比例
A. 求异比较	564	61.37%
B. 求同比较	486	52.88%
C. 横向比较	459	49.95%
D. 纵向比较	419	45.59%
E. 对比较方法了解得很少	228	24.81%
F. 其他	42	4.57%

6. 你在"比较方案优劣"时会经历哪些重要环节？[多选题]

选项	小计	比例
A. 确定比较方法	725	78.89%
B. 确定比较内容	762	82.92%
C. 确定比较标准	741	80.63%
D. 启发比较思维	505	54.95%
E. 呈现比较结果	655	71.27%
F. 优化方案设计	578	62.89%

7. 你认为在"比较方案优劣"时,以下哪些原则可以成为比较的标准？[多选题]

选项	小计	比例
A. 可行性原则	845	91.95%
B. 合法性原则	752	81.83%

选项	小计	比例
C. 过程优化原则	592	64.42%
D. 效益最大原则	724	78.78%
E. 其他	77	8.38%

8. 你认为"比较方案优劣"的最终目的是：[单选题]

选项	小计	比例
A. 完成相关学习任务	71	7.73%
B. 提升测验考试成绩	54	5.88%
C. 通过比较择优汰劣	110	11.97%
D. 通过比较优化方案	266	28.94%
E. 通过比较提升能力	398	43.31%
F. 其他	20	2.18%

9. 通过"比较方案优劣"的学习活动，你将获得的收获是：[多选题]

选项	小计	比例
A. 学习重点和难点的突破	657	71.49%
B. 教材内容的理解和运用	639	69.53%
C. 学习兴趣的培养和激发	617	67.14%
D. 实际生活技能的提升	676	73.56%
E. 法制意识的培育和提升	570	62.02%
F. 理性批判质疑精神的显著提升	653	71.06%

10. 假使你的政治老师准备开展"比较方案优劣"的教学活动，你有何建议？

本学习行为中学生对教师教学行为的建议和期待高频词汇云见图 3 - 3 - 1。

(三) 现状分析与问题

为提高调查的广泛性、代表性和有效性，我们采用问卷星网络在线调查方式，对初高中学生进行了随机调查，让学生实事求是地完成调查内容。从调查实施过程看，样本合理，操作规范，数据具有可参考性。本问卷于 2021 年 2 月 2 日发布，2

图 3-3-1　本学习行为中学生对教师教学行为的建议和期待高频词汇云

月 9 日结束问卷收集,为期一周,共回收问卷 919 份,其中初中生 248 人,高中生 671 人,为相关学习行为研究提供了大量有价值的信息和素材,尤其最后一个开放题:假使你的政治老师准备开展"比较方案优劣"的教学活动,你有何建议? 回收的信息令课题组老师非常惊喜,一方面反馈数量很大,另一方面建议集中在生活、学生、贴近等关键词,为本学习行为的实施指引了方向。问卷结构分为以下五个部分:

1. 本学习行为实施的基本现状

问卷的相关问题为:1.你所在的学段是? 2.你是否经历过"方案设计"的相关学习活动? 如:设计一条红色旅游路线、设计一个消费者维权方案、设计一个电影院不同时段的定价方案等。3.你是否经历过"比较方案优劣"的相关学习活动? 如:比较红色旅游路线方案的优劣、比较消费者维权的方案优劣,比较电影院不同时段的定价方案优劣等。数据显示有 50.6% 的学生没有经历过"设计方案"的学习活动;有 52.67% 的学生没有经历过"比较方案优劣"的学习活动,上述情况初中生比高中生的比例略大。对于上述数据的分析如下:

(1) 由于本学习行为的要求较高,所以在面向初中发放问卷时集中在初二和初三的学生,因此回收到的初中生问卷占比较低。

(2) 总体而言"设计方案"和"比较方案优劣"的学习行为普及度在 50% 左右,"比较方案优劣"的学习体验更低,主要是因为这两个学习行为有关联性,先"设计方案"然后再"比较方案的优劣"。

（3）同时数据显示"比较方案的优劣"的学习体验略低于"设计方案"的学习体验，但差距不大，说明教师如果布置了设计方案的学习任务后，或多或少地会将学生们设计的方案加以比较，试图通过比较引导学生认识如何设计一份完整的方案。

2. 学生对本学习行为领域的期待

问卷的相关问题为：4. 如果你面临一个"比较方案优劣"的学习任务，你希望是什么领域的？数据显示有 67.03% 的学生选择了期待社会生活领域，其次有 58.87% 的学生选择了经济生活领域，比例最低的是政治生活领域，占 33.95%。由此可见：

（1）学生对于社会生活领域和经济生活领域的方案最期待，同时对于文化、生态领域、法治生活领域也都比较期待，政治生活领域比例最低。

（2）社会生活和经济生活领域最贴近学生，学生在实际生活中有真实的经历概率最大，因此学生最期待。在教学中教师可以多从这些领域的方案入手，在学生已有生活经验的基础上再结合教材原理，有利于学生更流畅地实施本学习行为。

（3）学生对于政治生活领域的期待较低，主要是因为政治生活与学生有现实距离，但是这不利于学生的政治认同和政治参与素养的培养。

3. 学生对比较方法、过程、标准的认知现状

问卷的相关问题为：5. 你所了解的比较的方法有？6. 你在"比较方案优劣"时，经历哪些重要环节？7. 你认为在"比较方案优劣"时，以下哪些原则可以成为比较的标准？关于比较方法，学生对于求异比较的熟悉度较高，达 61.37%，同时有较高比例的学生选择了"对比较方法了解得很少"，达 24.81%；关于比较的过程，学生认为确定比较内容和确定比较标准最重要。关于比较标准，学生认为可行性原则最重要，达 91.95%，其次是合法性原则，达 81.83%。由此可见：

（1）"比较"在学生的生活中司空见惯，但是他们对于具体比较方法的认知比较少。工欲善其事必先利器，在教学中一定要重视比较方法的教学。

（2）比较标准是实施比较的前提，否则比较就无从谈起。学生非常认同比较的一般性原则即可行性、合法性等，但教学时同时要启发学生辩证思维，期待学生

认识到不同领域的方案比较应当具有特殊性。

（3）比较方案的优劣是一个由多个环节构成的完整的学习行为。数据显示学生的最大需求是知道每个方案从哪些角度去比较,然后依据什么比较,就如教师阅卷有一个评分量表一样。问卷关注了重要的比较环节,但忽视了比较流程的调查,这部分可以通过学生访谈弥补。

4. 对本学习行为意义的认识

问卷的相关问题有：8.你认为"比较方案优劣"的最终目的是什么？9.通过"比较方案优劣"的学习活动,你将获得的收获是什么？数据显示：有43.31%的学生认为,通过比较方案优劣的最终目的是通过比较提升能力,其次有28.94%的学生认为通过比较方案优劣可以优化方案,但也有5.88%的学生认为比较方案优劣的最终目的是为了提升测验考试成绩。有73.56%的学生认为通过比较方案优劣的学习活动,获得的是实际生活技能的提升,其次有71.49%的学生选择了学习重点和难点的突破,有71.06%的学生选择了理性批判和质疑精神的培养,同时学生还认为通过比较方案优劣将提高对学习重点和难点的突破,并且加强对教材内容的理解和运用,同时他们也认为理性批判质疑精神能够得到培养。上述数据引发的思考：

（1）数据显示7.73%的学生认为,比较方案优劣的最终目的是完成相关学习任务,5.88%的学生认为比较方案优劣的目的是提升测验考试成绩。这两个选项体现出应试教育在现阶段依然有其生存土壤。当然学生认为学习是为了提高学习成绩无可厚非,但需要引导。

（2）这两题具有明显的相关性。对于比较方案优劣的最终目的以及通过比较方案优劣学习你将获得的收获是什么的两项调查,学生普遍认为比较方案优劣的最终目的和最大收获是为了提升能力,对此认同度较高。

（3）第9题的调查结果和第3题的调查结果形成了鲜明的反差,在第3题中,52.67%的学生没有经历过"比较方案优劣"的相关学习活动。而在第9题,受访学生均认为通过比较方案优劣的学习活动他们将获得学习重点和难点的突破、教材内容的理解和运用、学习兴趣的培养和激发、实际生活技能的提升、法治意识的培育和提升、理性批判质疑精神的培养等诸多能力。这一反差引起了课题组的高度关注。

5. 学生对教师教学行为的期待

问卷的相关问题是：10.假使你的政治老师准备开展"比较方案优劣"的教学活动，你有何建议？本题共回收 286 位学生回复，去除"无建议"和"没有建议"，共收到 157 条有效信息。出于问卷的完整性设计了本开放型提问，学生的回复热情高涨，远远超出了课题组的预设，他们有的表示支持、赞同和期待，有的提出了小组合作和辩论等教学模式，有的提出了比较的方案要贴近学生生活、事先介绍比较方法等期望。本题的调查结果同样和第 3 题的调查结果形成了鲜明的反差：超过半数的学生没有经历相关的学习行为但是很期待教师开展相关的教学行为，这也为课题研究打下了现实基础。

三、 中学政治课统编教材"比较方案优劣"教学案例
——以比较"高空抛物民事权利维权方案"优劣为例

（一）教师根据统编教材内容，设计问题情境布置学科任务

2021 年寒假，高一（12）班王小明同学陪同母亲去超市买年货，走在小区楼下花园时，35 楼业主家七岁小孩在自家阳台独自玩耍时抛下一瓶矿泉水，水瓶掉落到王小明母亲身旁，导致其惊吓、摔倒。报警后，王小明母亲被送入医院治疗。就诊的医院诊断为，右侧股骨转子间粉碎性骨折、右侧眼眶骨折，住院时间为 30 天。经医院法医鉴定中心鉴定，伤情构成十级伤残，伤残是当天高空抛物受伤导致。医疗费、护理费、残疾赔偿金、交通费、鉴定费、住院伙食补助费、精神损害抚慰金等，合计 100 344.12 元。

《中华人民共和国民法典》第一千二百五十四条　禁止从建筑物中抛掷物品。从建筑物中抛掷物品或者从建筑物上坠落的物品造成他人损害的，由侵权人依法承担侵权责任；经调查难以确定具体侵权人的，除能够证明自己不是侵权人的外，由可能加害的建筑物使用人给予补偿。可能加害的建筑物使用人补偿后，有权向侵权人追偿。

请运用高中思想政治课选择性必修 2《法律与生活》"社会争议解决"相关知识为王小明母亲设计一份维权方案。

（二）教师在学生作品中选择不同能力水平的方案

方案 C：本案中，由于小区 35 楼业主的七岁小孩在阳台玩耍时将一瓶矿泉水扔下楼，恰逢小明与其母亲经过楼下，矿泉水掉落，惊吓了小明母亲，而后经医院的鉴定，伤情构成十级伤残。高空抛物直接导致了王小明母亲身体受到严重损伤，王小明母亲有权请求 35 楼业主承担相应的侵权责任，向其主张赔偿由于该侵权行为引发的各种费用。双方就民事赔偿无法达成一致意见时，受害人可采取仲裁的方式，向仲裁机构提起仲裁。

方案 B：本案中，小区 35 楼业主的七岁小孩在阳台玩耍时将一瓶矿泉水扔下楼，恰逢小明与其母亲经过楼下，矿泉水瓶掉落，惊吓到小明母亲，而后经医院鉴定，伤情构成十级伤残。小明母亲受到的伤害系由 35 楼业主家小孩高空抛物的直接行为造成，由于做出侵权行为的当事人在法律上属于无民事行为能力人或者限制民事行为能力人，故小孩的监护人负有侵权责任，可由其监护人承担相应民事责任，受害人王小明母亲可向其监护人主张侵权责任，索取赔偿。赔偿应包括医疗费、护理费、残疾赔偿金、交通费、鉴定费、住院伙食补助费、精神损害抚慰金等合计 100 344.12 元。可先尝试与监护人进行私下和解。私下和解不成，再通过非诉讼调解进行维权。若双方就赔偿金额无法达成一致意见以及侵权一方拒绝赔偿时，王小明母亲可向人民法院就侵权责任事实提起民事诉讼，采取诉讼调解的方式进行维权。

方案 A：

1. 案件事实

本案的案件事实：王小明母亲在经过小区花园时，受到了楼上业主的七岁孩子从高空抛下的矿泉水瓶的惊吓，导致受伤。由于该小孩是法律上属于无民事行为能力的未成年人，故监护人负有侵权责任。我方应向监护人索取赔偿。

2. 维权途径

（1）和解：若发生纠纷时，可先采取自行协商的方式，通过和解达成合意。故采取私下和解。本案事实明确，故容易产生的争议点在于赔偿金额的数量。

（2）调解：若双方在赔偿金额上无法达成一致，作为维权方，协商和解不成，则必然进入调解的程序。我国纠纷调解分为诉讼调解与非诉讼调解。基于本维权方案的基本原则，首先选择的是非诉讼调解方式。本案适用于人民调解，在人民调解委员会的组织下进行调解。作为被害者一方，应向人民调解委员会说明案件事实，提供伤情鉴定书，提出合理的赔偿诉求。

（3）诉讼：非诉讼调解不成，采用诉讼调解的方式进行维权。首先，需确认案件事实，收集相关证据。其次，整理诉讼所需材料，包括侵权事实说明，伤情鉴定意见等证据，各项费用赔偿的合理诉求。然后，寻找律师进行咨询，将整理的材料交给律师并请律师起草民事起诉状，向人民法院提交民事起诉状，启动法律程序。若不服最终的一审审判，可在规定的时间内进行再次上诉。二审审判为终审，不得再上诉。

3. 赔偿诉求

我方的赔偿诉求，包括医疗费、护理费、残疾赔偿金、交通费、鉴定费、住院伙食补助费、精神损害抚慰金等，合计 100 344.12 元。伤情由医院法医鉴定中心出示的鉴定报告可证明。

（三）学生确定比较方法和比较标准

首先，维权途径有和解、调解、仲裁和诉讼等。学生要结合教材知识将四种途径从经济成本、时间成本和法律效力三个维度进行求异求同综合比较。

表 3－3－1　协商、调解、仲裁、诉讼四种维权途径比较

维权途径	经济成本	时间成本	法律效力
协商	低	低	无法律效力
调解	较低	较低	经人民法院确认有效的调解协议，具有法律效力
仲裁	按照双方争议金额的大小按递减比例收取费用	较高	具有法律效力
诉讼	高	高	具有法律效力

其次，学生结合教材初步设计，确定民事维权方案的比较标准，也可以在比较

中逐步完善比较标准,使标准更客观更易于掌握和操作。

表 3 - 3 - 2 民事维权方案的比较标准

	指标	指标具体描述	优秀 9—10分	良好 7—8分	合格 6分	不合格 6分以下
1	可行性	方案实施主体、实施过程、可预见的结果具有转化为现实的可能性				
2	合法性	维权方案中的维权途径不得违背现有的法律规定,要通过法定的程序得以实现				
3	精准性	方案中维权的主体、侵权责任人、维权机构清晰明了;有强烈的证据意识				
4	多样性	维权方案中可包含多种维权途径。多一条维权途径,就多一点维权成功的几率				

（四）学生依据比较标准呈现可视化的比较结果,并描述不同方案的优劣

方案	可行性	合法性	精准性	多样性	总分(共40分)
方案 C	5	5	5	5	25
方案 B	8	10	5	7	30
方案 A	10	10	9	9	38

学生依据比较标准,为三个方案作出定性比较,即对三者的可行性、合法性、精准性和多样性指标作出比较,然后对每个方案的总分作出定量比较,得分最高者为最优方案。

方案 A 较完整。明确了案件事实和承担侵权责任的主体,所提供的三条维权途径清晰明了可操作,同时具有较强的证据意识来举证自己的经济损失。具有很强的可行性、合法性、精准性和多样性,从而成为最佳方案。

方案 B 能根据课本上相关的知识设计多种维权途径,写明了案件事实和具体的赔偿诉求,对应承担侵权责任方进行了认定交代,明确了在怎样的情况下可以向人民法院提起诉讼。但是证据意识严重缺乏,精准性不够,同时虽体现多样性,但路径不清晰。

方案C能够简单描述清楚案件事实,提出维权途径进而形成维权方案,对侵权责任有初步的认识。但是本案是高空抛物引发的侵权事件,行为人需承担侵权责任。根据《中华人民共和国仲裁法》第2条规定,仲裁范围必须是合同纠纷和其他财产权益纠纷,因此本案不适合使用仲裁。方案还严重缺乏证据意识。本方案不具可行性、合法性。

(五) 学生课后总结,进一步优化方案

由于课堂时间的局限性,学生需要在课后反思课堂上所经历的学习环节,将比较方法做一个归纳,进一步完善比较标准,并且对最佳方案进行进一步优化(学生的优化方案见附件)。在课后访谈中,学生表达了对本课的体会:激发我们主动去翻阅《民法典》,然后自学了一条法律和它延伸出来的法律概念;在自己阅读课本,分析材料,读懂法律之后,边学边写,形成方案,然后边分析优劣边优化方案;锻炼思维逻辑和辩证思维能力,比较方案优劣的能力在我们以后的生活中会经常遇见,是必备的技能。

四、 中学政治课"比较方案优劣"学习行为教学策略研究

(一) 立足新课标新教材,挖掘方案情境

《普通高中思想政治课程标准》(2017年版2020年修订)为基于活动性课程构建的学习行为研究提供了科学严谨的指导,依据新课标,本学习行为的教学应特别重视学习优化案例,采用情境创设的综合性教学手段。情境创设应源于真实生活的情境进行有针对性的构建,保留关键的事实与特征,剔除无关紧要的部分,创设信息充分支持学生开展比较方案优劣的学习行为的开展。如在"高空抛物"民事案件的情境创设中,教师特别关注了以下关键事实:高空抛物的实施者的年龄、法医鉴定中心的鉴定结果、《民法典》的具体条文等为学生设计方案和后续的比较方案扫清了模糊边界,同时激发学生查阅法律条文和司法解释为身边人提供法律援助的社会责任感和法治意识,引导学生认识并感悟法治让生活更美好。其中方

案可以是老师选择出不同能力层级的学生所设计的,也可以是在一个单元教学的上一节课中学生自己设计的不同方案。为了更好地创设情境,教师必须对教学目标、教学内容、学生学情进行仔细分析,提出引导性问题,激发学生疑问,从而引领学生深入方案比较的课堂教学,提升课堂教学效果。

朱顺明和沈福良在《利用比较教学策略　促进迷思概念转变》一文中指出:比较教学就是将彼此相互联系且又有区别的学习内容经过老师的提取与编排,组成比较式教学内容,引导学生通过比较、对照等积极的思维推理方法,得出相关知识点和研究方法,并认识本质差异,理解所学内容,进而形成比较式思辨能力的教学方法。[①] 中学政治课统编教材的实施为本学习行为的开展提供了广阔的素材源泉,教师可以结合统编教材设计各个领域的方案设计,然后开展比较,从而达到比较优劣、优化方案、提升能力和培育学科核心素养的目的。如:经济生活领域中比较消费者维权的方案的优劣;社会生活领域中比较老旧小区加装电梯方案的优劣;政治生活领域中比较模拟政协提案——时间银行养老模式方案的优劣等;法治生活领域中比较民事权利维权的方案的优劣;文化生活领域中比较留沪大学生传承年俗活动的方案优劣;生态领域中比较最新"限塑令"实施后超市应对方案优劣等。上述方案的设计均建立在统编教材的基础之上,以实现学科内容、学科任务和核心素养三者有机融合。

(二) 注重比较方法指导,培养比较思维

2019 年 6 月,国务院办公厅发布《关于新时代推进普通高中育人方式改革的指导意见》;2021 年 2 月,上海市人民政府办公厅发布《关于本市新时代推进普通高中育人方式改革的实施意见》,两份文件都突出强调要转变教学方式,培养学生学习能力,促进学生系统掌握学科基础知识、基本技能、基本方法,提升学生自主学习能力、合作学习技能和探究学习意识,培养适应终身发展和社会发展需要的正确价值观念、必备品格和关键能力,促进学科核心素养的落实。尽管超过一半的受访学生没有经历过本学习行为,但是他们都认为本学习行为是有价值的,同时学生对于比较的方法认知度较低,教学中教师需要重视方法论指导。

---

① 朱顺明,沈福良.利用比较教学策略　促进迷思概念转变[J].中学物理教学参考,2019(8):6.

首先,本学习行为常用的比较方法是求同比较、求异比较、异同综合比较。学生可以综合运用上述比较方法分析比较不同方案的异同,从而比较不同方案的优劣。如在上述的课堂教学实录中,要求学生使用求异比较法来比较不同纠纷解决办法的经济成本、时间成本和法律效力、区分不同方案 A、B、C 中政治意识的强弱;使用求同比较方法发现方案 B 和方案 C 均具有可行性和合法性;运用异同综合比较法依据比较标准为不同方案评分,最终比较三个方案的优劣。

其次,本学习行为也可以用到定性比较法和定量比较法。如:商业银行为客户买房贷款提供了两种还款方案,分别是等额本息和等额本金还款方法,客户可以根据自身的财务状况决定选择哪一种还款方式。根据商业银行给出的还款计划,客户可以通过定量分析方法获得如下可视化的比较结果:

图 3-3-2　等额本息还款示意图　　图 3-3-3　等额本金还款示意图

表 3-3-3　80 万元 20 年还贷方案的定量比较结果

还款方式	本金 (万元)	还款期限 (年)	每月月供 (元)	还款总额 (万元)	支付利息 (万元)
等额本息	80	20	4 537.57	108.90	28.90
等额本金	80	20	5 500(每月递减 9.03 元)	106.11	26.11

通过定量比较,贷款人可以发现等额本金的总支付利息比等额本息的总支付

利息多 2.79 万元,总体经济负担较大,但是这一还款方式在头几年的月供压力较小,如第一个月的月供压力小 962.43 元,对在买房初期经济压力比较大的家庭来说,等额本息优于等额本金的还款方式,如在买房预算时考虑预留了部分还贷资金的家庭,则等额本金优于等额本息的还款方式。

学生也可以综合运用不同比较方法开展比较,并结合分析与综合、归纳与演绎等辩证思维方法提升比较思维从而提升鉴别能力。

(三) 优化比较流程,提升比较能力

确定比较方法和比较标准是本学习行为最关键的两个环节。矛盾具有普遍性和特殊性,对于一般的方案,可行性原则、合法性原则、过程优化原则、效益最大原则是普遍的标准。可行性是指方案实施主体、实施过程、可预见的结果具有转化为现实的可能性,不能超过当事人的能力范围,可以按照一定的程序得以实施。合法性是指方案中的途径不得违背现有的法律法规,要通过法定的程序得以实现。其中对于案件事实的确认,由此产生的责任都要以法律为准绳。过程优化是指方案设计的主客体明确,实施路径科学合理,并且提供备选方案。效益最大是指方案设计过程能兼顾时间成本和经济成本,最终实现经济效益、社会效益、生态效益的有机统一。上述四个标准并不是孤立的,而是相辅相成的,学生在比较方案优劣时可以综合运用上述四个标准综合评价方案的优劣。同时由于事物具有特殊性,比较不同领域的方案时应当同时考察其特殊的比较标准,如在教学案例中学生在比较民事权利维权方案时确定的比较标准有:可行性和合法性两个普遍的标准,同时学生认为这类方案有很强的法律知识要求,对于普通民众方案必须明确受害方请求谁来维权、如何维权,路径必须非常清晰,甚至还要考虑到路径失败后的备选路径,所以增加了明确性和多样性两个特殊标准。如社会生活领域内的方案比较还需要考虑道德标准、公序良俗、社会主义核心价值观等标准;再如政治生活领域如比较一条红色旅游路线的优劣,学生发现这类方案和其他方案有很大的不同,必须强调主题性、内涵性和活动趣味性,于是全班同学在经历了设计方案、比较方案和优化方案的学习经历后呈现出一份完整的《红色旅游路线评价标准》(见图 3 - 3 - 4)。综上所述,比较标准只有坚持普遍性和特殊性相结合才能更加客观、全面地评价不同方案的利弊,从而有利于鉴别优劣。

	指 标	分 值	评 分
主题突出	景点选择贴合主题	10分	
	内容符合主题	10分	
内涵丰富	地位意义彰显	10分	
	数据支撑翔实	10分	
	特色特点鲜明	10分	
活动设计	趣味性	10分	
	多样性	10分	
	探究性	10分	
	教育性	10分	
	针对性	10分	
合 计			

图 3-3-4 红色旅游路线评价标准

学生在把握关键核心环节——比较方法和比较标准后，还需要明确比较方案优劣是一个完整的学习行为系统。(《中学政治课"比较方案优劣"学习行为一般规程示意图》见图 3-3-5)。在这一系统中教师的教学行为和学生的学习行为互动推进，共同经历创设情境、启发思考、任务驱动、方案设计、确定比较方法、确定比较标准、呈现比较结果、优化方案等重要环节。如在比较不同还款方式优劣时，学生可以用图表的方式呈现两者在月还贷和总支付利息等方面的比较结果，从而有利于比较两种方案的利弊，为不同财务状况的家庭作出还贷方案的选择。

学生可以采用表格、知识树、思维导图等方式呈现可视化的比较结果，这些形式的比较结果易于比较优劣也最易为学生接受。优化方案作为本学习行为的最终环节，旨在促进学生内化比较方法和比较标准，进一步提升比较思维，将教师提供的方案或学生设计的方案进一步优化，以达到进一步提升思维能力和生活技能的目标。

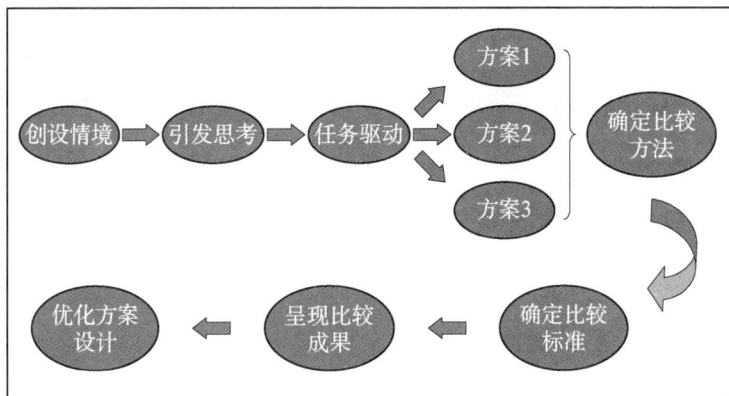

图 3 - 3 - 5　中学政治课"比较方案优劣"学习行为一般规程示意图

(四) 突出学生主体，引导学生参与

学生是中学政治课的主体，也是活动型课程构建下学习行为的主体，我们要以学生需要为出发点，引导他们以自己的方式参与本学习行为规划、开发、实施和评价，学生参与本学习行为开发的过程就是主动建构和生命成长的过程，要引导学生参与学习的全过程。课程活动前，可以通过座谈交流、问卷调查和个别访谈等形式，让学生针对课程内容、形式提出自己的想法和看法，也可以把课程架构情况告知学生，征求他们的意见。如通过问卷调查发现学生很欢迎老师开展相关教学活动，并提出了"贴近生活""小组合作"等建议。教师应充分尊重学生需求开展教学行为。课程活动中，让学生参与活动的全过程，承担方案设计员、标准制定者、优劣裁判员等角色，在自己设计的活动中享受快乐、享受成功。课程活动后，教师应及时将观察情况和学生进行交流，了解学生对课程的内容、形式和效果的评价，吸收他们的意见、建议并适时调整相关课程。

中学政治课比较方案优劣学习行为的培养是一个系统工程，相信在新课标和新教材的推进和使用过程中会得到进一步的认同和实施。"正确的东西总是在同错误的东西作斗争的过程中发展起来的。真的、善的、美的东西总是同假的、恶的、丑的东西相比较而存在，相斗争而发展。"①有比较才能有鉴别。学生比较不同

---

① 毛泽东.毛泽东选集第 5 卷[M].北京：人民出版社，1977：390.

民事权利的维权方案时,需要深入细致研读《民法典》中的具体法律条文及其司法解释和周边知识,这有利于在比中知新,提升思维品质;学生在比较不同还款方式优劣等不同真实情境中的方案的过程中,提升了金融素养和理财能力,有利于在比中求实,提升必备技能;学生还能通过比较优劣后继续优化方案,有利于比中创新,培育法制意识、政治参与等学科核心素养。总之,通过本学习行为的教学与实施,将理论知识和学生生活密切结合,启发学生高阶思维、培养创新精神、提高实践能力、培育学生思想政治课核心素养,充分彰显了思想政治课程立德树人的价值追求。

附:

"高空抛物"民事权利维权方案优化版
高三(12)班 小黄同学 小张同学

本案可涉及多种维权方式,将这些方式进行组合,可形成多条维权途径,但建议以追求简便、省时省力省钱为基本原则。

首先,不论采取怎样的维权途径,都需明确本案的案件事实:王小明母亲在经过小区花园时,受到了楼上业主的七岁孩子从高空抛下的矿泉水瓶的惊吓,由此而受伤。根据《中华人民共和国民法典》中的有关规定,需强调和明晰的关键点包括以下内容:抛掷物品的侵权人认定(本案中的侵权人是法律认定的无民事行为能力的主体故须由监护人承担侵权责任),抛掷物品为侵权人已拥有所有权的矿泉水瓶,本案侵权人的监护人是否尽到监护职责确认(本案是监护人与侵权人在同一场所内,侵权人独立玩耍时所造成,并且并未有监护人所委托的受托监护人),受害人受到高空抛物惊吓后的伤情鉴定即侵权人的行为损害结果(由此可决定赔偿金额数量)。以上几点也符合法理意义上的法律责任构成要件,即承担法律责任的条件。责任主体实施了违法行为,并产生了损害结果,而实施的法律行为与损害结果间存在因果关系。故侵权人需承担法律责任的事实毋庸置疑,我方坚决维权的意愿也必然不会放弃。另外,始终需要明确的是,我方的赔偿诉求,根据《中华人民共和国民法典》第一千一百七十九条对于人身损害赔偿范围的规定，以及第一千一百八十三条对于精神损害赔偿的规定，包括医疗费、护理费、残疾赔偿金、交通费、鉴定费、住院伙食补助费、精神损害抚慰金等，合计 100 344.12 元。伤情由医院法医鉴定中心出示的鉴定报告可证明。

我国传统文化倡导"和为贵"，若发生纠纷时，可先采取自行协商的方式，通过和解达成合意。故首先应当选择的是简便又节省双方时间的私下和解这种方式。作为受害人的一方，理应向侵权人索取赔偿。本案事实明确，故容易产生的争议点在于赔偿金额的数量。若双方在赔偿金额上无法达成一致，作为维权方，协商和解不成，则必然进入调解的程序。我国调解分为诉讼调解与非诉讼调解。基于本维权方案的基本原则，首先选择的是非诉讼调解方式。

本案适用于人民调解，即在人民调解委员会的组织下进行调解。作为被害者一方，应向人民调解委员会说明案件事实，提供伤情鉴定意见，提出合理的赔偿诉求。我方也有权监督调解过程中法律、法规、国家政策等对本案的适用是否合理，自身权利是否得到尊重。若达成调解，双方需按协议中的规定履行。经调解之后人民调解委员会决定的调解协议书，需由双方一起在调解协议生效之日起三十日内向人民法院申请司法确认，使达成的调解协议具有国家强制执行效力，保证我方的利益诉求能得以实现。

非诉讼调解不成，就不得不选择采用诉讼调解的方式进行维权。首先，需确认案件事实，收集相关证据。其次，整理诉讼所需材料，包括侵权事实说明、伤情鉴定意见等证据、各项费用赔偿的合理诉求。然后，寻找律师进行咨询，将整理的材料交给律师并请律师起草民事起诉状，我方向人民法院提交民事起诉状，启动法律程序。一审法院进行审理和审判。若不服最终的一审审判，可在规定的时间内进行再次上诉。二审审判为终审，不可再上诉，必须依照判决书执行。

（华东师范大学附属周浦中学　褚丽芳）

第四章

辨析与评价：应该怎么做

第一节　评价观点

　　课题组通过调查问卷的形式,对目前中学政治课学生的学习行为现状和课堂中评价观点这一学习行为现状做了一定数据收集和情况分析。本次问卷以问卷星的方式进行,于 2021 年 2 月 4 日发布至 11 日结束,为期一周,共回收问卷 525 份。其中的数据材料,为相关学习行为研究提供了大量有价值的信息和素材。

　　通过数据分析可见目前中学政治课教学中,以教师传授为主的传统型课堂还是比较常见。课堂学习中,学生主要还是以背诵、记忆、做题、考试等简单的学习行为为主,甚至还有一部分学生基本不参与课堂学习活动。这在一定程度上严重影响了课堂教学效果,学科育人目标也无法真正得以落实。

　　本节主要结合教师自身的教学实践,就学生评价观点这一学习行为对学生学习积极性的调动、对课堂教学效果的重要性进行一定的分析研究。同时从学生学习行为的角度提出了理性评价、辨析评价和反思评价这三种评价观点的方式,以此尝试通过这一学习行为着眼学生终身发展,改变学生目前学习习惯,激发学习兴趣,提高课堂教学效果,提升学科育人功能。

一、 评价观点这一学习行为的问题提出

(一) 研究的背景

　　《普通高中思想政治课程标准(2017 年版 2020 年修订)》指出,活动型学科课程的教学评价,应专注学科核心素养的行为表现,一般采用"求同"取向与"求异"取

向相结合的验证思路。这是一种有统一标准、无标准答案的评价。① 课程标准中强调了学生"评价观点"这一学习行为在课堂中的重要性,这也是培育学生政治认同、科学精神、法治意识与公共参与的一种重要的学习行为。

(二) 研究的意义

课题组就学生对政治课的兴趣程度和政治课上学生主要的学习行为进行调查,结果显示:对政治课"非常或者比较感兴趣"的占33%,"兴趣一般"的占67%,"不感兴趣"的占0%。课堂中主要的学习行为有,"背诵记忆"的占100%,"做题考试"的占67%,"评价观点"的占67%,"基本不参与"的占17%。

可见目前中学政治课教学中,以教师传授为主的传统型课堂还是比较常见。课堂学习中,学生还是以背诵、记忆、做题、考试等简单的学习行为为主,甚至还有一部分学生基本不参与课堂学习活动。也正是这样的学习行为,导致了将近67%的学生对政治课的学习兴趣一般。这样的课堂教学,学生过度依赖书本或者是教师既定的观点,缺少对既定观点的探究与评判的意识和能力,学生学习过程中必然缺乏认识、理解、思考和决断等能力的养成。课堂中教师引导学生参与观点评价的意识亟待加强,政治课堂的实际意义与价值有待进一步提升。"评价观点"这一学习行为的研究,着眼的不仅仅是学科核心素养的提升,更着眼学生的成长与发展。

(三) 研究的现状

1. 国外研究的现状

布鲁姆的目标分类:在认知领域的教育目标包含由从低级到高级,由简单到复杂的六个水平。共分为知识、领会、运用、分析、综合、评价六个层次。其中提出评价:对材料作价值评判的能力,包括按材料内在标准或外在标准进行评判;可用描述动词:评价、对比等。

豪恩斯坦将教育目标分为认知领域、情感领域、心理动作领域和行为领域。各领域目标又可以进一步细分,例如,认知领域的目标可以分为形成概念、领会、应用、评价与综合五个层级。其中提出评价即分析与验证信息、数据或情境以作

---

① 中华人民共和国教育部.普通高中思想政治课程标准(2017年版2020年修订)[S].北京:人民教育出版社,2018:42.

出价值判断的能力。

这些理论强调了学生作为学习主体中,学生的评价能力作为其中一种教育行为或者目标的重要性。突出了研究学生"评价观点"这一学习行为的意义。

2. 国内研究的现状

在中国知网上和百度学术上搜索相关的文章,比较多的文章关注的是对教师教学行为和课堂教学的评价研究,但对中学生政治课学习行为的研究,包括对课堂中学生如何评价观点,如何通过这一学习行为提升学科素养,这方面的研究是缺乏的。

(四) 研究的方法

1. 文献研究法:通过百度文库、中国知网、图书馆等渠道收集了大量的专著、学术论文、期刊杂志、报纸等,并对相关文献进行查阅和研究,把握国内外教学模式的现状和趋势,围绕课题的研究,选择、分析、借鉴相关研究资料中的观点,使之形成对本研究课题有用的结论。为评价这一学习行为研究和实施提供理论依据,另一方面也为后期的调查研究奠定基础。

2. 问卷调查法和访谈法:为了准确了解学生政治课对评价这一学习行为的认识和看法,选取了两所学校的学生进行了抽样调查。通过数据收集和分析,对目前政治课上学生的学习行为以及存在的问题有了进一步的了解。对自己所教班级部分学生进行访谈,了解他们在课堂上主要的学习行为具体有哪些,学习过程中参与评价的意识和积极性,以期总结出目前课堂中普遍存在的问题和有待改变的方面。

3. 案例分析法:以统编教材六年级第二课《学习伴成长》、七年级第一课《青春的邀约》中《直面矛盾心理》、八年级的第七课《关爱他人》中《服务社会》这些教学片段为例,尝试实施不同思维方式下不同评价观点的方法,以此对比不同的课堂教学效果。

二、 评价观点这一学习行为的一般性研究

(一) 概念鉴定

评价即对一件事、一个人物或者一种社会现象进行判断、分析后得出结论。

中学政治课堂中的评价这一学生学习行为,更多指对书本和课堂中师生的观点通过验证、辨析、反思等方法得出一样或者不一样的观点,最后以观点指导自己的行动。学生评价这一学习行为在本质上是一种认识、深度思考、价值转变,直至行为选择的活动过程。

(二) 理论基础

1. 人本主义理论

马斯洛作为人本主义心理学的创始人,充分肯定人的尊严和价值,积极倡导人的潜能的实现。另一位重要代表人物罗杰斯,同样强调人的自我表现、情感与主体性接纳。他认为教育的目标是要培养健全的人格,必须创造出一个积极的成长环境。

人本主义教学思想关注的不仅是教学中认知的发展,更关注教学中学生情感、兴趣、动机的发展规律。重视其认知、动机、情感等心理方面对行为的制约作用,注重对学生内在心理世界的了解,以顺应学生的兴趣、需要、经验以及个性差异,达到激发其认知与情感的开发,学生潜能的充分挖掘。

基于这一认识,评价这一学习行为更多关注的是学生学习行为的转变,学生学习习惯的养成,如何通过评价激发学生思考、探究的积极性。

2. 建构主义理论

皮亚杰是建构主义的代表人物,是认知发展领域最有影响的一位心理学家。皮亚杰关于建构主义的基本观点强调儿童是在与周围环境相互作用的过程中,逐步建构起关于外部世界的知识,从而使自身认知结构得到发展。建构主义理论其核心可以概括为:以学生为中心,强调学生对知识的主动探索、主动发现和对所学知识意义的主动建构。

关于学习的方法,建构主义提倡以学习者为中心的学习,也就是说学生要成为学习的主动建构者,要求学生主动去搜集并分析有关的信息和资料,对所学的问题要提出各种假设并努力加以验证;要把当前学习内容所反映的事物尽量和自己已经知道的事物相联系,并对这种联系加以认真的思考。

基于这一认识,评价这一学习行为强调学生的学习主体地位,教师是学生学习的协助者、帮助者。只有经历知识点自我架构的学习,政治课的育人功能才能真正得以发挥。

3. 全面发展理论

马克思把人的能力全面发展看作是人的全面发展的核心。"任何人的职责、使命、任务就是全面发展自己的一切能力,其中包括思维的能力。"

科学素质是人的全面发展的内在要求。人的全面发展理论提出,全面发展即人的智力和体力的充分、统一的发展,同时也包括人的才能、志趣和道德品质的多方面发展。人的全面发展即人的体力和智力的全面、和谐、充分的发展,还包括人的道德的发展。

基于这一认识,评价这一学习行为在注重学生知识习得的同时,更强调思维品质发展,思辨能力、反思等能力的提升。通过真实情境下的评价观点这一学习行为,引领学生科学价值判断,实现正确行为选择。

三、 评价观点这一学习行为的重要性分析

(一) 以评价学习促进学生深度学习

评价是深度思考的过程,深度学习能够将学生从固有的学习行为和思考习惯中解放出来,做出更加广阔和深入的理解与分析。由问题或者议题引起矛盾、冲突,进入分析、辨别、反思,最后在总结、鉴别和选择中进行评价观点。"问题不在于告诉他一个真理,而在于教他怎样去发现真理"。[①] 学生学习的目的就是为了达到探索和推断的新领域,获得更多新知识,否则学习就失去了其应有的价值。政治课的深度学习,不仅包括学科知识广度与深度的问题,更包括通过学习引导学生道德修养的提升,引导学生树立正确的世界观、价值观和人生观。

(二) 以评价引领学生价值判断

评价是科学思维的过程,对于政治学科来说更是价值引领的过程。被动地顺从和默认书本和教师的观点,这种顽固的思维心态导致的恶果是学生止步于知道"是什么",但是对于"为什么"或者"怎么做"还是一个未知数。看似学生通过回答

---

① ［法］卢梭.爱弥儿:论教育[M].李平沤,译.北京:商务印书馆,1978:7.

问题、考试等方式掌握了知识点,但有多少观点可以真正为学生所接受、认可、内化却是一个很大的问题。唯有经过学生自己评价,被学生真正内化的观点才能学以致用,才可能引领学生价值观的形成。

(三) 以评价实现学生行为选择

学习的最终目标并不是简单地为了记住、理解某些知识或者观点。从知道"是什么"到"为什么"直至"怎么做",如果仅仅让学生凭借既成的观点或者经验实施行动,那政治课的教学与学生生活实际其实是脱节的。调查问卷中,对于政治课的价值,即学科学习对学生究竟有什么样的帮助这个问题,选择希望政治课"能对生活有指导意义"占到 100%,"实现价值观的引领"占到 83.33%,"提升考试成绩"的占到 50%。从数据显示所见,学生对于政治学科价值其实是有着很大期望值的。教师应该通过转变学生的学习行为,比如引导学生通过评价观点这一学习行为,激发学习探究兴趣,并能学以致用。通过评价观点这一学习行为实现自身的价值引领和行为选择。

四、 评价观点这一学习行为在课堂中的实施策略

在传统的"传授—接受"式的课堂教学中,学生为了考试得高分,可以迎合教师的要求,严格按照教师的指令进行学习,已经形成了被动、单一、机械的惯用行为模式。为了改变学生已经形成的习以为常的行为模式,除了增强学生的学习责任感、提升学生对学习行为的理解力外,还需要强化学生对学习行为的执行力,引导学生建立勇于表达不同行为的新习惯。[①] 评价观点,在一定程度上就是学生新习惯的养成。这一学习行为,最终的指向是要将课堂中的观点真正可以让学生"内化于心,外化于行"。

(一) 问题思维,理性评价

理性相对感性而言,即一个人对某一件事能够作出理智的分析和判断。理性评价即通过问题解答、推理验证形成观点的过程。一定的挑战性问题是形成理性

---

① 向葵花.审思与重建中小学学生学习行为研究[M].北京:中国社会科学出版社,2017:198.

评价的前提,也是产生学习的动力。传统型课堂中,不乏一些简单的、可有可无的,甚至不断堆砌的问题。这样的课堂提问,不但无法激发学生评价的积极性,也不利于学生思维的发展。我们或许可以扼要地说,思考源自某种困惑、疑惑或怀疑。思考并不是自发地骚动,并非依照"普遍原则"就会发生,而是由更特定的事物引起或造成的。笼统地要求孩子(或者成人)思考,而不考虑在他的经验中那些让他烦恼以及打乱他平衡的困难,就像劝他要靠自己的力量出人头地一样,是没有用的。[1]

教师在课堂中要将教学内容问题化、生活化,设计一定的挑战性问题,既切实符合课程标准的要求又能与学生生活实际紧密相联,以此引导学生通过理性评价分析观点。课堂中问题的设计需要由浅入深、由简单到复杂、由个性到共性层层推进,用巧设的问题引导学生步步深入地探究与分析,引导学生通过评价获得观点,得到行动支撑。

下面以统编教材六年级第二课《学习伴成长》这一框为例。

学情分析:预备年级的学生,经历了小学阶段的学习之后,在学习方面的差异已经很大。作为完中的预备年级学生,在这个问题上的差异性特别明显,有些问题甚至已经非常突出,例如,有些学生缺乏学习动力,觉得是父母让我来学习的;有些学生缺乏学习的主动性和自控力,甚至游戏成瘾而出现厌学、焦虑等不良情绪。通过课堂教学引导学生树立正确的学习观,重新审视自己的学习,让学生通过学习滋养自己,为帮助他人、服务社会做好准备,具有重要意义与价值。

教学过程:

1. 环节一:提出问题引出议题

问题设计:小梅同学的苦恼:最近她加入了一个"抖音制作"社团。她妈妈却坚决反对,觉得这样的兴趣爱好会影响学习,小梅觉得社团活动也是一种学习,对此你怎么看?

学生评价任务:阅读分析案例

设计意图:情境导入,引出议题:什么是学习?

---

[1] [美]约翰·杜威.思考的本质[M].章玮,译.北京:九州出版社,2019:14.

2. 环节二：讨论活动

问题设计：你经历的学习还有哪些？比一比，看谁想得最多。

学生评价任务：比一比，完成教材第15页"探究与分享"，能从不同角度对"学习"进行重新定义。学习的内容：知识、能力、品德。

设计意图：引导学生探究，进一步拓展学生对学习这个概念的理解。

3. 环节三：辩论活动

问题设计：追问活动：你觉得小梅妈妈可能在担心什么？中学生的兴趣爱好究竟会不会影响学习成绩？

学生评价任务：归纳与整理出一定的结论：学习的途径、学习的态度。知道学习是我们中学阶段的重要任务。学会正确处理兴趣爱好和学习的关系。

设计意图：通过正反双方辩论，引导学生总结归纳，求同存异得出相应结论。

4. 环节四：追问活动

问题设计：小梅同学的困惑：究竟为什么要学习？我觉得从小到大好像都是父母要我考大学，要我学习。你怎么看待这个问题？

学生评价任务：帮助小梅解决困惑，为什么要学习？

设计意图：引发学生对于现实问题的思考，引发学生对于自己学习观的反思。

5. 环节五：材料分析

问题设计：出示三段材料，书本第18页"阅读与感悟"上的毛泽东与学习；李嘉诚的学习经历和他对青年一代的期望；姚明的学习历程和他对于学习的看法。他们的学习和成长经历对你有什么启示？

学生评价任务：阅读材料，归纳总结。归纳与整理出一定的结论：（1）个人角度，（2）他人角度，（3）国家和社会角度。

设计意图：引导学生归纳总结。

6. 环节六：解决问题学以致用

问题设计：小梅同学决定把今天课堂中师生的讨论过程，跟父母做个分享。小梅也已经意识到，有些方面是自己需要改进的，有些是妈妈需要改变的，你觉得她应该和妈妈怎么沟通更有效？

学生评价任务：换位思考，帮助小梅解决问题。

设计意图：课堂总结归纳。提升学生分析问题解决问题的能力。

本课设计以小梅的学习生活为主线，通过反复追问的环节设计，不断引发学生的评价。由小梅到自己，从毛泽东、李嘉诚到姚明再到自己，反复往来地设问，以此引发学生对于自己学习观的再思考，不断引发学生验证分析、理性评价、得出观点。激发学生学习原动力，端正学习态度，建立正确的学习观。同时引导学生理解学习不仅仅是为了滋养自己的生命，也是为了更好地帮助他人，服务国家社会乃至整个人类，在一定程度上也是在点亮自己的生命。

问题决定了思考的目的，而目的则控制了思考的过程。[①] 进行问题思维下的理性评价，是要改变学生固有的依赖既成观点的学习习惯。不仅要让学生提高思考的能力，更应该要让学生养成思考的习惯。对问题评价的过程，在一定程度上是学生自己释疑解惑，对课堂观点认同的过程。学生有参与评价观点的热情，甚至直至最后能自己提出问题解决问题，这样的学习过程使学生对知识充满好奇，课堂的学习才可能灵动而充满生机。

（二）反转思维，辨析评价

反转思维，指突破常规性思维，从对立、相反的角度认识问题，以新思路或新方法进行思考、深入探索。辨析即辨别与分析。辨析评价是指学习者基于一定的议题，运用辩证性和批判性等科学的思维方法，对议题进行科学判断、论证与分析，并在此基础上作出鉴别与行为选择的一种学习方式。杜威认为，最好的思维方式是"反思性思维"，它是"对某个问题进行反复的、认真的、不断地深思。"反思过程包括两个次级过程：（1）一种困惑、怀疑和犹豫的状态；（2）一番考察或调查研究，查清事实去证实或否定所想到的信念。[②] 反转性思维下的辨析评价培养的是学生独立思考、判断的能力，这是学生未来适应社会所必须具备的能力，也是创新型社会所需要的。

《普通高中思想政治课程标准（2017 年版 2020 年修订）》指出，要构建以培育核心素养为主导的活动型学科课程，同时提出要强化辨析，选择积极价值引领的

---

① ［美］约翰·杜威.思考的本质［M］.章玮，译.北京：九州出版社，2019：13.
② ［美］约翰·杜威.我们如何思维［M］.伍中友，译.北京：新华出版社，2015：11.

学习路径。可通过范例分析展示观点,在价值冲突中深化理解,在比较、鉴别中提高认识,在探究活动中拓展视野,引领学生认同、坚信社会主义核心价值。①。不确定性是学生辨析评价的前提。一切事物内部都存在矛盾,都是一分为二的。书本、教师既成的观点也不是绝对,更不是静态永恒不变的。

以统编教材七年级的第一课《青春的邀约》中《直面矛盾心理》这一框为例:

在"探究与分享"板块有这样一个学习情境:"我不喜欢爸爸妈妈干涉我的事情。可是,当我遇到麻烦时,还是渴望他们的'出现'!"于是在课堂设计环节教师可以抛给学生这样一个议题引导学生进行辨析评价:"中学生心里话有没有必要告诉父母?"这样的评价不是让学生得出"心里话是要告诉父母"还是"不要告诉父母"这种简单的是非判断,而是通过学生的评价点燃学生的学习热情,引起学生对青春期中出现的各种矛盾心理、日常行为的反思与辨析。

在议题的引领下,学生对这个观点的评价是多元的:

生1:中学生心里话应该告诉父母,因为听取父母建议的过程,也是一种很好的亲子关系的体现。

生2:中学生心里话还是应该告诉父母,因为他们具有更多的社会经验,可以给我们很多的建议和帮助。

生3:中学生心里话无须告诉父母,到初中这个年龄段保有点自己的秘密是自我能力提升的一种表现。

生4:中学生心里话无须告诉父母,完全可以和自己的好朋友说,这样有利于亲子关系的发展。

学生的评价其实和他们的生活经验紧密相连。通过这样的辨析评价,学生得出的结论是多元的甚至是截然不同的,教师应该尊重这些多元化观点的存在。在学生评价的过程中,教师可以注意收集有价值的信息,适当进行精准的引导。

反转思维下的辨析评价,得出的结论可能是不尽相同甚至是完全相反的。对于在课堂教学中出现的焦点问题,教师不应回避;对于出现的两难问题也不应该

---

① 中华人民共和国教育部.普通高中思想政治课程标准(2017年版2020年修订)[S].北京:人民教育出版社,2018:43.

规避,或者担心无法形成统一的观点。这些恰恰是教师可以在课堂中加以利用很有价值的教学资源。辨析评价可以在矛盾、冲突中激发学生学习的好奇心,促进学生在纷繁复杂的现实、多元价值冲突中,能够以社会主义核心价值观作为引领,明辨是非,做出正确的价值判断和选择。

在辨析评价之后,师生可以根据学生课堂表现,对学生学习行为作出科学评价(见表 4-1-1)。

表 4-1-1　辨析评价活动评价量表

序号	维　　　度	同学评价	教师评价
1	积极参与课堂评价		
2	观点表述清晰完整		
3	能从相反或者对立角度论证观点		
4	能用观点指导自己行为		

(三)入境思维,反思评价

入境思维,即身临其境,把自己归为当事人的思考方式。反思即深思反省。反思评价即通过角色转换,以自我代入的方式进行分析得出观点。反思评价是个体与自我的对话,也是经验转变为思想的过程。习近平总书记要求思政课教师做到:坚持理论性和实践性相统一,重视思政课的实践性,把思政小课堂同社会大课堂结合起来。课堂教学中应该把学科知识放在社会的真实背景下,通过学生的反思评价,让书本知识不再是简单的传递,而是让这些知识、观点在学生生活场上得以重新建构。让学生不仅明白"该怎么做",更清晰自己之后"会怎么做"。

科学精神要求用马克思主义基本立场、观点和方法观察事物、分析问题、解决矛盾,做出科学解释、正确判断和合理选择。对于科学思维,杜威提到了两种变换条件的方法:一,被动地等待"偶然事实"的出现,然后抓住机会深入观察,仔细分析,对比结果。二,主动变换条件,制造各种事实,进行透彻研究。将学生带进特定事件的"现场",学会转换角色,从当事人的角度体验、感悟、评价观点,得出结论。

以统编教材八年级的第七课《关爱他人》中的《服务社会》这一框为例:

在探究与分享内容中,书本设计了一个小方同学参加校团委举办的"爱心天使"义卖活动的案例,同时设置了这样的问题:"小方的经历给你怎样的感受?"对于这个问题的回答,学生基本都是从第三方的角度进行客观的评价,也结合了很多书本的知识点给出观点,但明显缺少一定的主观参与的感受过程。

为了让学生有身临其境的感受,教学环节中可以把今年浦东新区团委的一个招聘启事作为情境运用到教学中:"2020年,这个不平凡的一年,总能看到一群人忙碌的身影,他们投身在卫生防控、机场转运、社区楼宇、防护服生产、线上辅导等各个领域,不畏困难不惧风险,奉献自己帮助他人,他们平凡又不平凡,为人民与社会安全默默努力,他们就是我们最可爱的浦东青年志愿者们!这个春节,你是否停下了回家的脚步,在沪过节,你是否觉得无所适从?如果你想要这个春节变得更有意义,如果你也想和他们一样,为建设文明浦东贡献力量,赶紧扫描海报上的二维码,报名参与浦东新区应急青年志愿者储备,加入浦东新区青年志愿者大家庭,和小青妹一起成为2021年那道最亮的光吧。期待你的加入!"情境设置完成,可以用"如果你现在已经是一名年满18周岁的青年,你会加入这个志愿者群体吗?"和"如果父母对你参加志愿者活动有所顾虑你会怎么说服他们?"两个问题,调动学生评价的积极性。

显然,对于这个近在眼前的志愿者活动,学生的参与评价的积极性要比之前以旁观者的身份评价他人行为的积极性高得多,也真切得多。因为身临其境,对于自己参与这样的志愿服务所遇到的问题也就随之而产生,而这些生成性问题又恰恰是学生生活中真实存在的困惑,是课堂中最值得探讨的问题。学生在这样的反思思维下评价观点时,不仅能表达出积极参与的热情,更是对可能存在的困难,包括父母可能存在的顾虑进行了客观全面的分析,同时也拿出了行之有效的解决方案:

生1:我很想参加这样的志愿者活动,但我不是很确定自己是否符合这次志愿者招聘的要求。看来做一名优秀的志愿者,首先自己要足够优秀,我会先去了解一些相关知识再做决定。

生2:父母有可能担心我是否能胜任这个角色,我会先全面了解这次志愿者的职责,以此来评估自己的能力和可行性。

生3：父母可能会担心做志愿者是否会影响到我的学习，我会做好时间上的均衡，一方面提高学习的效率，一方面做好志愿者工作。

在这样一个评价观点的过程中，学生理解了书本中的知识点："在服务社会的过程中，我们的视野不断拓展，知识不断丰富，观察、分析、解决问题的能力以及人际交往能力不断提升，道德境界不断提高。可以通过服务社会来提升自己的社会价值。"同时，学生更把自己置于事件当事人的位置，思考、分析问题，真正将书本知识内化为自己的行为选择。

入境思维下的反思评价，是一个完整的学习行为系统（见图4-1-1）。反思评价这一学习行为在着力注重学生知识习得、能力形成、思维拓展的同时，更注重着眼学生成长的阶段性心理困惑与需求，引导学生透视社会、剖析社会现象，提高学生运用知识分析、解决社会现实问题的能力。课堂创设的情境应该来源于生活，具有现实性和真实性。这样才真正能使学生入境，身临其境，由境生情，从情境中转换角色，反思评价得出观点，最后作出价值判断，实现行为选择。这样的课堂教学不再局限在一间教室中，更是在社会的大课堂中分析问题解决问题，真正关注学生的成长和发展。

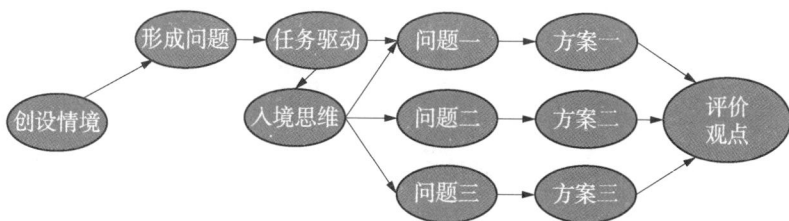

图4-1-1 反思评价学习规程示意图

五、 自我评价和评价维度与水平分级

在师生评价的基础上，学生的自我评价在一定程度上更是学生主体性的重要体现，是学生自我认知、提升的重要方式。自我评价除了关注评价能力方面，也应该更多地关注自身学习发展能力的提高。

表4-1-2 评价活动自我评价量表

	优	良	合格	需努力
能用不同思维方式论证观点				
观点表述清晰完整				
评价活动时很自信				
尊重其他组员的意见				
能听取老师的建议				
能用观点指导自己行为				

我全面地总结了从　　月　　日到　　月　　日期间有关　　　　　方面,发现我有所收获

我的成果与提高体现在:

会有上述成果和提高的原因是:

还需要克服与存在的问题是:

近期实现的小目标是:

学生签名:

教师寄语:

教师签名:

　　评价观点这一学习行为要引导的不再是简单地让学生、师生仅仅形成一个比较统一的观点,更是要在学生与学生、学生与教师乃至学生与自我之间,通过观点碰撞、激发问题意识、撬动思维品质,最终实现价值引领。这一学习行为,更多体现的是创新性学习和个性发展的过程。

表4-1-3 评价维度和水平分级

评价维度	水平分级	等 级 描 述
观点表述	水平4	观点阐述准确完整,内在逻辑性较强。能针对情境提出独特问题,进行深入探究
	水平3	能针对情境评价观点,阐述准确,具有一定的逻辑性
	水平2	能评价观点,但阐述不够完整,逻辑性一般
	水平1	不作答或回答偏离主题,不会评价观点

评价维度	水平分级	等级描述
能力体现	水平 4	具有较强处理运用信息的能力,不仅能归纳社会现象的实质,而且能提出科学合理的实施方案,作出自己的行为选择
	水平 3	具有处理运用信息的能力,能够运用学科知识或所形成的价值观,归纳社会现象的实质形成观点
	水平 2	具有一定处理运用信息的基本能力,但是不能运用学科知识或所形成的价值观,归纳社会现象的实质形成观点
	水平 1	不具有处理、运用信息的实践能力,不具有相关学科知识,未形成相关价值观评价观点

六、 评价观点这一学习行为在课堂中的实施原则

(一) 主体性原则

突出学生作为课堂学习的主体地位,学生的核心素养是活动型课程的最终目标。突出学生的评价意识的增强、评价能力的提升,以逐步引领他们用所学知识转化为观察社会,分析问题、解决问题的能力。

(二) 启发性原则

激发学生的学习行为还需要依赖教师的教学智慧。在评价这一学生学习行为上,教师不一定要给出"是非对错"的标准答案,但是要引领学生通过各种方式、途径对课堂观点进行验证、辨析和反思后作出评价。启发学生评价学习的过程,也是激发学生学习兴趣的过程,是搅动学生思维的过程。

(三) 生活化原则

课堂中的知识转化为生活现实中的问题,就是学生要评价的观点。习近平要求思政课教学坚持理论性和实践性相统一,用科学理论培养人,重视思政课的实践性,把思政小课堂同社会大课堂结合起来。杜威提出的实用主义的哲学观,即"把教育和儿童眼前的生活联系在一起,教会儿童眼前的生活环境"。所教、所学知识真正转化为学生解决问题的能力,这样的教与学才是真正有价值,也才能真正落实学科核心素养。

附：

中学政治课"评价观点"学习行为调查问卷

亲爱的同学：你好！

　　为了解当前中学(初中和高中)政治课堂学生学习行为现状,包括"评价观点"这一学习行为的实施现状,我们制定了本问卷并组织开展调查。本问卷采取无记名方式,统计数据仅用于情况分析,请放心作答。

　　感谢你的大力支持！

中学政治课"评价观点"学习行为课题组

1. 你所在的学段是(　　　)

A. 初中　　　　　B. 高中

2. 你对政治课的兴趣程度(　　　)

A. 非常或者比较感兴趣　　　B. 兴趣一般　　　C. 不感兴趣

3. 你认为政治课的学习对你的帮助主要在于(　　　)(可以多选)

A. 价值观的引领　　B. 对生活有指导意义　　　C. 仅对考试有帮助

4. 政治课上,你主要的学习行为有哪些(　　　)(可以多选)

A. 背诵记忆　　B. 做题考试　　　C. 评价观点　　　D. 基本不参与

5. 你期待的政治课型是怎样的(　　　)(可以多选)

A. 教师讲授型　　B. 师生共同参与合作型　　　C. 学生积极评价探究型

6. 你期待政治课对你的帮助主要在于(　　　)(可以多选)

A. 价值观的引领　　　B. 对生活有指导意义　　　C. 提升考试成绩

(上海市沪新中学　龚建新)

第二节　辩护批判

　　思想政治课批判学习行为作为一种高阶的学习行为,有着丰富的内涵,表现出主动性、严谨性、现实性、全面性、反思性等特征。高中思想政治课是立德树人的关键课程,是帮助学生确立正确的政治方向、提高思想政治学科核心素养,增强社会理解和参与能力的综合性、活动型学科课程。基于当前思想政治课的课程性质和特点,分析当前学生批判学习行为培养中存在的问题,提出有针对性的策略具有重要性和必要性。

一、　批判学习行为概述

(一) 批判学习行为的内涵

　　"批判"一词由来已久,然而要想说清楚这一概念的内涵着实不容易。"批判"最早源自希腊文"kritikos",指的是思辨力、洞察力和判断力。《韦氏高阶英语词典》中"critical"一词意为:表达批判或者不赞成,即对事物好和不好的方面做出仔细的判断。在《现代汉语词典》中,"批判"主要有两种词义解释:一种是对错误的思想、言论或行为做系统的分析加以否定;另一种是分析、判别、评论好坏。

　　在教育界,诸多学者对于"批判性思维"进行了广泛研究,这对于我们审视"批判"本身的含义大有裨益。美国教育哲学家杜威提出了"批判性思维"的概念,即"反思性思维"。在他看来,"反思性思维是根据信仰或假定的知识形式背后的理由及其指向的进一步结论而对它们进行的主动、持续和细致的思考"。[1] 据此,我

---

[1] DEWEY J. How We Think [M]. New York: Dover Publications, 1997: 6.

们能看出，杜威所强调的批判是要学会反思，能够通过推理得出自己想要的结论。格拉泽在杜威反思性思维的基础上指出，批判性思维是态度、知识和技能的综合体，一个具有批判性思维的人必须有质疑的态度、逻辑推理知识以及分析、综合和评价的认知技能。[1] 美国学者恩尼斯指出"批判性思维是聚焦于决定相信什么或做什么的理性的、反思性的思维"。[2] 这一观点在杜威"反思性"的基础上补充了"理性"内涵，即我们的行为必须要有充足的理由，而不是盲目行动。学者理查德·保罗认为，批判性思维是积极地、熟练地、灵巧地应用、分析、综合或评估由观察、实验、推理所获得的信息，并用其指导信念和行动。[3] 20世纪90年代，美国哲学协会的专家学者，经过研究讨论，对批判性思维的内涵进行了深化，认为"批判性思维是有目的的、自我监控的判断，它不仅是在对证据、概念、方法、标准或情境进行解释，更是在对它们进行阐释、分析、评价和推论的基础上作出的"。[4] 由"批判性思维"的研究，我们能看出，在学者眼中，"批判"蕴含着反思、质疑、逻辑推理、分析、综合、评价、理性思考、自我监控等多重行为表现。

在思想政治课中，学者对于"批判"也有研究。习近平总书记在学校思想政治理论课教师座谈会上强调，推动思想政治理论课改革创新要做到"八个统一"，其中一个便是要坚持建设性和批判性相统一。学者基于此，对思政课的"批判性"的解读基本也是一致的，即认为思想政治理论课的批判性，是对错误观点和思潮的批判及对社会矛盾的批判的统一，目的是培养青年学生对复杂社会思潮的洞察力、辨别力、判断力和斗争力。思想政治课的这一批判性质也体现和贯彻着马克思主义哲学的本性和精神实质。这种批判是实践批判、理论批判和自我批判的有机统一，由此马克思主义才不是僵化的教条，而是行动的指南。

---

① GLASER E . An experiment in the development of critical thinking [M]. New York ：Teachers College，Columbia University，1941：18.

② ENNIS R H. A Logical Basis for Critical Thinking Skills [J]. Educational Leadership，1985(43)：44 - 48.

③ PAUL R. Dialogical thinking：Critical thought essential to the acquisition of rationalknowledge and passion [M]//BARON J. STERNBERG R. Teaching thinking skills：theory and practice，New York：W. H. Freeman，1987,127 - 148.

④ FACIONE P A. Critical Thinking：A Statement of Expert Consensus for Purposes of Educational Assessment and Instruction [R]. American Philosophical Association，1990：3.

通过以上分析,笔者尝试对思想政治课批判学习行为作如下界定:思想政治课批判学习行为是指学习者对错误的社会思潮和观点进行批驳过程中所表现出来的一种主动的、有效的内在和外在的反应总和。

(二) 批判学习行为的特征

1. 主动性

批判是一种主动的积极性学习行为,主动意味着在遇到任何观点和看法之前,不是盲目和被动接受,而是需要主动思考和审查,找寻恰当的论据,进行合理的论证,独立地作出选择,以免陷入被动和迷茫。当然,批判的主动性还蕴含着建设性的内涵,即鼓励学习者在面对不同情境时通过不断的创造性思考,形成新的观点和找到解决问题的新方法,以不断丰富原有的观点和看法,据此能够达到"在批判性中结合建设性,建设性能够增强批判的底气和自信"。[①]

2. 严谨性

批判学习行为应当杜绝随意性,需要在整个过程中具备严谨踏实的态度,这样才能针对错误观点和思潮作出合理的反驳,完成有效批判。正是出于对我们相信什么和应该做什么这些问题的回答,我们应该注意批判的恰当性和准确性,对于每一次论证必须严格把关,不能想当然地给出不切实际的回答或是漫无边际的揣测,带有情绪化的批判必然会扭曲批判对象的实际情况。严谨性是批判的基础,这是一种理性的行为,要避免非理性因素的干扰。

3. 现实性

批判学习行为的批判对象应该是真实有效、实际存在的。如果我们脱离了应该批判的观点和问题进行漫无目的怀疑一切和否定一切,那这种"批判"显然不是真正的批判,这对于我们能力的提升不会有帮助,甚至是适得其反。因为现实生活中总会存在各种各样的思潮和观点影响人们的判断,所呈现的问题也总是复杂多样的,批判这些问题的价值就在于揭露它们的弊端,为现实服务,使学习者受益。批判学习鼓励学习者以真实情境为依托,以事实为依据,抓住事物的本质,用

[①] 孙宇伟,陶文昭.高校思想政治理论课坚持建设性和批判性相统一:理论蕴涵、现实问题和科学方法[J].思想教育研究,2020(10):109—113.

科学的态度和审视的眼光观察各类情境和思考问题,这样才能促进学习者的能力提升。

4. 全面性

批判学习切忌以偏概全。真实的情境是复杂的,要批判的观点或者社会思潮也会有多种,当我们对错误观点或思潮进行分析时,不能仅仅局限在单一论点本身,而是需要立足整体,充分研究各种观点所携带的价值导向,在此基础上,经过逐一调查分析、研究深化,方能找到批判的正确方式。因此,批判的全面性强调要多角度、多方面、多途径思考问题,不要因一个问题的澄清而变得沾沾自喜、盲目乐观,要学会统筹全局,用全面的眼光看待问题,揭露问题,最终实现全面批判错误观点,用正确的理论说服人。

5. 反思性

批判学习行为强调反思性,即在思考的基础上再思考。批判不是单纯地对原有观点和看法予以否定和揭露,而是要反思这些观点和方法本身得以出现的原因,是基于何种事实作出的推论。当然,反思也不仅仅是针对他人的观点或想法,也需要对自己不断进行反思,要时常回顾自己在判断、推理中的过程和结果是否客观合理,在不同情境下同种思考路径和解决问题的方法是否同等适用,所秉持的价值观是否符合公平正义等。如果缺乏了有效的反思,很容易陷入不思进取的状态,正如杜威所言:"一个人的行动如果不受深思熟虑的结论所指导,那就受不假思索的冲动,不平衡的偏好,怪念头或一时的情境所引导。"①

二、 高中思想政治课批判学习行为养成的价值意蕴

(一) 适应信息社会发展的要求

当今社会是一个信息迅速爆炸的时代,人们每天被无穷的信息所包围。人们既是信息的接收者,也是信息的发布者。如何能够在如此繁杂的信息中辨别真假、识别目的,对于人们的工作和生活质量尤为关键。这就意味着我们必须能够

---

① [美]约翰·杜威.我们如何思维[M].伍中友,译.北京:新华出版社,2010:56.

习得一些能力，有效地甄选信息，对信息进行有效的扬弃。毫无疑问，这是一个系统工程，而学会批判对于我们有效适应信息社会的重要性不言而喻。高中思想政治课作为综合性、活动型学科课程，与社会实际联系密切，应讲授马克思主义基本原理，特别是马克思主义中国化的最新成果。如果学习者能够从思想政治课堂上学会对错误的观点或思潮进行质疑、评析、推理，掌握马克思主义的科学世界观与方法论，那学习者由课内到课外，由学校到社会的适应无疑更加有效，在面对复杂的环境时能够进行批判性的鉴别、选择，作出合情合理的决定，掌握生存的本领和技能，适应信息社会发展的要求，成为合格的未来社会公民。

（二）培养拔尖创新人才的必备能力

国家竞争的关键在人才，国家的进步根源于科学技术的创新。培养拔尖创新人才，对于加强社会主义现代化强国建设，实现中华民族伟大复兴，增强中国的国际竞争力具有重大战略意义。拔尖创新人才不仅仅表现为具备高水平的科学技术能力，与此同时必须具备正确的价值观，坚持正确的价值导向才能真正做到学有所用，报效祖国。正确价值观的养成需要诸多能力，学会批判便是其中的必备能力和必备品格。在面对各种错误思潮和观点时，如果不能够有效辨别，很容易陷入被动，失去前进的方向。对于学习者而言，必须学会对各种错误观点进行批判和辩驳，唯有在此基础上，方可更好地保持发展方向，促成有效的创新，真正提升自身的创新能力。高中思想政治课贴近学生实际、贴近生活，为培养学生的质疑、分析、推理、评价等能力提供了良好空间，能够帮助学生在批判的过程中由"破"到"立"，觅得创新思维的品质和能力。

（三）培育核心素养的关键环节

学科核心素养是学科育人价值的集中体现。思想政治课的学科核心素养包括政治认同、科学精神、法治意识和公共参与。每一个学科核心素养的培育各有指向，又相互联系，共同帮助学生形成正确的价值观念、必备品格和关键能力。批判这一学习行为在每一个学科核心素养落实的过程中都尤为关键。在落实政治认同素养的教学中，唯有在观点、事实的碰撞中才能产生真正认同。比如在讲授"社会主义为什么好"这一议题时，如果教师不引导学生了解中国共产党的奋斗历程，不了解社会主义制度的建立背景，不对资本主义社会作出理性批判，那难以培养学生的爱国意识,对中国特色社会主义产生认同。科学精神是在认识世界和改造世界的过程中表现出来的一种精神取向,即坚持马克思主义的科学世界观和方法论,能够对个人成长、社会进步、国家发展和人类文明作出正确的价值判断和行为选择。我们知道坚持马克思主义的科学世界观和方法论本身就强调在坚持辩证唯物主义和历史唯物主义的方向的基础上具备批判精神,这才是马克思主义能够与时俱进,展现理论生命力的关键。如果思想政治课不注重对学生批判行为的培养,一味地教导学生听从原理,按经典著作本身办事,不去思考背后的理论逻辑和现实逻辑,那谈何用理论指导实践? 同样的道理,在法治意识的培养中,如果不能引导学生对违法案件进行有效批判,如何才能明白权利与义务的统一,真正维护公平正义,做社会主义法治的崇尚者、遵守者、捍卫者? 在公共参与方面,学会批判也非常关键,参与的过程本身就是承担社会责任,积极履行人民当家作主的权利的过程,这一过程中参与者如果具备批判精神,就有利于提高参与水平,作出有价值的决策和进行监督,进而增强公德意识和参与意识,追求更高的道德境界。

三、 高中思想政治课批判学习行为存在的问题

(一) 教师对批判学习行为的关注尚显不足

批判学习行为是促使高阶思维形成的重要活动之一。笔者经调查发现,随着新课程新教材的推进,思政课教师在批判学习行为的培养上相较于之前有所加强,其中不少教师表示随着中国的发展,对一些错误思潮的批判更加有信心了。当然,通过笔者对不同教学课堂的观察,在实际的教学中,教师对学生批判学习行为的培养还不远远不够。从教学设计的角度来看,一些教师在教学设计时虽能将核心素养写入其中,但问题的设计有时缺乏层次,基本停留在考查学生的浅层思维层面,不能够有效体现核心素养的价值指向。也有不少教学设计看似由浅入深、完整有序,力图培养学生的批判思维,但是在实际课堂教学过程中却未尽人意,基本还是以"灌输"为主,难以生成有效课堂。此外,教师自身所具备的批判思维能力特别是对于马克思主义基本理论的掌握水平也直接影响着教师能否有效驾驭课堂,帮助学生学会批判。比如有教师在讲解统编版高中思想政治必修1《中

国特色社会主义》第一框《原始社会的解体和阶级社会的演进》这一内容时,就有意回避资本主义必然灭亡,社会主义必然胜利这些重点问题,或是进行简单处理,直接套用"生产力决定生产关系"给予回答,未能抓住培养学生批判学习行为的有利时机,引导学生从真实问题出发,站在批判的视角深化对问题的思考。在课后作业布置方面,为了应对考试,有些教师机械地让同学刷题、做题,增加学生的作业量,从学会批判的角度而言,这样的做法无疑与初衷背道而驰,特别是一些重复的抄写工作,即使有思维的因素在里面,往往也是比较低级的,更别说引导学生学会批判,进而培养学生高阶思维了。当然,还是有不少优秀教师有意识地去培养学生的批判学习行为,引导他们去正确看待各种错误思潮和观点,通过提供详实的数据、材料等有效开展课堂研讨。从整体上来看,因各地区、各学校情况不同,或多或少会表现出一些应试为主的情形,难以完全改变学生的学习行为。因此,要加强教师对批判学习行为本身的关注,这样才能助力学科核心素养的落实,真正坚持育人为根本的价值旨归。

(二) 学生批判学习的能力仍较为薄弱

在目前的高考模式下,学生对成绩格外重视。其中,一些同学的学习动机已经变得愈加功利化,一心想的只是考取高分。这样的学习动机无疑是片面的,不利于学生的长远发展。这部分同学每天在知识的海洋里,却不知知识的真正价值在哪里,分数成了他们唯一的选择。思想政治课作为立德树人的关键课程,理应培养的是具备核心素养的人。然则,一部分同学认为"记忆"是取得高分的法宝,他们认为上课好好听取老师讲解的重点、划好重点就能够应对考试了,很少去主动质疑一些观点,缺乏求证的精神。因而,对于教师提出的有价值的问题、组织开展的探究活动可能会存在视而不见的情况,主动参与课堂的积极性会下降。同时,在各科目作业量加大的前提下,他们的课外时间也被严重挤占,一些原本旨在培养学生高阶思维的社会实践活动开展的有效性也会大打折扣。在这种状况下,学生批判学习行为的养成自然会十分困难。学生作为学习的主体,只有保持良好的学习动机,保持学习的积极性、主动性,教师才能有效开展教学,帮助学生养成批判这一类要求较高的学习行为。当然,受限于学生自身知识水平和认知能力的不足,也会使一些学生难以形成对错误观点的有效批判,这需要长期的积累与锻炼。

四、 基于活动型课程构建的批判学习行为培养的策略

通过之前的分析,能够看出当前思想政治课教学中对于学生批判学习行为的重视和培养还比较薄弱,基于当前新课程标准中构建活动型学科课程的理念,采取行之有效的策略进行批判学习行为培养迫在眉睫。活动型学科课程倡导学科内容采取思维活动和社会实践活动等方式呈现,通过一系列活动及其结构化设计,实现"课程内容活动化""活动内容课程化"。批判作为一种学习行为,在这一系列的活动中能够发挥应有价值。为此,以下结合批判学习行为的有效落实提出三方面的策略:情感策略、认知策略、环境策略。三者之间各有侧重,同时又相互支撑,共同促进批判学习行为的养成。

(一) 情感策略:破除心理桎梏,敢于批判

能够批判,首先要破除不敢批判的心理。为此,教师要鼓励学生独立思考,敢于用理性去分析问题、解决问题。真正的批判者不应被动地接受书本知识或者他人的观点。在高考面前,分数重要,但是分数与独立思考、主动参与课堂、提出有洞见的想法绝对不是冲突的,通过不断的训练批判能力有助于提升学习能力,这是相辅相成的关系。当然,还有一种心理也值得关注,便是极度自我主义,认为自己什么都是对的,别人的观点都是错的,这种思考显然也不是独立思考,而是盲目自信,实现真正的批判要求我们要敢于正视自己的无知,不要不懂装懂,而是勇于寻找证据来支撑自己的观点。当然,我们所说的独立思考还应该做到思考后的再思考,教师和学生都应当不断反思自己的分析与评价,认真审视每一推论背后的逻辑,不断保持自我批判的意识,唯有如此,才能对错误的观点进行彻底的反驳。因此,在活动型课程构建的过程中我们应关注平等、可讨论氛围的构建,所开展的活动,提出的议题应当具有开放性、参与性,于问题的碰撞中引领学生作出正确的价值判断和价值选择。

(二) 认知策略:掌握批判学习行为技能

批判学习行为本身也是一种学习技能,需要相应的技能策略来助其养成。对于教师而言,第一,要注重有价值导向地引导学生进行批判。教师批判错误的社

会思潮和观点,不仅仅是为了批判而批判,最终要引领学生明辨是非,认同主流意识形态,用正确的价值观指导实践。第二,对社会思潮进行有差别的批判。这要求教师要区分不同社会思潮的性质,严格区分敌我矛盾和人民内部矛盾,对于有些社会思潮既要看到消极一面,也要看到积极一面,实现正向转化。就引导学生主动学会批判而言,要注意做好以下几点:第一,充分表达,避免过于简单化。在面对一些思潮或观点时,批判学习行为薄弱的学生往往不能充分表达自己的观点,将问题或观点简单化处理,缺乏思考的全面性和深度性。对此,教师可以引导学生将问题细化思考,比如让学生举例说明,提出相反的观点进行反驳,并引导学生尝试运用一些诸如"可能""不可能""基本上""经常""至少"等限定词明确自己的表达意图。第二,学会倾听,理解他人观点。自我表达的高度实现还需要学会倾听,只有集中注意力,认真听取别人的发言,并辅之以有针对性、有重点的识记,学生才能获取有效信息,进而组织自己的发言内容。第三,深度提问,深化思考。倾听的过程中或多或少会对他人的表达产生疑问或不解,这时针对他人的发言进行恰当的提问、反问,可以实现在交流互动中深化自己的思考,为自己的表达奠定基础。第四,建立跨学科的联系。批判是一种高阶学习行为,单靠一种学科知识往往难以解决问题。如果能够超越学科界限,利用学科之间的联系来分析问题,给出解决方案必能提升批判能力。第五,审慎反思,澄清问题。自我表达后还需要反思自己的想法、观点、表达等是否真正地符合了问题的指向,在得出结论之前必须审慎反思,向自己提问,多问自己几个为什么,探寻自己是否真正理解了该问题,进而实现真正澄清问题。

(三)环境策略:创设可批判的教学情境

学生能够对各种思潮和观点进行批判,需要营造可批判的教学环境。在这其中,情境的创设尤为关键,课程标准实施建议也一再强调优化案例,采用情境创设的综合性教学形式。就养成批判学习行为而言,必须做到:第一,情境要真实。所谓真实,是指创设的情境应该走入学生的内心,直击学生的心灵,而不能简单理解为情境只为教学知识服务。以《我国的社会保障》一课为例,我所在的政治学科教研组选取《我不是药神》这部电影作为教学情境进行授课。这一电影情境是学生所熟悉的,且是生活中的真实案例的再现,对于学生有吸引力,能够为学生进行批判奠定良好基础,触发学生的批判意识。第二,以真实问题贯穿真实情境。情境真实只是第一步,还要利用好情境来设计一系列问题,循序渐进,一步步培养学生的批判能力。如在探究一"如何破解天价药困局"中,我们组织学生小组讨论以下问题:格列宁(药物)定价如此高昂是否合理? 是否药价越低对消费者越有利? 破解天价药困局,影片给了什么解决方案? 你是否赞同影片中的方案? 你认为政府能做什么? 我们每个人又能够做什么? 这一组问题层层递进,富有针对性,师生能够通过交流、沟通、启发,实现反思性成长,这一过程不是单纯知识的灌输,而是在真实情境中解决真实问题的体现。

(华东师范大学第二附属中学　石超)

第三节　理论论证

理论论证是表述者用一般性的原理、观点、结论作为论据来论证个别观点(论点)的一种论证方式,而中学思想政治课的理论论证是指运用思想政治的学科知识来论证思想政治学科课程所要求具备的观点。

初中道德与法治学科年级和单元教学目标编制框架中强调,道德与法治课的评价维度要看重价值观念、社会参与、知识技能等方面。这就要求教师培养学生的理论论证能力,运用所学内容论证价值判断。《普通高中思想政治课程标准(2017年版2020年修订)》在"课程性质"和"基本理念"中规定:"培育政治认同、科学精神、法治意识和公共参与等核心素养······构建以培育思想政治学科核心素养为主导的活动型学科课程。"[①]其中"科学精神"是指坚持马克思主义的科学世界观和方法论,它是实现"政治认同""法治意识""公共参与"的重要条件。"科学精神"这一核心素养的落实需要学生在表达观点时有理有据,让自己的观点更加具有科学性。这就需要引导学生熟练掌握"理论论证"这一方法,从而强化"政治认同",增强"法治意识",促进"公共参与"。

在学科核心素养落实方面,教师进行了很多课堂改革,鼓励学生参与课堂,培养学生的表达能力,但在如何让学生的表达更加具有科学性,如何科学论证自己观点这方面还需要尝试更多。"理论论证"是"科学精神"的重要依托,更是知识、理论、观点的等所学内容的内在推演、实际生成的一个重要方式。但一些教师在课堂上可能通过流于表面的教学活动让学生知道所学内容,而忽略了表达系统的

---

① 中华人民共和国教育部.普通高中思想政治课程标准(2017年版2020年修订)[S].北京:人民教育出版社,2020:1—2.

训练,忽略了论证过程的教学和论证能力的培养。这就让"科学精神"这一核心素养的落实大打折扣,从而导致无法有效落实"政治认同""科学精神""法治意识""公共参与"。

那么,如何来进行有效的理论论证教学呢? 在此,笔者将结合个案,来和大家一起分享理论论证学习行为教学策略与教学原则。

一、 中学政治课理论论证学习行为教学策略个案分析

(一) 理论论证个案及学习前行为表现

在学习理论论证过程之前学生拿到一道题目:

我国提出力争 2030 年前实现碳达峰、2060 年前实现碳中和。小阳同学围绕"碳达峰"和"碳中和"开展了研究性学习,下面是他收集的资料:

材料一:"碳达峰",就是指在某一个时点,二氧化碳的排放不再增长,达到峰值之后逐步回落。"碳中和"是指在一定时间内产生的二氧化碳或温室气体排放总量,通过植树造林、节能减排等途径实现抵消,达到相对"零排放"。

材料二:2016—2020 年我国国内生产总值及单位 GDP 能耗变化情况和历次全国森林资源清查数据。

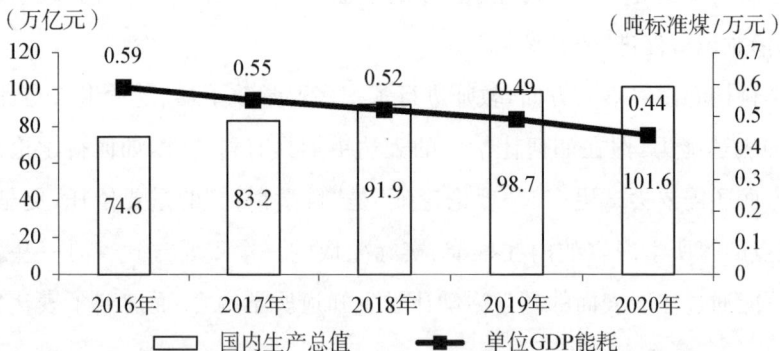

图 4-3-1 2016—2020 年我国国内生产总值及单位 GDP 能耗变化情况
数据来源:国家统计局
注:单位 GDP 能耗是反映能源消费水平和节能降耗状况的主要指标。该指标说明一个国家经济活动中对能源的利用程度,反映经济结构和能源利用效率的变化。

（亿公顷）

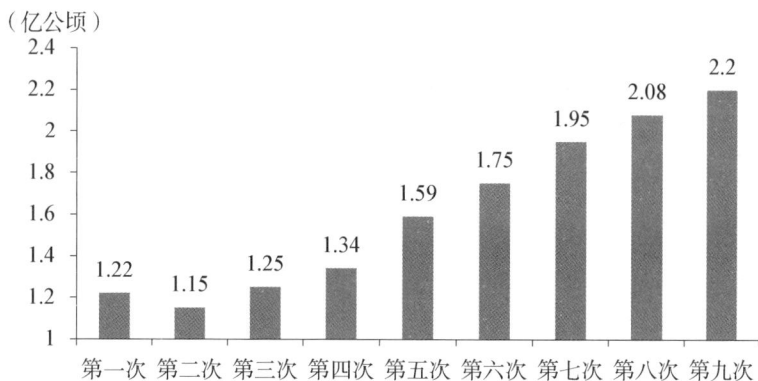

图 4-3-2　历次全国森林资源清查数据

数据来源：国家林业科学数据平台

　　小阳同学对我国实现"碳达峰""碳中和"的目标充满信心。结合图 4-3-1 和图 4-3-2 的信息，综合运用所学内容分析小阳充满信心的理由。（6 分）

学生回答情况：

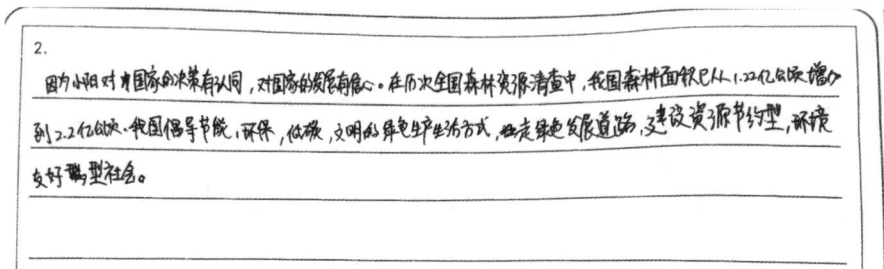

2.
因为小阳对于国家的决策有认同，对国家的前景有信心。在历次全国森林资源清查中，我国森林面积从 1.22 亿公顷增加到 2.2 亿公顷。我国倡导节能、环保、低碳、文明的绿色环保生活方式，走绿色发展道路，建设资源节约型、环境友好型社会。

图 4-3-3　学生作答示例

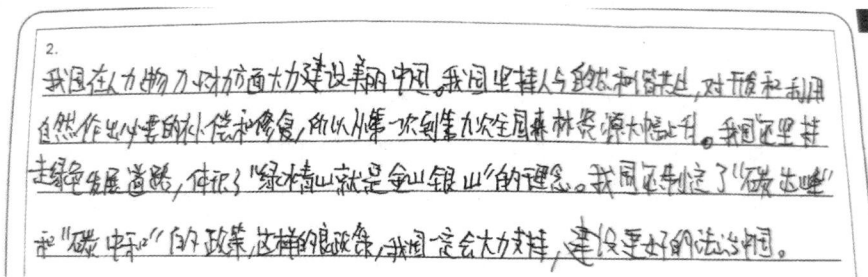

2.
我国在人力物力财力方面大力建设美丽中国。我国坚持人与自然和谐共生，对于保护和利用自然作出必要的保障和修复，所以从一次到第九次全国森林资源大幅上升。我国正在坚持走绿色发展道路，保证了"绿水青山就是金山银山"的理念。我国也已制定了"碳达峰"和"碳中和"的政策这样的良政策，我国一定会大力支持，建设更好的法治中国。

图 4-3-4　学生作答示例

从学生回答情况中发现,学生在理论论证这一学习行为中存在以下问题:首先,学生对题目给出的论点表述不清晰,导致后续论证逻辑混乱;其次,学生对理论论据的选择不准确或不充分,只能从单一维度去论证;第三,理论论证过程不完整,看不出完整的论证过程或者论证过程混乱。为什么会发生以上现象?原因不在于学生在考场上或者做题过程中的发挥,而在于我们平时教学中是否提升理论论证能力。因此,我们对学生进行了理论论证策略教学。

(二)理论论证教学策略

第一步,要使学生养成细读题目,圈画重点的习惯。学生对题目给出的论点或自己的论点表述不清晰和学生对理论论据的选择不准确或不充分这两种学习表现,究其原因是对此类题目的理解不到位和对所学内容的不熟悉。学生审题不仔细,忽略了"结合图4-3-1和图4-3-2的信息,综合运用所学内容",对题目的理解不充分。带领学生细读此类题目,圈画重点,教会学生思考方法,比如对于常出现的"某某人对我国发展过程中的某件事充满信心",让学生从"我国做了什么?我国会做什么?我国有什么目标?"三个维度去思考。

第二步,带领学生构建梳理逻辑关系。对于学生对理论论据的选择不准确或不充分这一学习行为表现,教师不能忽视带领学生进行构建所学内容之间逻辑关系的梳理、掌握、运用。教师除了引导学生掌握每一部分内容,还需要引导学生熟练掌握结构化的理论,其方法就是根据各部分所学知识的内在联系,以所学内容的串联为主线,体现所学内容的前后、左右以及内部串联的关系,呈现给学生的不是所学内容多个罗列,而是理论体系,从而强化理论的掌握。建立起具有逻辑关系的学生容易掌握的知识体系,从而让学生强化理论基础。

第三步,学习理论论证具体方法。对于理论论证过程不完整这一表现,教师要教会学生理论论证的具体方法。道德与法治的理论论证的流程一般是:提出论点,运用所学内容来论证论点。从道德与法治理论论证的特点来说,它主要包括对数据走势作出预测、判断、解读,用教材中所体现的道德、法律、心理和政治等原理、观点和结论等内容作出论证,以及根据情境材料作出价值判断,运用教材中所体现的道德、法律、心理和政治等原理、观点和结论等内容作出论证。

最后,教师应有意制造思维冲突。理论论证这一学习行为,学生可能在学习初期觉得枯燥乏味,但是经过几次完整的理论论证,学生获得思维和表达能力的提升后会具有成就感,也能够驾轻就熟。如何让学习行为变得不枯燥呢?在日常教学中教师要有意制造"思维冲突"。因为产生了"思维冲突",会更加激发学生论证的欲望。学生想要科学论证其从"思维冲突"中产生的论点,就要经常用到理论论证。学生思维品质的提升也源于此。我们在实际教学操作过程中通过班级"头脑风暴"活动,从口头论证开始练起,再回到落笔实践。

(三) 教学实施后学习行为变化

经过以上策略的实施,学生在答题过程中发生了很多变化,主要体现在以下几方面。

首先,学生在论证开始之前能够从题干中准确总结出需要被论证的论点,能够在材料中画出提示着所需理论的部分。这保证了学生在后续的论证中不再出现跑题或者所选择理论不准确的情况。

其次,通过总结学生道德与法治科目中常见的需要理论论证的问题,并总结出其思考方式后,更多的学生能够驾轻就熟,能够更加准确地找到理论论据。教会学生思考方法,比如对于常出现的"某某人对我国发展过程中的某件事充满信心",让学生从"我国做了什么?我国会做什么?我国有什么目标?"三个维度去思考,学生能够在题目中从更多层次去选择所学理论。

第三,经过对所学理论的系统化掌握,学生能够根据画线的材料,很快判断出所需要的理论论据。学生的论证过程逐渐清晰,从逻辑起点到逻辑重点层层递进。比如,在这一题目中学生把"材料里体现了我国坚持人与自然和谐共生的理念"这一答案改为"小阳充满信心的理由是……"。

最后,除学生书面理论论证能力的提升之外,学生在学习和生活中的表达也变得有理有据,思维能力和表达能力得到大幅提升。

从下图中看出学生能够驾轻就熟地选用所学理论来论证小阳充满信心的理由:

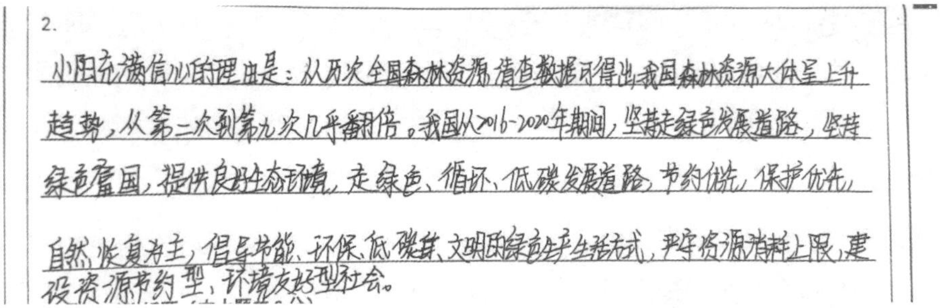
2.
小阳充满信心的理由是：从历次全国森林资源清查数据可得出，我国森林资源大体呈上升趋势，从第二次到第九次几乎翻倍。我国从2016-2020年期间，坚持走绿色发展道路，坚持绿色富国，提供良好生态环境，走绿色、循环、低碳发展道路，节约优先，保护优先，自然恢复为主，倡导节能、环保、低碳、文明的绿色生产生活方式，严守资源消耗上限，建设资源节约型、环境友好型社会。

图 4-3-5　学生作答示例

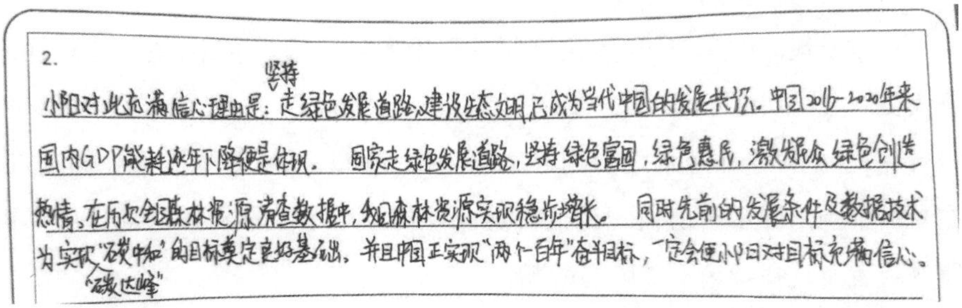
2.
小阳对此充满信心理由是：坚持走绿色发展道路，建设生态文明已成为当代中国的发展共识。中国2016-2020年来国内GDP能耗逐年下降便是体现。国家走绿色发展道路，坚持绿色富国，绿色惠民，激发民众绿色创造热情，在历次全国森林资源清查数据中，我国森林资源实现稳步增长。同时先前的发展条件及数据技术为实现"碳中和""碳达峰"的目标奠定良好基础，并且中国正实现"两个一百年"奋斗目标，一定会使小阳对目标充满信心。

图 4-3-6　学生作答示例

二、中学政治课理论论证学习行为的教学原则

(一) 巩固成为论据的理论基础

理论论证是以所学知识、观点、理论等内容作为论据证明自己观点的方法。因此，扎实掌握所学知识、观点、理论，才能从学理上给出符合逻辑链条的阐述，否则无法建立科学的逻辑链条，论证显得苍白无力。那么如何夯实理论基础呢？

1. 创设情境，在真实情境中内化理论

《普通高中思想政治课程标准(2017 年版 2020 年修订)》教学与评价建议中强调要采用“优化案例，采用情境创设的综合性教学形式”①。从思政课理论特点本身来讲，对于中学生来说，很难有效接受，如果用传统的灌输方式教思想政治学科

① 中华人民共和国教育部.普通高中思想政治课程标准(2017 年版 2020 年修订)[S].北京：人民教育出版社，2020：46.

理论,可能出现停留于表面的学习,甚至可能出现排斥的现象。这就让后续的"理论论证"失去了牢固的基础。因此,思想政治学科中的理论本身的特点和学生的年龄特点,需要教师合理创设情境,在情境中让学生深入理解和掌握所学知识、观点、理论等内容。运用情境教学,创设良好的情境,激发学习热情和动力,是思想政治课教师应作出的理性选择。

比如,可通过以时事材料为载体的情境,激发学生学习兴趣,引导学生在情境中提炼观点,运用理论来证明观点,让这类情境为学生理解和掌握理论服务。以初中道德与法治九年级上册第一单元《走向共同富裕》的教学为例,教师可以用当时的实际案例设计情境。"延边作为边境少数民族自治地区,城乡发展不平衡,乡村较为贫困,发展滞后的问题不容小觑。如果你是当地的脱贫攻坚负责人,你会如何带领当地打赢脱贫攻坚战?"对这一情境问题,学生提出的观点是:"党和政府坚持以人民为中心的发展思想,强调人人参与、人人尽力、人人享有,让人民群众共享发展成果。抓住人民最关心最直接最现实的利益问题,提高就业质量和人民收入水平,不断满足人民日益增长的美好生活需要。多谋民生之利,多解民生之忧,在发展中补齐民生短板、促进社会公平正义。基于以上,我们提出建设脱贫产业基地,实现其他农产品品牌打造,增加就业,增加收入。国家投入进行厕所革命。组织民营企业、社会组织、群众等帮扶贫困。"从所学的一般观点,得出特殊的结论。学生不仅在情境中激发了学习兴趣,提升了解决问题的能力,还掌握了理论。

2. 构建逻辑,在逻辑结构中强化理论

经过情境中的学习,虽然掌握了理论,但实际教学实践中仍出现"学生在课堂上都懂了,但在表达、作业、测试中却不会熟练选择运用所学理论"的情况。这主要是由于学生对所学内容之间的逻辑关系不清晰。因此,教师不能忽视带领学生进行构建所学内容之间逻辑关系的梳理、掌握、运用。笔者认为,教师除了引导学生掌握每一部分内容,还需要引导学生熟练掌握结构化的理论,其方法就是根据各部分所学知识的内在联系,以所学内容的串联为主线,体现所学内容的前后、左右以及内部串联的关系,呈现给学生的不是所学内容多个罗列,而是理论体系,从而强化理论的掌握;建立起具有逻辑关系的学生容易掌握的知识体系,从而让学生强化理论基础。

比如，以单元内容结构的构建，强化学生的理论掌握。以初中道德与法治九年级下册第二单元为例，第二单元在前面学习的基础上，引导学生学会以全球视野与辩证的眼光认识并正确看待中国对世界的责任与担当，增强为世界和平与发展做出贡献的意识与愿望。让学生感受到今日中国对世界的深远影响，树立民族自信心；同时又看到中国未来发展所面临的新风险、新挑战、新机遇，增强忧患意识，愿意为国家的发展做出自己的贡献。学生在此部分内容的学习过程中表现出"每一句话都看得懂，但是无法系统化掌握所学内容，导致无法综合运用所学内容论证观点。"因此，教师在教学过程中引导学生构建内容体系，这一体系包含所学核心内容以及这些内容之间的关系。在这一部分内容的构建下学生强化了理论基础。

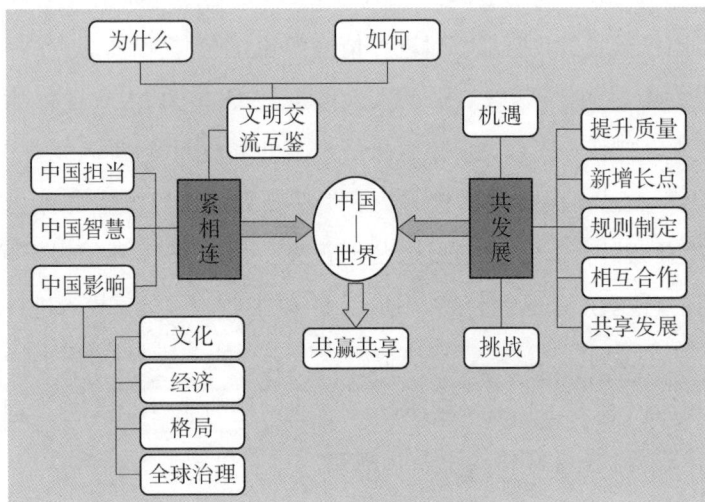

图 4-3-7　学生构建的内容体系

（二）创设需要被论证的思维冲突

理论论证的三要素是论点（观点）、理论论据、理论论证方法。其中论点（观点）的产生是因为产生不同程度的"思维冲突"。在日常教学中教师要有意制造"思维冲突"，因为产生了"思维冲突"，会更加激发学生论证的欲望。学生想要科学论证其从"思维冲突"中产生的论点，就要经常用到理论论证。学生思维品质的提升也源于此。教师在这一"思维冲突"情境中鼓励学生立论并用所学理论论证，当学生遇到论证不清楚时，引导他们冲出重围，巩固理论知识，掌握理论论证的方法。教师应该如何制造和利用这个冲突呢？

要制造真实情境冲突，在真实情境中出现冲突性问题时学生就自然会产生"思维冲突"，从而让学生思维有波澜起伏的波动，确立论点（观点）。这样产生的"思维冲突"会让学生产生想讲明白的冲动。当"思维冲突"产生后激励学生积极表达观点，用理论论证观点。只有从学生的表达中才能看到学生是否对理论有所掌握，对论证方式运用得当。

以初中道德与法治中某一情境冲突为例：

为确保疫情防控期间"停课不停学"，上海中小学生通过"大屏为主、网络为辅"的形式进行"空中课堂"在线学习。某初中九（1）班学习委员发现部分同学存在以下现象：在线学习时悄悄浏览其他网页；开着电视人却还躺在被窝里；空中课堂收看结束后在班级教学平台的评论板块随意留下与学习无关的评论，引起全班热议。

如果你是学习委员，你会如何劝导以上同学？请写一封 200 字的短信给这些同学。

在上述案例中产生了真实情境冲突。对此学生会产生论点，用所学的一般原理或观点（横线部分）去论证自己在情境中产生的个别观点（论点）。

九（1）班的部分同学：

你们好！写这封信是想提醒你们，你们的行为需要改进！在疫情期间进行在线学习时要规范自己的行为。（论点）

有人上课时浏览无关网页、睡懒觉、随意发表评论，这就是违反课堂纪律和无视班级规则。作为学生，上课认真听讲、完成学业是我们的责任和义务。上述行为不改变，不仅影响班级荣誉，你们也可能养成不良习惯，并且学无所获。更严重者可能还会受到班级处分。我们应该不断提高自身的媒介素养，利用互联网获取新知完善自我。

所以希望我们班级的同学不要再出现这样的情况了。

本班学习委员
2020.12

（三）强化论证过程中的逻辑思维

严密的理论论证不仅需要坚固的理论基础，还要运用科学的理论论证方法。如果没有科学的理论论证方法，会导致所学内容和观点眉毛胡子一把抓，不能完成有效论证。因此，教师在教学过程中要引导学生掌握正确的理论论证方式，这就要让学生学会理论论证的逻辑思维。

1. 掌握理论论证的逻辑规律

理论论证要求论证者遵循前后一致性。也就是我们俗称的不能跑题，不能说着一个论题跑到另一个论题，不能讨论着一个理论跑到另一个理论。这就要求教师在教学过程中构建逻辑，在逻辑结构中强化理论，理清理论体系内部关系，以免出现偷换概念的情况。遵循矛盾律，在理论论证过程中，如果失去这一规律，会出现一般原理和论点之间的不统一，导致"自相矛盾"。一般原理和论点之间有逻辑联系才能做到"以理服人"。这就要求教师在教学过程中落实创设情境，在真实情境中内化理论。在用理论论证观点时要有充足的理由，也就是用丰富有层次的理论进行充分论证。如果论证不充分就无法建立论点和理论之间的严密关系。

以初中道德与法治某一题为例，答案示例 2 就没有遵循"矛盾律""充足理由律"，所采用的理论无法有效论证观点：

小杨同学尝试对 2020 年、2021 年我国教育科研经费的投入进行预测，请帮助他在图中完成预测折射图，并综合运用所学内容阐述理由。

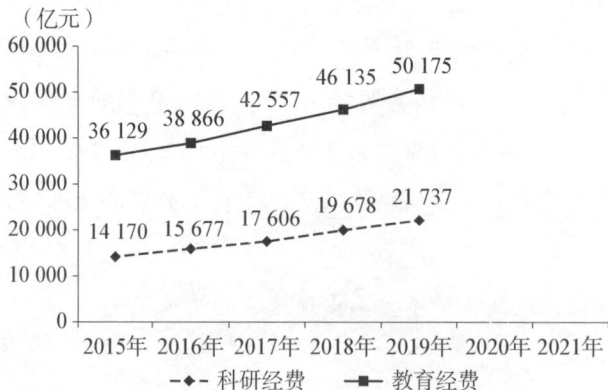

图 4-3-8　小杨同学对我国教育、科研经费投入的预测结果

答案示例 1：预测结果为 2015—2021 年我国科研经费和教育经费持续平稳上升(论点)，因为经济建设的成就越来越依靠科技进步和劳动者素质的提高，需要继续增加教育、科研经费的投入；改革开放以来，我国经济持续快速增长，综合国力不断提升，为教育、科研经费投入的增加提供了强有力的经济支撑。(所学一般观点)

答案示例 2：预测结果为 2015—2021 年我国科研经费和教育经费持续平稳上升(论点)，因为我国在积极实施创新驱动发展战略，乡村振兴战略，巩固脱贫攻坚结果。

2. 做到理论论证的三要素清晰表达

论题要清晰，始终围绕论题展开论述，不能出现论题不清晰或者论题断层的情况。这样容易出现论证不清晰或者跑题丢分的情况。每一部分论证中论题是始终一致的，不能说着一个论题跑到另一个论题。论据要清晰，理论论据要具有一般性、科学性，不能伪造理论论据，否则会导致理论论证结果的不科学性。论证与论据关系清晰，否则会出现理论论证失败。

以初中道德与法治学科为例，每段开头的斜字画线部分体现了论题的清晰，其余画线部分作为理论论据根据所学内容总结而来，并且与论点逻辑关系明确清晰。

中学生的建议被街道采纳

自 2019 年 7 月 1 日起，《上海市生活垃圾管理条例》正式实施。一段时间后，环境卫生得到改善，但也存在一些问题，诸如：一些小区公共空间有限，垃圾集中投放点选址困难；一些老人不进行垃圾分类，胡乱投放；一些上班族抱怨垃圾投放时间设置不合理……某校"社会志愿服务"社团的同学们决定开展调查研究，提出针对性建议，供街道参考。

他们分组深入一些小区进行实地调研，走访街道、市绿化市容等部门，与小区业委会、物业管理负责人一起分析问题，请教老师、专业人员，查阅国外垃圾分类投放的好经验，组织集体学习、讨论。他们发现上述问题与街道、小区的管理制度有关，也发现一些老人不清楚如何垃圾分类，需要旁人帮助，等等。同学们在与街道、小区业委会及物业进行反复沟通后，提出建议：一是对小区原有的固定垃圾箱进行改造，建设垃圾集中投放点。二是购买智能分类箱，设置为误时投放点，以便一些上班族凭借智能垃圾分类卡随时刷卡开箱；此费用列入小区建设预算。三是由街道牵头，积极组织小区志愿者服务队开展帮扶活动；街道明确将参与小区志愿服务队作为各项荣誉性评选的重要条件。街道认为这些建议切实可行，在一些小区中实施。

同学们认为参与此次活动受益匪浅，学到了调查研究方法，增强了能力。同时也认识到一些不足，如，没有深入调查一些老人的实际困难，仅凭主观武断无法解决问题。并提出社团应进一步开展帮扶老人活动。

问：你愿意参加这样的社团活动吗？结合案例，综合运用所学内容阐述你的理由。

观点：我愿意参加这样的社团活动。

论证观点：参加这样的社团活动，能够有机会关爱他人，服务社会（或亲社会行为）。关注垃圾分类投放、相关法规规定落实等，正是尽己所能关心社区生活、关心社会的爱心表现，促进他们在服务社会中实现自己的人生价值。

在这样的社团活动中，能够有机会提高有序参与社会生活、参加民主生活的能力。开展实地调研，走访有关部门，请教老师、专业人员，查阅资料，组织学习、讨论等，就是逐步形成理性、公正、客观态度的过程。

在这样的社团活动中，通过深入调研，发现产生问题的原因，提出创新性建议，就是实践全面、深刻、辩证的分析判断能力的过程。

进入社团后，我也要向他们学习，在活动中学会怎样发挥主人翁作用，承担社会责任。

三、中学思想政治课理论论证的范畴

（一）不同教学模块中的理论论证

根据上海市教育委员会教学研究室主编的《初中各学科年级单元教学目标研究报告汇编》，道德与法治教学各模块中都要教会学生理论论证的方法。

以六年级为例,学生要理解个人成长与同伴和师长的关系,能在相关现象中根据所学内容进行辨认、解释、归纳和比较。以七年级为例,学生要理解个人成长与集体的关系,能够在集体生活的具体情境中结合所学内容进行辨认、解释、归纳和比较,理解积极向上心理素质对个人成长的重要性,能够结合具体事例和所学内容进行辨认、解释、归纳和比较。以八年级为例,学生要理解良好环境对个人和社会的意义,能在相关社会现象或典型事例中结合所学内容进行解释、分析、归纳、比较,理解宪法和法律的作用及地位,能结合典型案例,正确辨认相关社会现象,并加以简述或说明。以九年级为例,学生要理解我国国情国策的内涵和实质,能在相关社会现象中结合所学内容进行辨认、说明、归纳和比较。以上各模块提到的教学目标的达成需要学生学会道德与法治课严密的理论论证。

《普通高中思想政治课程标准(2017 年版 2020 年修订)》在课程内容中规定,必修课程分为四个模块,分别是中国特色社会主义、经济与社会、政治与法治、哲学与文化。理论论证的学习要求贯穿于四个必修模块中。

以中国特色社会主义为例,学生需要学会论证只有中国特色社会主义才能发展中国,中国特色社会主义是当代中国发展的根本方向,以及跟进全面深化改革的进程,论证坚持中国特色社会主义制度不动摇的理由。以政治与法治为例,学生需要学会论证中国共产党是中国革命、建设和改革的领导核心,论证公共参与是人民当家作主的必然表现和重要标志,是当代中国公民责任担当的宝贵品格和关键能力,以及基于法律的本质和功能,选择恰当的论据和论证方式,阐释宪法法律至上、法律面前人人平等的含义。以哲学与文化为例,学生需要学会论证社会主义核心价值观既体现了社会主义本质要求,继承了中华优秀传统文化,也吸收了世界文明有益成果,体现了时代精神,论证中国特色社会主义文化源自于中华优秀传统文化,熔铸于革命文化和社会主义先进文化,植根于中国特色社会主义伟大实践,阐明道路自信、理论自信、制度自信都是文化自信的表现。

(二)学科核心素养要求中的理论论证

理论论证的要求在《普通高中思想政治课程标准(2017 年版 2020 年修订)》的"学业质量水平"章节中具体的要求和体现,分别可以从政治认同、科学精神、法治意识和公共参与四个核心素养的角度进行阐述。

政治认同是拥护中国共产党的领导,坚持和发展中国特色社会主义,认同中华人民共和国、中华民族、中华文化,弘扬和践行社会主义核心价值观。① 课程标准中关于政治认同核心素养的论证要求主要集中于理论论证,例如水平质量 4—1要求"跟进全面深化改革的进程,论证坚持中国特色社会主义制度不动摇的理由""论证中国特色社会主义文化源自于中华优秀传统文化,熔铸于革命文化和社会主义先进文化,植根于中国特色社会主义伟大实践,阐明道路自信、理论自信、制度自信都是文化自信的表现"。除了理论论证,政治认同的核心素养还要求有类比论证的方式。例如学业水平质量 3—1 要求"选择恰当论据,在全球视野中比较各国发展道路,论证只有中国特色社会主义才能发展中国"。

科学精神是在认识世界和改造世界的过程中表现出来的一种精神取向,即坚持马克思主义的科学世界观和方法论,能够对个人成长、社会进步、国家发展和人类文明作出正确的价值判断和行为选择。② 因此,课程标准中关于科学精神核心素养的论证要求完全体现了理论论证的论证方式,例如学业水平质量 2—2 要求"运用辩证唯物主义基本观点和方法……关注当前热点问题和事件,科学论证选择方案",水平质量 4—2 要求"运用辩证唯物主义和历史唯物主义原理,揭示社会变革的原因,把握历史发展的阶段性特征,论述因势而谋、应势而动、顺势而为的意义"。由此看来,在科学精神的理论论证过程中,课程标准采用的论据主要来自科学精神本身所要求的马克思主义的科学世界观和方法论。

法治意识是尊法学法守法用法,自觉参加社会主义法治国家建设。③ 在课程标准中对法治意识的要求注重尊法学法守法用法的态度取向,而非法学本身的学习要求,因此会更注重生活场景的构建,同时理论成分会减弱。在论证方式上也更注重事实论证,而非理论论证。例如学业水平质量 4—3 要求"选用立法、执法、司法和守法中体现法律面前人人平等的实例……论证尊崇宪法和法律在治国理

---

① 中华人民共和国教育部.普通高中思想政治课程标准(2017 年版 2020 年修订)[S].北京:人民教育出版社,2020:4.

② 中华人民共和国教育部.普通高中思想政治课程标准(2017 年版 2020 年修订)[S].北京:人民教育出版社,2020:5.

③ 中华人民共和国教育部.普通高中思想政治课程标准(2017 年版 2020 年修订)[S].北京:人民教育出版社,2020:5.

政中的作用和价值；了解生活中主要民事法律规范，列举解决纠纷的有效途径和方式，论证依法行使权利、依法履行义务、依法办事的意义"。相较于科学精神的采用马克思主义的科学世界观和方法论作为论据的理论论证方式，法治意识的理论论证的论据主要采取法律本身的观点和看法，例如学业水平质量3—3要求"基于法律的本质和功能，选择恰当的论据和论证方式，阐释宪法法律至上、法律面前人人平等的含义"。

公共参与是有序参与公共事务，勇于承担社会责任，积极行使人民当家作主的政治权利。[1] 公共参与核心素养相比于另外三个核心素养要更具有操作性的要求，因此对公共参与核心素养的论证也只是集中在公共参与的必要性论证上。例如学业水平质量4—4要求"全面阐述公共参与对公民直接行使民主权利的意义，论证公共参与是人民当家作主的必然表现和重要标志，是当代中国公民责任担当的宝贵品格和关键能力"。

(三)测试评价体系中的理论论证

初中道德与法治学科年级和单元教学目标编制框架中强调，道德与法治课的评价维度要看重价值观念、社会参与、知识技能等方面。比如，社会参与这方面强调评价学生的判断选择，"通过学科社会实践途径及网上查阅信息等方式，评估和剖析不同信息和观点，初步学会面对复杂的社会生活和多样的价值观念，基本具备正确判断和选择的能力常见的行为动词：证实、评估、批驳、剖析、论证、模拟、设计"[2]。这就要求教师培养学生的理论论证能力，运用所学内容论证价值判断。

从具体评价方式来讲，以道德与法治课程终结性评价为例，《上海市初中道德与法治课程终结性评价指南》中的评价标准中的评价目标中包含必备品格、实践能力、学科思维。其中学科思维中尤其强调理论论证能力，比如"综合运用所学内容辨认、说明社会现象。综合运用所学内容，从图文资料中推断结论，说明获得结论的依据。综合运用所学内容，解释并论证产生社会现象的原因，或预测社会发

---

[1] 中华人民共和国教育部.普通高中思想政治课程标准(2017年版2020年修订)[S].北京：人民教育出版社,2020：6.

[2] 上海市教育委员会教学研究室.初中各学科年级和单元教学目标研究报告汇编[S].上海：中华地图学社,2020年版：68.

展趋势并说明理由。综合运用所学内容揭示社会现象所反映的实质。综合运用所学内容评析社会现象,作出正确价值判断"。①

《普通高中思想政治课程标准(2017年版2020年修订)》在"学业水平考试命题建议"中明确:"应该基于思想政治学科性质和育人价值,界定基本的学科任务类别,如描述与分类、解释与论证、预测与选择、辨析与评价等。"②关于论证的含义,陈友芳等认为是指"运用理论和实证材料对探究结论进行合乎逻辑与科学要求的论证和检验。"③这种解释不仅包含了对理论论证的要求,同时在学科评价中也有充分的体现。

例如,上海地区高中思想政治等级性考试(2017—2021年)的论述题对理论论证有明确要求:理论论证中论题、总论点、分论点内在逻辑一致,论述逻辑较准确、连贯、完整。一般来说,论证题答题的格式包括"总论点→分论点1→理论论证→事实论证→分论点2→理论论证→事实论证"。其中理论论证部分要求学生围绕每个有效分论点,从教材的相关章节找出相关的知识点,组织好文字分别展开论述,论述的逻辑线索要连贯且较完整,要具有推理的性质,也就是进行因果论证。

举例来说,某论述题要求:结合材料,从生产要素和市场机制的角度,论述"新农民"焕发农业新活力的原因。参考答案中关于生产要素的分论点表述可以这么回答:

"新农民"通过合理搭配各种生产要素,尤其发挥科技的引领作用,焕发农业新活力。**(分论点)**"新农民"具有科学文化素质、掌握现代农业生产技能、具备一定经营管理能力,通过充分利用和合理搭配各种生产要素,改变传统农业模式,促进农民素质的提高和农业生产过程的自动化、信息化,大幅度提高劳动生产率,提高土地等资源利用率并提供高产优质绿色农产品,从而推动农业现代化,焕发农

---

① 上海市教委.上海市初中道德与法治课程终结性评价指南(2020年版)[S].2020:1.

② 中华人民共和国教育部.普通高中思想政治课程标准(2017年版2020年修订)[S].北京:人民教育出版社,2020:50.

③ 陈友芳,朱明光.核心素养本位的思想政治学科学业质量评价的策略与指标[J].中学考试,2016(10):32—37.

业新活力。(**理论论证**)例如,"十三五"时期,江西高素质农民利用自动化农业耕种技术等新技术,催生出全省 3 009 个"绿色有机地理标志产品",打造"生态鄱阳湖,绿色农产品"等品牌农业,提升农产品附加值,提高当地农民人均可支配收入,焕发农业新活力。(**事实论证**)

其中,"新农民具有科学文化素质、掌握现代农业生产技能、具备一定经营管理能力"是关于生产要素的理论,一般认为生产要素包括劳动力、土地、资本、管理和科学技术;中间的逻辑推演过程包括"通过充分利用和合理搭配各种生产要素,改变传统农业模式"→"促进农民素质的提高和农业生产过程的自动化、信息化"→"大幅度提高劳动生产率,提高土地等资源利用率并提供高产优质绿色农产品";"从而推动农业现代化,焕发农业新活力"是该理论论证的结论。高中思想政治等级考中的理论论证,同样也有大前提,即理论本身;也有结论,即题目给定的逻辑终点;但是小前提部分并不是严格的三段论,是结合材料内容的,具有因果推理的逻辑推演结构。

四、 思想政治课理论论证的必要性和价值

(一)基于学科核心素养培育的要求

核心素养的培育是课程标准关注的重点。《普通高中思想政治课程标准(2017 年版 2020 年修订)》在"课程性质"和"基本理念"中规定:"培育政治认同、科学精神、法治意识和公共参与等核心素养……构建以培育思想政治学科核心素养为主导的活动型学科课程。"[1]其中"科学精神"是指坚持马克思主义的科学世界观和方法论,它是实现"政治认同""法治意识""公共参与"的重要条件。"科学精神"这一核心素养的落实需要学生在表达观点时有理有据,让自己的观点更加具有科学性。这就需要引导学生熟练掌握"理论论证"这一方法,从而强化"政治认同",增强"法治意识",促进"公共参与"。

---

① 中华人民共和国教育部.普通高中思想政治课程标准(2017 年版 2020 年修订)[S].北京:人民教育出版社,2020:1—2.

首先,"理论论证"这一论证方法有助于让"政治认同"这一核心素养更有效地落实,达到理智上的认同。因为,通过理论论证,学生会从内心说服自己形成理论自信、道路自信、制度自信和文化自信。学生在理性、科学的论证过程中达到更深层次的"政治认同"。反之,"政治认同"可能流于表面。其次,"理论论证"有利于让学生建立"科学精神"。如今,学生获取信息的渠道拓宽,获取信息越来越便捷。在信息大爆炸时代如何做到理性表达,不人云亦云。这就要发挥思想政治学科"科学精神"的作用。"理论论证"本身的特点决定了表述者表述过程的严密性和结论的科学性。同时,"理论论证"有利于学生提升"法治意识"。理想的法治社会是达到人们都有内心的自律。思想政治课的核心素养"法治意识"要让法治意识植根于学生的内心。这就需要通过"理论论证"理清法治的内在逻辑,让法治植根于学生内心。最后,"理论论证"助力学生进行有序的"公共参与"。通过掌握"理论论证"这一方法,学生可以在公共参与过程中,表达自己的思想,充分表述自己的观点,让表述者的观点更具有说服力和科学性。同时,也便于让听者加深其对表述者观点的理解。用政治学科理论、观点去影响更多的人,做出正确的价值选择。可以理性、公正、客观的参与社会生活。

从现状来看,在学科核心素养落实方面,教师进行了很多课堂改革,鼓励学生参与课堂,培养学生的表达能力,但在如何让学生的表达更加具有科学性,如何科学论证自己观点这一方面还需要尝试更多。"理论论证"是"科学精神"的重要依托,更是知识、理论、观点的等所学内容的内在推演、实际生成的一个重要方式。但一些教师可能通过流于表面的教学活动让学生知道所学内容,而忽略了表达系统的训练,忽略了论证过程的教学和论证能力的培养。这就让"科学精神"这一核心素养的落实大打折扣,从而导致无法有效落实"政治认同""科学精神""法治意识""公共参与"。

(二) 基于学科任务评价的要求

对学生论证能力的评价是《普通高中思想政治课程标准(2017 年版 2020 年修订)》中的学科任务评价体系中尤其强调的要求。在《普通高中思想政治课程标准(2017 年版 2020 年修订)》中的"学业水平考试命题建议"中规定,"制定学科任务导向型的学业水平考试命题框架……思想政治学业水平考试命题框架,以学科任务导向为标志,由关键行为表现、学科任务、评价情境和学科内容等四个基本维度……界定基本的学科任务类别,如描述与分类、解释与论证、预测与选择、辨析与评价等"。①

之所以要提出学科任务评价体系的概念,是因为思想政治学科核心素养是不可直接观测的变量。但是,不同素养发展水平的人会作出不同的行为选择,因而,我们可以从观测到的行为选择反推素养发展水平。② 所以,思想政治学科提出的具有创新性的解决策略是:以学科任务为引领,构建融学科任务、评价情境、学科(知识)内容于一体,指向关键行为表现的评价框架。③

在学科任务要求中,解释与论证、辨析与评价与理论论证有紧密的关系。理论论证不仅是学科任务评价体系中重要的一部分,而且还是要求水平较高的论证方式。陈友芳在《基于学科核心素养的学业质量评价与水平划分》一文中就提出,无论是认识、解释世界还是实践应用,均要涉及对原理、探究结论或方案的论证,论证其是否科学合理或是否合理可行。我们可以依次从以下四个方面区分论证力的水平高低:从只能用典型事例加以论证,到能够用学科原理加以逻辑论证,再到能够选择合适的(事例或理论)证据加以论证,再到不仅能够选择合适的证据,而且具有结论与证据的检验意识和能力。④ 在陈友芳、朱明光的《核心素养本位的思想政治学科学业质量评价的策略与指标》一文中对任务完成质量的评价指标进行了进一步的明确,其中在"解释与论证"方面,水平1要求"能够对已有的原理、结论或自己的探究结论运用典型事实材料进行实证",这是事实论证的方式,而水平2则要求"能够对已有的原理、结论或自己的探究结论运用学科原理进行理论论证",是基于事实论证要求上的进一步的提高。同时,在"辨析与评价"方面也同样对理论论证提出了需求,其中水平2就要求"能够对辨析与评价的结论运用学科原理进行理论论证"。因此,要使学生达到一定程度的学科任务评价水平,离不

---

① 中华人民共和国教育部.普通高中思想政治课程标准(2017年版2020年修订)[S].北京:人民教育出版社,2020:50.
② 陈友芳,朱明光.核心素养本位的思想政治学科学业质量评价的策略与指标[J].中学考试,2016(10):32—37.
③ 陈友芳.基于学科核心素养的学业质量评价与水平划分[J].思想政治课教学,2016(2):4—7.
④ 陈友芳.基于学科核心素养的学业质量评价与水平划分[J].思想政治课教学,2016(2):4—7.

开理论论证能力的积累和培养。

五、小结

中学思想政治课的理论论证是指运用思想政治的学科知识来论证思想政治学科课程所要求具备的观点的论证方式。依据教学模块的不同、学科核心素养要求的不同,在内容选择上有具体不同的理论论证要求,从测试评价的角度上来说,初中高中学段在理论论证能力的掌握上也会有不同的区别。区别于其他学科理论论证的是,高中思想政治的理论论证具有强烈的价值引领性,论证的逻辑终点往往是被给定的,而学生则被要求掌握在具体情境中运用给定的理论对论点进行理论论证的能力。

对中学思想政治课来说,理论论证是必不可少的学习环节。从学科任务评价来说,理论论证不仅是学科任务评价体系中重要的一部分,而且还是要求水平较高的论证方式,要使学生达到一定程度的学科任务评价水平,离不开理论论证能力的积累和培养。从核心素养角度上说,理论论证是"科学精神"的重要依托,熟练掌握理论论证这一方法,可以强化"政治认同",增强"法治意识",促进"公共参与"。

在具体的教学实践中,可以通过一定的方式达到学生理论论证学习行为的积极改变。例如掌握相应的教学策略,如细读题目圈画重点、构建梳理逻辑关系、学习理论论证具体方法、有意制造思维冲突。同时在进行理论论证学习的过程中,教师首先需要巩固成为论据的理论基础。在这点上需要教师创设情境,在真实情境中内化理论构建逻辑,以及在逻辑结构中强化理论。其次教师可以创设需要被论证的思维冲突。以及强化论证过程中的逻辑思维,引导学生掌握理论论证的逻辑规律,做到理论论证的三要素清晰表达。

(上海民办华东师大二附中紫竹双语学校　包乌日汗
华东师范大学第二附属中学紫竹校区　郑培立)

第四节 事实论证

当前世界各国都十分重视对学生 21 世纪能力的培养,其核心是批判性思维、创造性思维、合作与沟通能力,这些高阶能力都与论证能力密不可分。论证能力是促进学生终身发展的一项重要能力,广泛应用于日常交流、观点辩护、演讲、论文写作等。思想政治课课堂上开展论证式教学,指导学生运用事实论证进行学习,对于提升良好的思辨与创造能力,培育学生的学科核心素养,具有十分重要的价值。

一、 思政课中的事实论证

(一) 事实论证概念解析

要解析"事实论证",首先要理解"事实"与"论证"两者。《现代汉语词典》解释"事实"为"事情的真实情况",从广义而言,凡已然发生的事情、凡摆在那里的事情都是事实。事实不是天生悬在世界之外的伪事物,而是来自真实发生的事情和实际存在的状态。因而,事实存在的目的是能够作证、能够依以推论,论者根据事实得出结论及推论出曾发生另一件事情。而藏于"事实"这一概念下的深层意义则是:事实最终是为论证所服务。所谓"论证",指沟通与互动的活动,即论者通过提出一系列证明其主张的命题,让理性评判者接受其立场,以消除受众之间的意见分歧。[①]

结合两者概念,"事实论证"就是以事实作为依据,从对许多个别事物的分析

[①] Eemeren V. F.,Garssen,B.,Krabbe,E. C. W. etc. Handbook of argumentation theory [M]. Dordrecht:Springer 2014,Netherlands:7.

和研究中归纳出一个共同的结论的推理形式,是一种从材料到观点、从个别到一般的论证方法。事实论证的方法一般是先分论后结论,即开门见山提出论题,然后围绕论题逐层运用材料证明论点,最后归纳结论。

(二)事实论证的规则与方法

在传统逻辑学中,论证的结构通常包括前提和结论两部分。"结论"指论证提出的主张或提议,论证的"前提"则是为主张提供支持的理由或论据,而前提与结论之间的逻辑关系被称为"推理"。一个良好的论证需满足五大原则:一是结构组织良好,二是前提与结论真实性相关,三是前提具有可接受性,四是前提足够支撑结论的真实性,五是前提对异议构成有效反驳。由此,一个正确的论证应当是从真实论据出发,根据有效推理形式推出结论。

1. 论证规则

论证具有论证性和说服力的充分必要条件是遵守论证规则,而论证规则包括论题、论据、论证方式三方面。保证论证良好必须符合以下规则:

(1) 论题明确。论题明确是做到论证有的放矢的前提条件。若无法明确论题,易造成"论题模糊"。譬如,在人民教育出版社 2019 版普通高中教科书《高中政治》必修 2《经济与社会》第二课《我国的社会主义市场经济体制》的教学中,可以设置一个论题"市场竞争能够推动科学技术进步"。没有明确的论题,就会使学生无法明确自己的目标和任务,无法展开论证。

(2) 论题必须保持同一。同一律要求论题在同一论证过程中必须始终同一,这是保障条件。所开展的论证过程务必围绕同一论题进行,切忌转换成其他论题,无论是否有意。在这一过程中,需要注意避免"混淆论题"或"转移论题"。如在"市场竞争能够推动科学技术进步"这一论题的论证中,不能将论题转换成"非市场竞争"或"市场竞争对产业结构的作用"。

(3) 论据必须已知为真。论证指由真实的论据确定论题真实性的过程,以虚假的理由或尚待验证的判断作为论据,论题的真实性得不到有效论证,极易造成"理由虚假"(用已知为假的判断作论据)或"预期理由"(用尚未被证实的判断作为论据)。如在围绕论题"市场竞争能够推动科学技术进步"搜集的论据中,需要使用已经得到验证的真实数据和案例,如某一行业已经取得的科技成果的真实数据,该行业企业竞争的实际情况以及企业科技研发的投入和转化率的真实数据,而不能使用该行业某一年份尚未得到证实的科技成果的相关数据或虚假的数据。论据不真实就会导致论据无法支持论点,最终使结论无法为真。

(4)论据必须具有时效性。事物的发展会直接促使人的认识深化发展,随着时间的推移、环境的变化,既往可靠的事理也可能变得不可靠。因而,使用论据必须考虑其时效性,否则容易出现把既定条件下的真实判断当作无条件的真实判断,即"以相对为绝对"。如在围绕论题"市场竞争能够推动科学技术进步"搜集的论据中,应当以近年市场中某一行业科技进步的相关数据作为证据,而不能采用数百年前甚至更为久远的案例和数据。因为在不同的历史时期,科技进步的速度是不同的,评价科技进步的标准也是不同的。

(5)论据能够推出论题。论证要借助推理形式,只有论证使用有效的推理形式,才能推出论题。分析来看,论据"推不出"论题的表现形式有二:一是形式推不出,即用无效的推理形式充当论证方式,简称为"形式无效";二是非形式推不出,常见情况有"论据无关""论据不足"和"循环论证"等。

2. 论证方法

除了遵守论证规则外,事实论证需要注意采用正确的论证方法,尤其要注意事实论据的真实性和有效性。选用例子作论据时,避免低级错误才能让例子更具有说服力。例如在学习人民教育出版社 2019 版普通高中教科书《思想政治》必修3 第五课《人民代表大会制度》时,要用事实论证"人大代表具有较高的政治素质",若仅拿某一个人大代表作为例子去说明,这属于"孤例",对于用来证明观点是毫无帮助的。另外,分情况而言之,对少数事物进行概括时最有说服力的论证,应当是考虑到所有例证或至少是大多数个体。若对大量事物进行概括则需要提取样本,所选取的样本要有代表性。

构建有说服力的论据,事实论证中所采用的例子需满足以下三法则。一是例子具有代表性。二是重视数据的背景率。所谓"背景率",即数据是在什么情况下得出的,说明数据的真实性。当我们选用数据作为论据时,要提供相应的背景率,譬如说明某调研是调查了多少人得到的结果。三是考量反例。观点的反例也能增强例子的说服度,从反向思维上更好地修补结论存在的漏洞。

(三) 思政课事实论证的特点和分类

事实论证,属于从个别到一般的归纳论证。区别于理论论证用普遍性的论据来证明特殊性的论点,事实论证更能贴近思政课独特性的需求。

1. 思政课事实论证的特殊性

思政课的事实论证主要发生于课堂教学活动、时政小论文写作、社会实践调查报告、学业水平考试的论述题等场景中。

思政课的首要任务是帮助学生树立正确的价值观,增强学生的政治认同;思政课还十分注重培养学生的辩证思维和逻辑思维能力;思政课更需要引导学生关注时政热点,用学科知识分析社会现象,增强解决社会实际问题的能力。由于思政课自身课程性质的特殊性,因此发生在思政课中的事实论证,具有不同于其他学科的特殊性。主要体现在三个方面:价值导向、强逻辑性和时效性。如在论题"党的领导为打赢疫情防控阻击战提供坚强的组织保证"中,就集中体现了这三个方面。

2. 思政课事实论证的分类

思政学科中事实的类型主要有重大新闻事件、真实数据、法律案例、调查结果、历史事件、历史成就等,还包括官方发布的重要文件、权威机构发布的重要消息等。但无论何种事实,均需服务于学生的学习任务,需要用于对观点的解释和论证。

因此依据事实论证的不同推理形式,思政课的事实论证可分为归纳式论证和演绎式论证。归纳式论证指的是以事实作为依据,从对许多个别事物的分析和研究中归纳出一个共同的结论的推理形式,是一种从材料到观点,从个别到一般的论证方法。演绎式论证是指对于一个十分明确的观点,用列举事实的方式去论证观点,在合乎逻辑的推理和论证过程中,使得观点进一步得以澄清和明晰。

二、 思想政治课培养学生事实论证能力的必要性

(一) 当前思政课培养事实论证能力存在的不足

1. 学生事实论证能力不强

当前中学生在思想政治课的事实论证中普遍存在论题不明确,论据缺乏真实性和说服力、论证结构不合理等问题。该阶段的学生普遍欠缺完善的分析思维能

力,而制约学生思维发展的因素主要有:缺乏明确的思维方向;论据意识缺失或尚未能正确理解思政课中的相关概念、原理,并将其运用于新的问题情境中;缺乏系统的分析问题能力,不能进行清晰的逻辑推理。事实论证要求学生具有综合思考能力,而这正是该阶段学生所欠缺的。

2. 教师缺乏对事实论证技能的指导和培养

在思政课教学中,教师会运用多种方法和手段开展活动型课程,无论在课堂活动还是课后实践中,教师都注重理论和实际相结合,引导学生通过实例来论证观点,然而实际课堂所呈现出的却是学生的事实论证能力不足。剖析原因,一方面是教师自身缺乏培养学生事实论证能力的意识,更多的是讲授、单向开展活动,流于形式,并未将此真正融于课堂活动中;另一方面是教师对事实论证技能与方法的指导不足,欠缺对课堂活动的设计。

3. 课堂论证活动形式不够丰富

当前思政课主要通过课堂探究活动、时政小论文写作、社会实践调查报告等形式培养学生事实论证能力,研究显示学生能从事实论证中得到能力的提升。但从整体来看,学生的论证技能依然呈现出普遍不足的现状,课堂论证活动形式不够丰富多样也是原因之一。从宏观来看,学校在顶层设计上缺乏培养学生事实论证能力的导向;微观层面而言,教研组、教师层面缺乏专门针对事实论证能力培养的学科学习活动。

(二) 思政课培养学生事实论证能力的意义

1. 事实论证能深入推进活动型课程

在《普通高中思想政治课程标准(2017 版 2020 年修订)》中明确规定:学科内容采取思维活动和社会实践活动等方式呈现,即通过一系列活动及其结构化设计,实现"课程内容活动化""活动内容课程化"。要使"理论观点与生活经验、劳动经历有机结合,让学生在社会实践活动的历练中,在自主辨析的思考中感悟真理的力量,自觉践行社会主义核心价值观。"[①]

---

① 中华人民共和国教育部.普通高中思想政治课程标准(2017 年版 2020 年修订).课程性质与基本理念[M].北京:人民教育出版社,2020:2.

活动型课程需要开展议题式教学，围绕议题展开的活动设计，包括提示学生思考问题的情境、运用资料的方法、共同探究的策略，并提供表达和解释的机会。① 活动型学科课程的教学评价，应专注于学科核心素养的行为表现。应以基本观点为统一标准，在此前提下，采用多种活动方式，鼓励学生运用相关学科知识和技能，基于不同经验、运用不同视角、利用不同素材、表达不同见解、提出不同问题解决方案。

在课堂上，议题式教学首先需要明确一个议题，学生围绕议题展开一系列探究活动，活动中学生常常会通过列举一些事实来证明自己的观点，或者从一些事实中归纳出自己的结论和主张，这就是在进行事实论证。

事实论证首先需要依据一定的事实，这些事实往往都是真实的生活情境和案例，贴近学生生活，能激发学生的学习兴趣。事实论证将理论和实践相结合，能促使学生去思考理论的现实意义，有助于学生从不同学科视角寻求证据并展开合理的推理，并对有可能出现的冲突矛盾进行预估，提出创新性设想和问题解决方案。事实论证对于深入推进活动型课程，提高活动型课程的质量具有十分重要的价值。

在课程内容的教学提示中，多处指出教学中可以采用事实论证的方式达成教学目标。例如在人民教育出版社 2020 版普通高中教科书《思想政治》必修 1《中国特色社会主义》的教学提示中，指出"列举实例，反映不同社会形态的更替，证实生产关系是否适合生产力发展是衡量社会进步的标准。""列举事实，表明人类社会发展的一般过程是由各国、各地区、各民族历史的多样性反映出来的。"②

2. 事实论证能促进培育学科核心素养

思想政治学科核心素养主要包括政治认同、科学精神、法治意识和公共参与。新课标中对思政学科核心素养水平进行了划分。在政治认同这一素养的水平划分中，多次提到用事实去论证观点，从而增强政治认同。例如：政治认同素养的水

---

① 中华人民共和国教育部.普通高中思想政治课程标准(2017 年版 2020 年修订).实施建议[M].北京：人民教育出版社,2020：43.

② 中华人民共和国教育部.普通高中思想政治课程标准(2017 年版 2020 年修订).课程内容[M].北京：人民教育出版社,2020：11.

平 1,要求学生能够面对简单情境问题,引证走中国特色社会主义道路的成功事例。水平 2,要求学生能够面对一般情境问题,用中国近现代史证实只有社会主义才能救中国;分析具体事例表明中国特色社会主义制度的显著优势;运用具体事例展现中国共产党依宪执政、依法执政的方式;结合奋斗历程,解释中国特色社会主义道路、理论、制度、文化的价值表达。水平 3,要求学生能够面对复杂情境问题,比较世界各国发展道路,论证只有中国特色社会主义才能发展中国。论述社会主义核心价值观体现文化自信的意义。[①]

在法治意识这一素养的水平划分中,亦十分强调通过列举事实、剖析实例的方式来培养学生的法治意识。例如:法治意识素养的水平 1,要求学生能够面对简单情境问题,引述法治使社会更和谐的故事,表达法治是国家的先进治理方式;列举科学立法、严格执法、公正司法、全民守法的事例,描述社会主义法治国家的图景;采用生活中的实例,警示法律是不可逾越的红线。[②] 水平 2、水平 3 和水平 4 中均有多处类似表述。

在公共参与这一素养的水平划分中,均要求学生能够运用实例说明或引用经核实的报道,剖析实例、比较行为、提出方案等,无不需要学生用事实对观点进行论证。

科学精神这一素养中虽未直接提及用实例去解释或论证观点,但其所需的各种识别、推理、检验、评价、研判、提出解决问题的方案等能力,均与事实论证能力密切相关。事实论证强调事实的真实性和逻辑推理的有效性,本身就是科学精神的体现。

3. 事实论证能有效改善学生思维品质

著名作家尼尔·波兹曼将论证比喻为"教育的灵魂",将其看作是培养学生思维品质的重要载体。事实论证具有重要的教育价值,关键在于它可以有效提升学生的思维品质。主要表现在以下几个方面的作用。

[①] 中华人民共和国教育部.普通高中思想政治课程标准(2017 年版 2020 年修订).附录[M].北京:人民教育出版社,2020:56.

[②] 中华人民共和国教育部.普通高中思想政治课程标准(2017 年版 2020 年修订).附录[M].北京:人民教育出版社,2020:58.

（1）帮助学生进行知识的建构

建构主义认为学习是知识建构的过程，若要习得知识和技能，应当置于有意义的情境中，在这过程中注重培养学生解决问题的思维意识。学生在有意义的情境中，有目的地找寻论据论证自己的观点或分析他人的观点，引导学生了解事物之间的联系、知晓知识所蕴含的原理和含义，以有意义学习的方式获得知识。

知识的经典定义是"被证实的真信念"。① 知识本身就是一个论证的过程，更有学者认为知识的组织方式也是论证的。② 论证是建构与分享知识的重要方式。事实论证有助于学生从不同学科视角寻求证据并展开推理，帮助学生进行跨学科知识整合，建构具有综合性、系统性、开放性的知识体系。

（2）有助于培养学生的批判性思维和创造性思维

21世纪能力包括批判性思维、创造性思维、合作与沟通能力（4C）能力。批判性思维注重对事物的识别、建构与论证，即论证能力为培养批判性思维提供了现实途径与可操作性框架。③ 而在课堂上的论证，能促使学生发展批判性思维。教师在课堂上开展事实论证活动的过程中，引导学生根据事实有理有据地思考问题并表述自己的观点，寻找隐含的假设并思考其他可能性。教师在这完整的过程中培养的是学生的反思和批判思维，与此同时学生也在进行创造，即通过有效的证据和符合逻辑的推理证明观点，并探索新的解决问题的方案，会激发和发展他们的创造力，使之具有创造性。④

（3）有助于发展学生的论证能力

在当今高速发展的全球化时代，随着人类的沟通与联系日益紧密，发展论证能力成为解决很多具有争议的公共问题的有效措施之一，尤其在各国教育中。从微观层面而言，学生只有掌握了本学科的论证方式，发展学科论证能力，才能形成

① Gettier, E. Is Justified True Belief Knowledge? [J]. Analysis, 1963,23(6)：121-123.
② Billig, M. Arguing and Thinking：A Rhetorical Approach to Social Psychology [M]. Cambridge University Press, 1996.
③ 武宏志.论批判性思维的核心元素：论证技能[J].延安大学学报(社会科学版),2016(1)：5—21.
④ 彭正梅等.如何提升课堂的思维品质：迈向论证式教学[J].开放教育研究,2020(4)：51.

属于该学科的思维方式。早在 2015 年,有德国学者认为,发生在课堂上的论证能够有效促进学生的专业能力、社会和情感能力、评价能力和论证能力。[①] 而在论证能力这一部分,学者提出在"不同教学学科中理解并进行口头与书面论证的能力,同时也包括理解社会性论证以及参与到社会论证的能力"。反观在思政课上,教师通过组织学生搜集事实论据以及用论据来证明自己的观点或说服他人,有助于引导学生多进行口头或书面表达,同时更好地理解并参与到社会性论证中。

(4) 有助于学生的综合理性思维发展

论证体现了通过教育使人获得理性思维的发展。事实论证通过结构化的方式将人们的思维呈现,给予人机会去检视思维中可能存在的缺陷与漏洞并及时进行纠正,从而提高思维品质;使得人们能够在不同场景中基于证据对不同选择或决策的利弊作出判断。[②] 杜威认为,一个受过良好教育的人会基于证据和推理做出负责任的选择和决策。论证不仅能够影响知识和概念的学习,还会影响人们的价值判断和行为选择。例如对于依法治国的相关议题的探究与论证,可以使学生意识到法律在社会生活中的重要价值,学会在生活中尊重法律、遵守法律,做出负责任的行为。论证能力是每一个人明智生活和民主参与的重要条件。

三、 培养学生事实论证能力的策略

为帮助学生更好地提高事实论证能力,教师需要根据学生的认知水平和发展目标采用合适的方式开展教学活动。布鲁姆将目标分为七个层级,借助目标分类层次,将教师培养学生事实论证能力的策略分为由浅及深的四阶段。第一阶段以理解为主,教师可以通过理解式的方式帮助学生理解所学的事实与概念,掌握事实论证的技能和方法。在掌握一定基础知识和技能以后,学生需要将其进行分析并运用到课堂活动中,这是以分析为主的阶段,这一过程更多地是培养学生的分析能力。在第三、四阶段,教师应当创设合适的情境,使学生在合作应用论证技能

---

① Budke,Alexandrausw(Hrsg.). Fachlich argumentieren lernen:Didaktische Forschungen zur Argumentation in den Unterrichtsfchern [M]. Münster, 2015.

② 彭正梅等.如何提升课堂的思维品质:迈向论证式教学[J].开放教育研究,2020(4):5.

的基础上,最终能独立完成任务,形成独立论证的能力。

(一)理解式论证

教师首先要教会学生学会如何论证,这是教学中最重要的环节。教师亲身示范引导学生理解课程中的概念和理论,帮助学生辨别事实论证以及区分不同的论证方式。教师以事实论证的方式将知识展现给学生,转变课堂为思维互动式。教师在这一阶段通过讲授、讨论、互动等方式开展教学,通过论证将知识结构化,为讲授的知识提供充足而有力的证据,目的是让学生更容易接受,同时促进学生对知识的理解。教师在教学中始终注重培养学生的理解能力,引导学生通过观察事实论证过程,加深对观点或理论背后理由的理解。

在实际课堂教学过程中,教师首先要明确核心概念,根据核心概念确定学生需要掌握并理解的事实性知识和理论,同时提出对学生已有知识带来认知冲突或挑战性的问题,这些问题能够引发学生进行讨论,吸引学生参与到课堂中。教师在教学中通过事实论证的方式作出解答,向学生展示论证的过程,要向学生点明论证的主张是什么,有哪些证据,运用何种方式进行推理。例如,在全国统编思想政治教材必修 2《我国的基本经济制度》教学中可以作如下设计(见表 4-4-1)。

表 4-4-1   论证"社会主义市场经济具有优越性"

学科核心概念:市场经济,计划经济,资源配置	
相关知识	计划经济的缺陷,市场经济的机制、作用,市场经济的缺陷
课程标准	理解我国社会主义基本经济制度体现了社会主义制度的优越性
基本问题(争议性问题)	为什么要使市场成为资源配置的决定性方式
论证(主张、证据与推理)	主张:市场经济能优化资源配置 证据:我国市场经济体制改革的系列政策; 某企业的生产经营策略;某家庭的消费选择; 改革开放以来我国市场规模扩大以及消费水平提高的相关数据; 中国对外贸易、利用外资取得的巨大成就 推理:设计系列问题,引导学生用事实和数据证明观点

(二)分析式论证

学生的思维发展需要深度学习的支撑,而深度学习需要学生对学习材料进行加工,这一层面的学习需要教师进行引导。教师指导学生将事实和概念联系起来,提供思考框架,同时搭建一些支架促进学生思考,以帮助学生形成整体性框架,逐步引导学生通过论证,用语言或者文字的形式将思维过程表达出来,最终使学生掌握分析和评价论证的能力。

从上述步骤中可看出,教师首先要明确学习任务,设计符合课程需求的支架。较好的支架包括提问清单、思维导图、论证框架等,也可以是需要学生完成的论证过程。支架的最终目标在于引导学生分析主张背后的证据、推理及价值观,培养学生的分析式论证能力。在这过程中,教师要用思政学科特有的评价标准评价学生表现,指导学生用本学科的价值取向和思维方式进行论证,教师还应对学生的学习成果给予反馈,反思教师任务设计的效果并加以改进。在教学中教师可以设计批判性阅读的提问清单,具体见表4-4-2。

表4-4-2 批判性阅读清单

主张	作者的观点是什么 观点是否清晰(论题是否明确) 观点是否有争议性(能否找到相反的主张)
证据	证据来源是否可靠、专业、客观 证据是一手资料还是二手资料 证据是否与观点相关 统计数据是否有代表性
推理	推理的类型是什么(类比推理、归纳推理、因果推理等) 推理的强度如何(即证据的强度与主张的强度是否匹配)
价值	论证体现什么价值观 观点被接受将带来的影响或后果是什么
反馈	是否存在不同意见 应如何回应这些不同意见

(三) 合作探究式论证

理解式论证与分析式论证的目的是建立学生的浅层学习,在此基础上学生需要逐渐转向深度学习。活动型课程的重要形式之一是合作探究,该形式能培养学生的沟通协作能力和创造性思维。学生在合作探究中是学习主体,需要承担更多的学习责任，但也是建立在教师对学习活动进行构思与设计的基础上。探究是完整的构建论证的过程，包括澄清问题、收集数据、分析与推理、评审与答辩等。[①] 学生是探究主力军，教师在这过程中所发挥的作用是为学生制定规则、提供方法指导，确保探究活动始终围绕预定的主题进行。学生在探究的同时，需要在小组合作中分享观点，并用论证的方式呈现探究的成果。合作论证需要注意以下几个环节：

1. 创设问题情境。适宜开展合作论证的情境应当是有争议性、能够引发认知或者价值冲突的，或者是一个未被解决的问题，它确定了探究的主题和范围。

2. 明确探究规则。师生共同确定探究的框架、步骤和方法，按照一定的规则进行分组，对组内的任务进行合理分配。合理分配任务对合作学习的有效性会产生很大的影响，要本着组间同质、组内异质的原则，确保每个成员都能有合适的任务，从而能够获取更多的资源来完成探究的任务。

3. 澄清问题并收集证据。学生需要在教师指导下对问题进行简化，将问题简化成具有操作性的子问题，通过不同方式收集数据，并进行分析和推理。学生要用收集到的证据来论证自己的观点，构建论证。

4. 展示论证。在这一环节，可以采用灵活多样的方式展开活动，如辩论、研讨、角色扮演等。还要注意营造民主开放包容的交流氛围，鼓励学生言必有据，言之有理，有理有据地陈述意见和展开辩论。

（四）认知迁移式论证

知识学习的最终目标是回到实践，指导学生用所学去解决现实生活问题。学会学习、终身学习是当下社会人们普遍认同的教育理念。我们在课堂上通过多种方式培养学生的事实论证能力，最终是要促使学生从课堂走向生活，从课内走向课外，真正具备独立思考、自主学习的能力。课堂中学生通过独立论证实现对知识的应用与迁移，完成自我导向的学习。这样的学习需要学生具备良好的元认知能力，即需要计划、监控和调节自己的思维过程。但是这种能力很多情况下并不会直接显现出来，学生几乎不会有意识地反思自己的思维过程，检验自己使用的

---

① 彭正梅等.如何提升课堂的思维品质：迈向论证式教学.开放教育研究，2020(8)：51.

学习策略是否科学有效。而通过事实论证可以促使学生用语言表达自己的思维，将思维的过程外显，从而检验自己的学习策略，改善自己的学习行为。

在学生的独立论证过程中，他们需要收集证据，并思考、回答一系列问题。如：(1)我要达成什么目标？学生在回答这样的问题时需要明确学习的目标并证明目标的合理性，使学生学会分清什么是最关键的事情。(2)我目前处于什么水平？这需要学生学会分析现状，认清目前面临的挑战。(3)我在使用什么策略，效果如何？学生通过这个问题会审视自己使用的学习策略并评估策略的有效性。(4)我还能做什么？这提醒学生思考当他们遇到学习难题或面对陌生的问题时如何应对。无论在课堂学习还是在日常生活中，应用事实论证的相关技能来回答这些问题，会帮助学生进行理性决策。

（华东师范大学第二附属中学　李小鹏）